PARLONS
FRANCOPROVENÇAL

Collection ***Parlons ...***
dirigée par Michel Malherbe

Dernières parutions

Parlons vietnamien, 1998, NGUYEN-TON NU HOANG-MAI
Parlons lituanien, 1998, M. CHICOUENE, L.A. SKUPAS
Parlons espagnol, 1998, G. FABRE
Parlons esperanto, 1998, J. JOGUIN
Parlons alsacien, 1998, R. MULLER, JP. SCHIMPF
Parlons islandais, 1998, S. BJARNASON
Parlons jola, 1998, C. S. DIATTA

© L'Harmattan, 1998
ISBN : 2-7384-7203-6

Dominique Stich

PARLONS FRANCOPROVENÇAL

Une langue méconnue

L'Harmattan
5-7, rue de l'École Polytechnique
75005 Paris - FRANCE

L'Harmattan Inc.
55, rue Saint-Jacques
Montréal (Qc) - CANADA H2Y 1K9

PREFACE

Le francoprovençal, langue ô combien méconnue ! Déjà le nom est ambigu : ce n'est pourtant ni du français de Provence, ni du provençal de France, ni même un mélange de français et de provençal. C'est une langue à part entière, du groupe gallo-roman, parlée dans une région située géographiquement en ellipse autour de Lyon et Genève.

Elle possède toutefois une particularité frappante : elle se présente au stade dialectal parfait, c'est-à-dire qu'il n'y a jamais eu la moindre tentative d'unification, bien que de nombreuses chartes aient été rédigées en francoprovençal dès le Moyen Age.

Ecartelée entre la France, la Suisse Romande et l'Italie (Val d'Aoste), sans véritable unité historique ni culturelle, elle ne bénéficiait donc pas jusqu'ici, à l'égal des autres langues minoritaires alentour, d'une orthographe supra-dialectale. C'est chose faite dans ce livre qui présente ses caractéristiques historiques et géographiques, linguistiques et littéraires.

Cette langue aujourd'hui n'est pas très florissante : à l'instar de tous les "patois" et dialectes de France et de Suisse romande, elle est surtout parlée en milieu rural par la génération née avant la dernière guerre. Langue étonnamment vivante au début du siècle même dans certaines villes, elle a subi de plein fouet la scolarité obligatoire, la désertification des campagnes et les bouleversements de la vie moderne. Sans statut linguistique, sans patrie, sans ancrage culturel supra-dialectal, elle ne se maintient que dans quelques régions un peu isolées, à l'écart des déferlements touristiques. Seule l'Italie avec le Val d'Aoste accorde un peu de considération au *patuà*[1] de ces vallées si proches de la Savoie et du Valais.

La difficulté de cette étude a été de n'être ni trop complexe pour les non-linguistes, ni trop simpliste pour les spécialistes. On pardonnera certaines approches, certains raccourcis nécessaires, quelques lacunes inévitables. En particulier, les exemples donnés dans les différents dialectes ne peuvent jamais prétendre à l'exhaustivité. L'essentiel était

---

[1] C'est la forme italienne du mot français *patois*.

ici que le grand public puisse avoir enfin accès à la connaissance de cette langue, premier pas vers sa reconnaissance.

Cet ouvrage n'a été possible que grâce aux Patoisants et à leurs amis, curieux, érudits, linguistes, qui ont patiemment recueilli les mots et les textes présentés ici, les ont traduits et publiés, et qui ne cessent de se battre pour sauvegarder ce merveilleux patrimoine qu'est cette langue. Qu'ils soient remerciés de m'avoir aidé et autorisé de publier leurs travaux.

Je remercie enfin Henriette Walter d'avoir accepté de relire mon manuscrit et de m'avoir donné ses précieux conseils de linguiste, mais n'étant pas une spécialiste du francoprovençal, elle ne saurait être tenue responsable des erreurs qui pourraient figurer dans cet ouvrage.

AVERTISSEMENT
A L'USAGE DES PATOISANTS

Amis patoisants de la Bresse, du Haut-Jura, du Forez, du Lyonnais, du Dauphiné, de la Savoie, de la Suisse Romande et du Val d'Aoste, ne vous méprenez pas sur le contenu de ce livre. Au premier abord, certains d'entre vous seront attristés, voire heurtés par l'orthographe, la grammaire et le vocabulaire qui y sont présentés, et qui leur sembleront bien éloignés de leur *patois*. C'est qu'ici il ne s'agit pas du patois de l'une ou l'autre région autour de Lyon et Genève, mais de la **langue francoprovençale** dans sa globalité, dont votre parler est une des nombreuses réalisations. Il n'est pas question de vous déposséder de votre précieuse langue maternelle, mais de la faire connaître. Et pour cela il est nécessaire de faire ce qui a été accompli aujourd'hui pour toutes les langues parlées en France, en Suisse et en Italie : mettre au point une orthographe qui présente la langue globalement, et en même temps avec ses particularités qui la distinguent des langues voisines, surtout le français et l'occitan.

Toutefois une langue n'existe qu'à travers ceux qui la parlent. Aussi, au fil de ces pages, vous pourrez retrouver votre propre parler, en particulier dans les textes qui sont présentés, et y reconnaître leur parenté incontestable. Surtout, quand vous les lirez, il sera indispensable de leur appliquer *votre* prononciation. Vous découvrirez ainsi une littérature beaucoup plus riche que vous ne l'imaginiez, à laquelle vous aurez accès de plain-pied avec un minimum d'effort. Et la littérature de votre région pourra enfin se faire connaître au-delà de ses limites actuelles.

Amis patoisants, l'avenir de votre langue, le francoprovençal, est entre vos mains, parlez-le, faites-le connaître à votre entourage, apprenez-le à vos enfants et petits-enfants. Un enfant bilingue dès le berceau devient un adulte plus ouvert au monde d'aujourd'hui et de demain. Rappelez-vous l'adage du philosophe : *On est autant de fois homme qu'on parle de langues*. Et la devise de G. de Reynold : *Un dialecte ne meurt que lorsqu'on le laisse mourir, et il suffit de la volonté de quelques hommes, d'un seul peut-être, pour le ranimer.*

Bien sincèrement à vous.

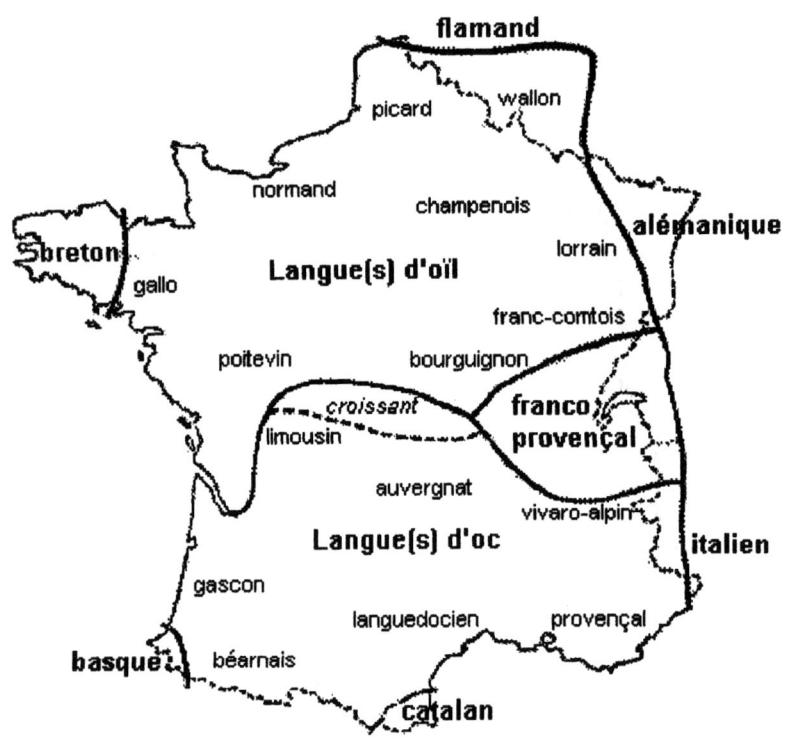

Le terme "gallo-roman" a été utilisé pour désigner l'ensemble des parlers d'origine latine qui sont présents sur l'ancienne territoire de la *Gaule*, et s'oppose donc aux termes "italo-roman", "hispano-roman", etc.
On voit que l'ensemble gallo-roman est divisé en deux grands domaines : *oc* au Sud, *oïl* au Nord, et deux domaines intermédiaires, le *croissant*, où se trouvent imbriquées des caractéristiques d'oc et d'oïl, et le *francoprovençal*, que nous présentons ici.
Aux frontières du territoire gallo-roman on trouve d'autres langues, romanes ou non : le catalan, le basque, le breton, le flamand, l'alémanique, sans oublier en France le corse.

CHAPITRE I
QU'EST-CE QUE LE FRANCOPROVENÇAL ?

Pour comprendre ce qu'est le francoprovençal, situons-le sur une carte. La France, la Suisse et, la Belgique (avec une petite partie de l'Italie et de l'Espagne), sont constituées de langues *gallo-romanes*, et d'autres langues : romanes (corse, catalan), germaniques (flamand, alémanique alsacien et francique lorrain), celtique (breton) et non-indo-européenne (basque).

Les langues appelées gallo-romanes recouvrent la plus grande partie de la France et les parties dites francophones de la Suisse et de la Belgique, avec des enclaves en Italie et en Espagne. Elles sont divisées en deux grands domaines bien connus :
* le domaine d'*oïl* (ou de *oui*) au Nord, dont le français standard est de loin la forme la plus représentée, au-delà même de ses frontières, dont chacun connaît la richesse de la littérature;
* le domaine d'*oc* au Sud, où l'on peut vraisemblablement définir plusieurs langues : l'occitan central (languedocien entre autres), le gascon, le provençal... Cette subdivision est parfois contestée, et ce n'est pas notre propos ici que de vouloir trancher. C'est en tout cas dans ce domaine d'*oc* qu'est née une culture qui a resplendi dans l'Europe entière au Moyen Age, celle des troubadours, au point même que Dante a d'abord voulu rédiger sa *Divine Comédie* dans cette langue (cf. toutefois les quelques vers occitans à la fin du Purgatoire). Evoquons aussi notre prix Nobel de littérature de 1904, le grand Frédéric Mistral (1830-1914) qui jusque dans notre XXe siècle est là pour nous rappeler que cette magnifique langue est toujours bien vivante aujourd'hui.

Entre ces deux grandes zones, encastré dans la partie orientale, se trouve un troisième domaine que l'on ne peut classer ni dans la langue d'oïl ni dans la langue d'oc : c'est le *domaine francoprovençal*, qui recouvre les départements français de la Savoie et de la Haute-Savoie, de l'Ain, du Rhône, de la majeure partie de la Loire, de l'Isère et du Jura, une petite portion de la Saône-et-Loire et du Doubs; en Suisse, les cantons romands (Genève, Vaud, Neuchâtel, la partie romande de Fribourg et du Valais) sauf le canton du Jura et le Jura bernois; en Italie le Val d'Aoste et les hautes vallées entre Aoste et Suze.

Nous constatons immédiatement quelques particularités de ce domaine : il se partage entre trois pays, dans des régions très variées et différenciées. On y trouve de grandes et de très grandes villes : Lyon, Grenoble, Genève, Saint-Etienne, Villefranche, Bourg-en-Bresse, Roanne, Mâcon, Lons-le-Saulnier, Louhans, Pontarlier, Vienne, Annecy, Chambéry, Moutiers, Neuchâtel, Lausanne, Fribourg, Sion, Aoste... Or on sait bien que les parlers locaux ont disparu de la plupart des villes au XXe siècle.

Si chaque région a bel et bien sa culture propre, on ne peut absolument pas parler de culture francoprovençale. Que peut-il y avoir de commun entre un vigneron valaisan, un fruitier (c'est-à-dire un fromager) savoyard, un soyeux lyonnais, un éleveur de volaille bressan, un mineur forézien ? Et la plupart ignorent qu'ils parlent tous un dialecte dit *francoprovençal*.

Gaston Tuaillon a le mieux réussi à donner une définition de cette langue : *le francoprovençal est la langue romane (ou, si l'on désire une autre terminologie, la variété de roman) qui représente le mieux le produit de la latinisation de la Gaule du nord, à partir de sa capitale, Lyon.*

Par ailleurs *la langue francoprovençale n'existe nulle part à l'état pur, elle existe dans tous les patois, mais partout associée à d'assez fortes particularités locales. C'est cela une **langue dialectale**, une langue qui n'existe que sous la forme de l'infinie variation géolinguistique. Le francoprovençal est une langue de ce type.*[1]

---

[1] Voir bibliographie en fin de volume.

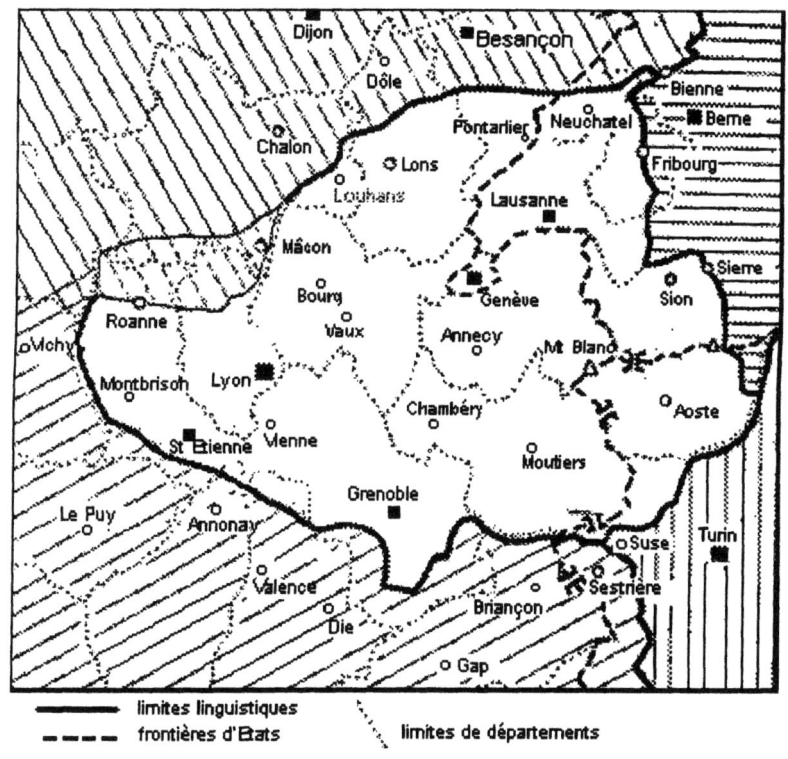

limites linguistiques
---- frontières d'Etats
limites de départements

Le domaine francoprovençal s'étend sur trois pays : l'Italie (Val d'Aoste et quelques autres vallées), la Suisse (la partie Romande sauf le canton du Jura et le Jura bernois) et la France (11 départements, dont 7 dans leur plus grande partie ou leur totalité : Savoie et Haute-Savoie, Isère, Loire, Rhône, Ain, Jura ; et 4 pour une petite partie : Drôme, Ardèche, Saône-et-Loire, Doubs).

On constate dans la partie Nord-Ouest (entre Roanne et Mâcon) une zone intermédiaire, que l'on qualifie de francoprovençal *francisé*.

Au Nord s'étend le domaine d'oïl, au Sud le domaine d'oc, à l'Est l'alémanique et l'italo-roman.

ABRÉVIATIONS et SIGNES

adj.	adjectif
anc. fr.	ancien français
celt.	celte, celtique
cf.	confer, comparez
diff.	différent
é.	épicène
f.	féminin
FP	francoprovençal
fr.	français
gaul.	gaulois
id.	idem, identique
lat.	latin
littér.	littéralement
m.	masculin
oc	domaine d'oc
oïl	domaine d'oïl
ORA	(première) orthographe de référence A
parf.	parfois
péjor.	péjoratif
pl.	pluriel
PRA	(première) prononciation de référence A
préf.	préférence, préférable
probt	probablement
sg.	singulier
var.	variante (locale)
*	désigne une forme non attestée, reconstituée
>	a donné, est devenu
<	provient de, dérive de
~	s'oppose à
[ ]	forme phonétique
/ /	forme phonologique
{ }	forme supra-phonologique

CHAPITRE II
QUELQUES NOTIONS LINGUISTIQUES.

Pour bien saisir la spécificité francoprovençale, il faut aborder quelques notions linguistiques élémentaires. La première et la plus importante est d'ordre phonologique. Si la *phonétique* est l'étude de tous les *sons* vocaux émis par l'homme pour s'exprimer, la *phonologie* est toujours l'étude dans une langue particulière de ce qu'on appelle des *phonèmes*, et des rapports qu'ils ont entre eux. On parle donc de la *phonétique* en général, et de la *phonologie* de *telle ou telle langue*. On peut parler du phonème /p/ en français comme en allemand, mais le son [p] n'est pas exactement le même dans les deux langues, surtout à l'initiale de mot. Inversement, on peut isoler un phonème /r/ en français, mais celui-ci peut avoir au moins deux réalisations différentes, le [r] apical (r "roulé"), et le [ʁ] uvulaire (r "grasseyé", ou parisien). Qu'on entende l'un ou l'autre, on identifie toujours le phonème /r/. D'ailleurs dans l'orthographe du français, rien ne nous permettrait de distinguer les deux sons. En phonétique, on représente les *sons* entre crochets [ ], tandis qu'en phonologie on met les *phonèmes* entre barres inclinées / /.

Nous allons donc voir les différents sons, ou plus exactement *réalisations de phonèmes* que l'on peut rencontrer en francoprovençal, avant d'en étudier la phonologie. Nous adoptons les signes de l'Alphabet Phonétique International (A.P.I., en anglais I.P.A.), afin d'éviter toute ambiguïté.

voyelles :

[i]	français	lit
[e]	français	chanté
[ɛ]	français	près
[a]	français	patte
[ɑ]	français	pâte
[ɔ]	français	corps
[o]	français	tôt
[u]	français	tout
[y]	français	nu
[ø]	français	feu
[œ]	français	peur
[ə]	français	le, premier
[ɛ̃]	français	pain
[ɑ̃]	français	sang
[ɔ̃]	français	fond
[ĩ]	i nasal, portugais vingança	
[ũ]	u nasal, portugais um	
[:]	indique que la voyelle précédente est *longue*	

semi-voyelles :

[j]	français	yacht
[ɥ]	français	huit
[w]	français	ouate

consonnes :

[p]	français part
[t]	français tard
[c]	français populaire cintième (cinquième)
[k]	français car
[b]	français bar
[d]	français dard
[ɟ]	français populaire bon Gieu (Dieu)
[g]	français gare
[m]	français mare
[n]	français nerf
[ɲ]	français agneau
[ŋ]	anglais sing, allemand Ding
[f]	français fard
[s]	français sert
[ʃ]	français char
[v]	français verre
[z]	français zèle, rose
[ʒ]	français jeu
[þ]	anglais think, thing
[ð]	anglais the, this
[x]	allemand Bach
[ç]	allemand ich, Licht
[h]	allemand haben, anglais have
[l]	français lard
[ʎ]	italien famiglia, espagnol paella (l "mouillé")
[r]	r "roulé" (apical)
[ʁ]	r "grasseyé" ou "parisien" (uvulaire)
[ts]	français fillett(e) sage
[dz]	français aid(e) zélée
[tʃ]	français caoutchouc
[dʒ]	français djinn

On classe les consonnes selon le point d'articulation dans la bouche :

articulées avec les lèvres	*labiales*
les lèvres et les dents	*labio-dentales*
la langue sur l'arrière des dents	*dentales*
la langue entre les dents	*interdentales*
avec la pointe de la langue	*apicales*
le dos de la langue sur le palais	*palatales*
sur le voile du palais	*vélaires*
avec la luette	*uvulaires*
avec la glotte	*glottales*
en laissant passer l'air des 2 côtés de la langue	*latérales*
par le nez	*nasales*
de plus, dans la partie entre les dents, la langue et le palais, on distingue les	*sifflantes*
et les	*chuintantes*
si les cordes vocales vibrent, on a une	*sonore*
si elles ne vibrent pas, on a une	*sourde*
si l'on a une fermeture sur le point d'articulation, on a une	*occlusive*
s'il n'y a qu'un frottement sur ce point, c'est une	*fricative*
si l'on a une fermeture suivie d'une ouverture avec frottement, il s'agit d'une	*affriquée*

On a donc le tableau suivant :

consonnes	labiales	lab.-dent.	dentales	interdt.	apic.	siffl.	chuint.	palatales	vélaires	uvulaires	glottale
occlusives											
sourdes	p		t					c	k		
sonores	b		d					ɟ	g		
nasales	m		n					ɲ	ŋ		
fricatives											
sourdes		f		θ	r	s	ʃ	ç	x		h
sonores		v		ð		z	ʒ	j		ʁ	
latérales					l			ʎ			
affriquées											
sourdes						ts	tʃ				
sonores						dz	dʒ				

Il existe bien sûr d'autres articulations, ce tableau ne concerne que les consonnes en francoprovençal.

Pour les voyelles (et semi-voyelles), on a un espace plus restreint : *palatales* et *vélaires*. Mais plusieurs autres phénomènes interviennent. L'aperture (ouverture) de la bouche est plus ou moins grande (voyelles *fermées, semi-fermées, semi-ouvertes, ouvertes*), les lèvres sont *étirées* ou *arrondies* ; les voyelles sont habituellement *orales*, mais en francoprovençal comme en français on trouve aussi des voyelles *nasales* (l'air ne sort pas seulement par la bouche, mais aussi par les fosses nasales et le nez).
Les semi-voyelles présentent l'articulation des voyelles fermées, mais fonctionnent comme des consonnes.

voyelles orales :

	palatales		vélaires
	étirées	arrondies	
(semi-voyelles)	(j	ɥ	w)
fermées	i	y	u
mi-fermées	e	ø	o
		ə	
mi-ouvertes	ɛ	œ	ɔ
ouvertes	a		ɑ

Le signe [ə] représente le e central ou *schwa* (ni ouvert, ni fermé, ni palatal, ni vélaire), qu'en français on appelle souvent mais improprement "e muet".

Voyelles nasales :

	palatales	vélaires
fermées	ĩ	ũ
mi-ouvertes	ɛ̃	õ
ouvertes	ã	

Nous allons aborder maintenant un point très important, qui est celui qui différencie le plus le francoprovençal du français : l'*accent tonique*. Dans un nombre considérable de langues, chaque mot est frappé d'un intensité particulière sur une syllabe, c'est la *syllabe accentuée*. On rencontre ce phénomène dans des langues aussi variées que l'occitan, le catalan, le portugais, l'italien, l'allemand, l'anglais, le breton, le russe, le latin, le grec... En phonétique et en phonologie, il est noté par une sorte d'apostrophe *devant* la syllabe accentuée [par'lɑː]. Dans les textes orthographiés (de quelque langue ou dialecte que ce soit) où cette notation est nécessaire, nous marquerons en caractères gras ou soulignés la voyelle accentuée.
Que se passe-t-il en français ? Dans certains dialectes du domaine d'oïl, on trouve un accent résiduel sur la dernière syllabe des mots qui ne contient pas de [ə], mais à Paris, cet accent a pratiquement disparu. On assisterait même à un phénomène nouveau, c'est l'insistance sur la première syllabe (chez les journalistes en particulier). Mais que l'on accentue sur la première, la deuxième, la dernière syllabe, cela ne change rien au sens du mot concerné : c'est **mer**veilleux ! **at**mosphère ! pour**quoi** ?
Dans les langues à accent tonique, cette variation n'est pas possible. Tous ceux qui ont appris une langue étrangère le savent, on risque de ne pas se faire comprendre si l'on accentue mal tel mot (*anglais* ca**the**dral, *allemand* **Er**döl, *italien* a**bi**tano, *breton* **mer**vel). On trouve même des oppositions pour des mots où tous les phonèmes sont les mêmes : espagnol **tér**mino "le terme", ter**mi**no "je termine", termi**nó** "il termina".
Pour le francoprovençal, le problème est le même : l'accent tonique est indispensable pour différencier les mots :
ch<u>an</u>to "je chante"
ch<u>an</u>te "il chante"
ch<u>an</u>ta "chante" *impératif*
ch<u>an</u>tont "ils chantent"
mais:
chant<u>en</u>s "nous chantons"
chant<u>â</u>d "vous chantez", "chantez" *impératif*
chant<u>en</u>t "chantant"

On distingue par ex. ch<u>an</u>ta "chante !", de chant**â**d "chantez !", crèy<u>on</u> "crayon", de crèyont "ils croient", ou encore sonj<u>on</u> "sommet", de s<u>on</u>jont "ils rêvent".

En francoprovençal (que nous abrégerons désormais en **FP**), l'accent tonique ne se place que sur l'une des deux dernières syllabes des mots. Cette syllabe est d'ailleurs assez facile à déterminer, car elle correspond le plus souvent à la dernière syllabe sans [ə] du mot français correspondant, lorsque celui-ci existe. Du point de vue de la prononciation, les seules voyelles inaccentuées possibles sont : **-e**, **-a**, **-o**, **-on**(t), avec leurs variations dialectales <u>-i</u>, <u>-ou</u>, <u>-in</u>. Il existe certes des exceptions dans certains dialectes, que nous verrons plus loin.

CHAPITRE III
LA NOTION DE "PATOIS"

Le français possède le mot *patois*, qui a une connotation assez péjorative, voire méprisante, tandis que dans les autres langues on rencontre le plus souvent le mot *dialecte*.

Malheureusement, en France, le terme de *patois* s'est utilisé jusqu'au milieu du XXe siècle pour désigner tout ce qui n'était pas la langue française, même pour le breton, le basque, l'occitan... qui incontestablement sont de vraies langues, porteuses d'une culture propre. Quand on parle de la *culture française*, pour bien des interlocuteurs, cela signifie non pas seulement la culture de la France, mais implicitement la culture de *langue française*, ce qui par son statut international paraît évidemment plus prestigieux. On ne peut cependant nier le caractère culturel de chaque langue, et la France, la Suisse et l'Italie sont trois pays d'une grande richesse linguistique.

Si le mot *patois* n'a aucune raison d'être pour désigner dans leur globalité des langues comme le breton, l'occitan, le basque ou le corse, ce mot n'est pas senti comme péjoratif dans le domaine francoprovençal. C'est pourquoi nous l'utiliserons, mais seulement pour désigner le parler d'une commune, d'un village : le patois d'Hauteville (Savoie), d'Ardon (Valais), de Vaux-en-Bugey (Ain), etc. En revanche, nous parlerons du dialecte savoyard, valaisan, bressan... Quant au francoprovençal lui-même, nous le désignerons sous son statut de *langue*. Enfin, il n'y a aucun mépris affiché ou ressenti à désigner un locuteur du FP comme *patoisant*.

Il est cependant indispensable de se débarrasser de quelques préjugés tenaces au sujet du patois : ce n'est pas une langue pauvre, ou mal prononcée, ni un sous-produit culturel d'une langue de culture. C'est un parler humain complet, répondant avec une étonnante richesse à toutes les nécessités liées à la vie et à l'environnement de ses locuteurs. La phonologie, la morphologie, la syntaxe, le lexique ne sont pas moins riches, moins intéressants, moins variés que n'importe quel autre parler. Dans le domaine gallo-roman, nos patois dérivent tous du latin (avec évidemment des emprunts au gaulois, au germanique, etc.), parallèlement au français standard. Un village d'agriculture céréalière, de viticulture, de carrières, possède un vocabulaire propre particulièrement adapté à son type de production, mieux peut-être que la langue française vis-à-vis du vocabulaire de l'informatique. On a pu dire qu'une langue est un patois (ou un dialecte) qui a *réussi*.

Ce qui nous gêne lorsque nous entendons parler "patois", par exemple dans un village à 150 km de Paris, c'est que nous comprenons assez bien l'ensemble, tout en percevant une légère différence par rapport à notre "norme". Nous n'avons pas besoin d'*apprendre* le dialecte orléanais pour en saisir le sens, alors que nous sommes bien obligés d'étudier l'anglais ou l'italien. Autrement dit, une petite différence nous paraît souvent plus ridicule qu'une grande !

De plus, nous avons été habitués, en France tout au moins, à lire dans les dictionnaires, les atlas : France, langue: le *français*; Espagne, langue: *l'espagnol*; Roumanie, langue: le *roumain*... ce qui est singulièrement réducteur ! L'Espagne, par exemple, a non seulement trois grandes langues incontestables : le castillan, le catalan et le basque, mais a même l'occitan (gascon) comme langue co-officielle dans le Val d'Aran, alors que la zone d'influence de l'occitan en France, où il n'est pas langue officielle, couvre au moins 20 départements !

Puisque nous entreprenons ici l'étude du francoprovençal, qui présente tout de même de grandes affinités avec le français, laissons nos préjugés au vestiaire, abordons cette étude avec tout l'intérêt que représente n'importe quelle langue du monde.

Désormais tout mot en FP (orthographe supra-dialectale) sera en *gras*, et toute graphie en patois local sera *soulignée*, sauf en ce qui concerne la longue partie des textes. Ainsi nous écrirons **povêr** "pouvoir" pour représenter toutes les variantes dialectales povài, povê, povae, pouaire, etc.

CHAPITRE IV
HISTOIRE ET GEOGRAPHIE

Mais, pourrait-on dire, pourquoi entendons-nous si peu parler du francoprovençal ? C'est un terme que l'on ne trouve même pas dans tous les dictionnaires, et personne en France, en Suisse ou en Italie, ne dira : "Je parle francoprovençal". Reprenons le cours de son Histoire.

Sous l'Empire romain, c'était Lyon la capitale de la Gaule, et il s'en est donc fallu de quelques invasions barbares pour que le parler de cette ville ne devienne langue nationale. L'arrivée des Burgondes, des Wisigoths et surtout des Francs allait modifier le visage du pays, qui devenait la France. Dans la région qui nous intéresse, ce sont les Burgondes qui ont été les principaux 'envahisseurs', apportant leurs coutumes, leurs mœurs, leurs habitudes articulatoires et leur vocabulaire. De l'avis des spécialistes, les modifications phonétiques qui caractérisent le FP ont eu lieu à la fin de l'époque mérovingienne ou au début de l'époque carolingienne, en tout cas avant l'an mille. Il semble toutefois que les Burgondes n'aient guère eu d'influence sur l'évolution du FP. On peut mieux expliquer le domaine géographique FP par l'importance et le rayonnement des villes de Lyon et de Genève, avec le passage par les cols alpins (par le Valais ou par la Savoie) vers Aoste et l'Italie, et comprendre en même temps pourquoi les Burgondes avaient précisément établi leur domination sur un domaine sensiblement identique. Notons au passage qu'aujourd'hui nous avons, en France, la région *Rhône-Alpes* qui recouvre sensiblement ce même domaine.

N'oublions pas que la langue écrite la plus utilisée au Moyen Age était le latin. Si à partir du XIe siècle on a commencé ici et là à écrire en langue *vulgaire*, c'est-à-dire du peuple, ce n'était évidemment pas dans la langue de l'Académie française, mais dans le parler local, et les scribes de l'époque n'avaient pas toujours bien conscience de toutes les différences linguistiques de chaque dialecte.

Or, les différences entre les parlers bourguignons et francs-comtois d'une part, et les parlers FP d'autre part, n'étaient pas suffisamment criantes pour qu'alors on s'y attarde, à une époque où la variation dialectale était plus ou moins consciente. De plus, la situation extraordinaire de la ville de Lyon, sur l'axe incontournable Saône-Rhône, entre le Nord de la France avec Paris, et la Méditerranée avec Marseille, la laissait ouverte à toutes les influences extérieures. Si la langue occitane était devenue la langue officielle en France, ce qui eût été possible sans la Croisade contre les Albigeois, peut-être le francoprovençal eût-il subi l'influence occitane.

On a donc longtemps considéré le FP comme un dialecte parmi d'autres, d'autant plus que le Dauphiné se donnait à la France dès le XIVe siècle (et adoptait précocement le français dans certains actes officiels), tandis que la Savoie restait un Etat plus ou moins indépendant (de la France en tout cas), tout comme le Forez, le Lyonnais, la Bresse et le Bugey, et que peu à peu les cantons suisses-romands se constituaient et se rattachaient aux Confédérés (Fribourg, bilingue il est vrai, dès 1481).

L'ordonnance de Villers-Cotterêts amenait le triomphe du français dans tous les actes officiels, à Lyon et Grenoble en particulier, tandis que la Savoie et Genève, constituée en République, n'allaient pas tarder à en faire de même : Calvin avait dans ses écrits abandonné le latin au profit du français. La volonté des gouvernants, le choix des intellectuels, le morcellement dialectal aux multiples graphies, et l'écartèlement politique de toute cette région n'allaient pas favoriser l'émergence d'une langue FP commune.

La dureté des temps, l'exode rural, la modernisation de l'agriculture sont ensuite les facteurs qui ont provoqué la quasi-disparition des dialectes, et même quelquefois de certaines langues régionales dans nos contrées. En France, les seules régions où le parler originel subsiste même dans les villes sont la Corse, le Pays Basque, l'Alsace et la Bretagne. Mais au début du siècle encore, dans le domaine FP, le patois était encore très vivace dans de nombreuses petites villes. L'école obligatoire, la guerre 14-18, l'avènement du cinéma, de la radio et de la télévision ont alors précipité un mouvement déjà amorcé. Le *patois*, instinctivement dévalorisé par les locuteurs eux-mêmes, dans une société où les valeurs ancestrales ont été profondément perturbées par le progrès technique et social, ne représente au mieux qu'une survivance pittoresque. Cela est particulièrement net dans la région que nous étudions ici, sans unité culturelle ni même politique, sans conscience linguistique supradialectale. La situation est naturellement bien différente dans des régions telles que la Bretagne, la Gascogne, la Corse, dont les langues ont été reconnues à Bruxelles par la Communauté Européenne et où ont été développées à l'école des classes bilingues, où les élèves peuvent s'enorgueillir d'une riche littérature et d'une histoire qui coïncide avec l'extension linguistique. On constate un réel regain d'intérêt pour les idiomes locaux, dont malheureusement le francoprovençal est le plus souvent exclu !

On s'est longtemps posé la question du classement des dialectes FP. Après les avoir, un peu inconsciemment, intégrés dans les parlers d'oïl et rapprochés des dialectes bourguignons et francs-comtois, on a été ensuite tenté de les classer dans le domaine d'oc. Mais déjà Racine par exemple, dans une lettre[1] à la Fontaine, définissait sans le savoir les degrés de différence des trois domaines linguistiques galloromans. Deux siècles plus tard, le magistrat Jean-Baptiste Onofrio, en publiant son *Glossaire des Patois du Lyonnais, Forez et Beaujolais* (1864), commençait à devenir plus précis. Enfin le grand linguiste Graziado Isaia Ascoli, en 1872, définissait le FP, mais avec un critère dont on a remis quelque peu en cause l'importance (passage du 'a' latin > 'a' FP). Il lui donnait le nom de *franco-provençal* (avec trait d'union). Ce n'est que récemment, dans les années soixante-dix, qu'on a supprimé ce trait d'union, pour éviter quelque peu l'ambiguïté liée au nom. On a également proposé d'autres noms : arpitan (c'est-à-dire des *Alpes*), *rhodanien moyen*. Aucune dénomination n'a fait l'unanimité pour désigner ce que chaque locuteur appelle son *patois*,

---

[1] "J'avais commencé de *Lyon* à ne plus guère entendre le langage du pays et n'être plus intelligible moi-même. Ce malheur s'accrut à *Valence,* et Dieu voulut qu'ayant demandé à une servante un pot de chambre, elle mit un réchaud sous mon lit..." (1661)

voire son **gent patouès**, son "joli patois". Et il faut bien reconnaître que cela ferait une agréable dénomination (en français) : le "gent patois".

Précisons tout de même que la notion même de francoprovençal a été longuement réfutée, et ce jusque dans les années soixante de ce siècle. En Suisse, c'est au *Glossaire des Patois de Suisse Romande* que l'on doit le travail de récollection et de sauvegarde sur différents supports de la littérature et des parlers francoprovencaux (ainsi que des dialectes romands d'oïl du Jura). Dans le Val d'Aoste, le *Centre René Willien* montre toujours une extraordinaire vivacité. En France, les travaux de Monseigneur Pierre Gardette et d'Antonin Duraffour ont été relayés aujourd'hui par Jean-Baptiste Martin et Gaston Tuaillon ainsi que leurs élèves, pour aboutir aux groupes d'études, universités et organismes à Lyon, Grenoble, Bourg-en-Bresse, Conflans-Albertville... (voir en fin d'ouvrage les adresses des différents organismes avec la bibliographie).

C'est l'essentiel de leurs recherches et de leurs publications, qui ne connaissent malheureusement pas toujours la diffusion qu'ils méritent, qui forment la base du présent essai sur cette langue méconnue. Nous invitons les lecteurs à se reporter à leurs ouvrages, articles et publications pour approfondir les connaissances que nous ne pouvons que schématiser dans ce livre.

CHAPITRE V
LA PARTICULARITÉ FRANCOPROVENÇALE

Examinons maintenant ce qui nous permet de définir le francoprovençal comme une langue à part entière. Il faut préciser tout de suite que l'on ne peut retenir que des critères linguistiques, tout en délimitant le domaine géographiquement.

*Nous l'avons vu plus haut, il y a en FP un accent tonique, avec des oppositions en syllabe post-tonique, ce qui le différencie nettement du français, mais non de l'occitan et des autres langues romanes.

*Dans les syllabes accentuées, il existe une opposition qui n'est pas inconnue au français : les voyelles longues et les voyelles brèves, comme *bête* et *bette*, *pâte* et *patte*, *jeûne* et *jeune*. En FP, elle touche principalement les voyelles **a, o** et **e**.

*Le français et le francoprovençal ont subi un phénomène commun bien connu, l'amuïssement des consonnes occlusives dentales et vélaires entre voyelles :

latin	français	FP	occitan
VITA	vie	**via**	vida
NUDA	nue	**nua**	nuda, nuza
AMICA	amie	**amia**	amiga

*Dans les domaines d'oïl et d'oc, le groupe latin **ca** ne s'est *palatalisé* que dans certaines régions : le mot latin CANTARE a donné *chanter* en français standard (mais pas en normand ou en picard, par exemple), en occitan on a *cantar* dans la partie sud du domaine d'oc, mais on a *chantar* dans la partie nord. Autrement dit, la palatalisation, que nous verrons en détail plus loin, ne s'est réalisée ni dans l'extrême nord ni dans l'extrême sud des langues gallo-romanes. En revanche, dans la partie centrale, dont le FP fait naturellement partie, elle s'est effectivement réalisée, et l'on a donc **chantar** partout dans la langue qui nous intéresse.

*Un phénomène qui est assez répandu en FP est le '-l' latin en fin de syllabe, devenu '-r': PALMA "paume" > **pârma**; ALBA "aube" > **ârba**. On trouve même localement ce phénomène en fin de mot : CAELUM "ciel" > **cièr** (variante de **cièl**).

*Un autre critère très bien repéré en FP est le double traitement de la voyelle 'a' tonique (et post-tonique) :

latin	français	FP	occitan
PRATUM	pré	**prât**	prat
CAPRA	chèvre	**chiévra**	cabra

On voit en français le passage généralisé de a > é, le maintien de ce 'a' en occitan, et en FP soit le maintien dans le premier cas, soit le passage à 'é' *selon la consonne qui précède*.
Ce phénomène a de plus produit des doubles séries dans deux cas précis : deux types de conjugaison pour la première conjugaison latine (-are), et deux types de féminin des adjectifs. La première conjugaison latine, en -are, a donné dans toutes les langues romanes une seule conjugaison (-are en italien, -ar en castillan ou en occitan, -er en français moderne). Mais en ancien français et en FP, cette conjugaison s'est scindée en deux, avec deux types d'infinitif liés à la consonne qui précède la désinence : *ancien français* 1) parler, je parle; 2) laissier, je laisse; FP 1) **parlar, je parlo**; 2) **lèssiér, je lèsso**. Le français moderne a perdu cette différenciation, "laisser" se conjuguant aujourd'hui comme "parler", mais non pas le FP.
Ce même phénomène touche aussi le féminin des adjectifs et des noms. Si la désinence normale est **-a**, après certaines consonnes elle est **-e**. Nous verrons plus loin de quelles consonnes il s'agit.
C'est ce double critère qui détermine le mieux l'ensemble du domaine qui nous intéresse ici.

*Le FP a conservé le -o (et -u) latin post-tonique, ce qu'à quelques exceptions près (le provençal alpin, le niçart surtout) les autres langues gallo-romanes n'ont pas fait. Regardons les exemples suivants, à partir du latin, en comparant avec l'occitan et le français, mais aussi l'italien :

latin	français	francoprov.	occitan	italien
CANTO	je chante	**chanto**	canti	canto
LARGUS	large	**larjo**	larg	largo

Ce maintien du -o latin a permis une formation tout à fait originale des adjectifs possessifs en FP :

latin	français	francoprov.	occitan	italien
MEUM	mon	**mon**	mon	mio
NOSTRUM	notre	**noutron**	nòstre	nostro

Aucune autre langue romane ne possède une forme comparable à ce **noutron** (et parallèlement **voutron**).

*Le français partage avec le FP une particularité d'évolution très rarement décrite, et qui a peut-être davantage marqué le FP d'aujourd'hui que le français moderne : la tendance à n'avoir que des syllabes ouvertes (ce phénomène a touché également l'ancien slave)[1].

Prenons un mot français qui présente peu de difficulté entre l'orthographe et la prononciation : por-té. Il comporte deux syllabes, la première est une syllabe fermée (elle se termine par une consonne), la seconde une syllabe ouverte (elle se termine par une voyelle).
En latin, il y avait des syllabes ouvertes et des syllabes fermées. Les syllabes fermées présentant plus de difficultés à se prononcer que les syllabes ouvertes, elles se sont ouvertes en ancien français, non sans provoquer des bouleversements phonologiques. C'est ce qui explique en français l'énorme quantité d'homonymes, les accents circonflexes

---

[1] Lire à ce sujet : André MARTINET, Economie des changements phonétiques, A. Francke S.A., Berne, chapitre 13.

(fête, pâte, île...), les voyelles nasales, assez rares dans les autres langues, et les très nombreuses consonnes que l'on trouve dans l'orthographe et que l'on ne prononce pas, sans oublier les élisions et surtout les liaisons, inconnues d'une majorité de langues. Pour bien montrer ce phénomène, nous allons reprendre les exemples en latin, français, FP, occitan et italien. Il faut savoir qu'en FP, les voyelles sont nasales dans les mêmes cas qu'en français.

latin	français	francoprov.	occitan	italien
PASTA	pâte	**pâta**	pasta ['pasto]	pasta
VENTUM	vent	**vent**	vent [ben]	vento
RUPTA	route	**rota**	rota ['rɔto]	rotta
ARBOREM	arbre	**âbro**	arbre ['arbre]	albero

Si la syllabe se termine par un -s, celui-ci est tombé et provoque un allongement compensatoire de la voyelle précédente (toujours en français, parfois en FP)[1]. Si elle se termine par un -n, celui-ci nasalise la voyelle précédente, la syllabe se termine donc bien alors par une voyelle. Si la syllabe se termine par un -p, celui-ci disparaît mais permet à la consonne qui suit de se maintenir inchangée. Par contre, si la syllabe se termine par un -r, elle disparaît souvent en FP, rarement en français (dans quelques mots comme "gars", et surtout en terminaison du type "aimer", "entier"). C'est cependant la consonne qui "résiste" le mieux, tant en français que dans un grand nombre de dialectes FP.
Enfin, si elle se termine par un -c, celui-ci a disparu dans toutes les langues gallo-romanes, non sans laisser des traces particulières :

latin	ancien français	français	francoprov.	occitan
FACTU	fait [fajt]	fait [fɛ]	**fêt**	fait/fach

---

[1] Toutefois, selon certains témoignages en moyen français, ce 's' a d'abord donné une sorte d'aspiration. Ce phénomène s'est maintenu localement, notamment dans un petit nombre de parlers du Val d'Aoste, où par. ex. le lat. 'castanea' (châtaigne) a donné tsahtagne à Allard.

Mais, dira-t-on, en français comme en FP d'ailleurs, on trouve des syllabes fermées : festivité, rupture, acte, lichen... C'est que les langues romanes se sont trouvées dans une situation très particulière par rapport aux langues germaniques par exemple. En effet, si l'on suppose, à juste titre, que l'allemand, l'anglais et le néerlandais proviennent tous trois d'une seule et même langue-mère, le *germanique commun*, celui-ci n'a jamais été écrit et ne peut avoir aucune influence sur ces trois langues aujourd'hui. En revanche, les langues romanes (italien, roumain, occitan, français, francoprovençal, etc.) dérivent toutes directement du latin, que nous connaissons parfaitement, puisqu'il était encore utilisé couramment dans l'Eglise catholique jusqu'au XXe siècle. Il en résulte qu'à côté des mots qui ont été utilisés sans interruption pendant deux millénaires par les usagers des langues romanes (mots dits d'*évolution populaire*), on trouve des mots repris plus ou moins fidèlement au latin (*emprunts savants*). Il est même assez fréquent de trouver un mot latin qui a donné deux mots en français (qu'on appelle *doublets*), par exemple :

latin	mot d'évol. pop.	emprunt savant
CAUSA	chose	cause
RATIONEM	raison	ration
SEPARARE	sevrer	séparer
AUSCULTARE	écouter	ausculter
FRAGILEM	frêle	fragile

Il n'est donc pas surprenant de trouver des dérivés assez différents du mot-souche : fête, festivité; coupable, culpabilité; rouvrir, réouverture. Dans le mot-souche, d'évolution populaire, les syllabes sont ouvertes, dans les emprunts savants, elles peuvent aussi être fermées.
De plus, en français moderne, l'amuïssement des -e (dits muets) en finale crée de nouvelles syllabes fermées : fête, grande, rose...

CHAPITRE VI
GRAPHIES ET ORTHOGRAPHE

Le FP n'a donc jamais connu d'unité historique, géographique, politique ou culturelle. Nous nous trouvons aujourd'hui devant une douzaine de dialectes, et des centaines de patois. Chacun a écrit le sien à sa manière, en imitant plus ou moins la graphie de son voisin, le français, l'occitan ou l'italien. Depuis un siècle environ on assiste à un mouvement général pour donner une certaine cohérence orthographique à l'intérieur des dialectes, ce qui est un effort louable. Le grand linguiste Ernest Schüle a donné de précieux conseils pour écrire en particulier les dialectes romands et valdôtains. En Savoie on a adopté la *graphie* dite *de Conflans*, qui permet de reproduire fidèlement son parler, quitte à chacun de l'adapter à son propre patois quand on procède à la lecture. En Dauphiné, on a commencé à l'utiliser, et rien n'empêcherait d'autres régions FP de faire de même. Les Bressans, entre autres, ont bénéficié de la collaboration de Gaston Tuaillon dans cette difficile mise en oeuvre.

Cela veut toutefois dire que pour toute l'aire en question, on se trouve avec des dizaines de graphies pour le même "mot". Prenons le mot FP **chevâl**. On trouve les formes savoyardes shvô, stevô, tsevô, en dauphinois tsavâ, chivâ, en Suisse romande tsavô, tsevô, tchèvó, en forézien chavau, chiveau, en valdotain tsevà, en bressan shevô, en Bugey shvó, en Saône-et-Loire Seuvau, chevau, dans le Doubs ts'wau, etc.

On voit tout de suite combien le latin CABALLUS a donné de formes différentes selon les patois. Pourtant une graphie unifiée est possible. En adoptant la forme **chevâl**, que chacun doit prononcer bien sûr *à sa manière dans son patois*, on crée une unité entre toutes ces formes. Car là où l'on a le *graphème* ch, le Savoyard prononcera *toujours*, selon son patois, [ts], [þ] ou [st], le Suisse romand [ts] ou [tʃ], le forézien [ʃ]. C'est l'intérêt d'une graphie supra-dialectale de permettre à des locuteurs de dialectes différents de se comprendre, au moins par l'écrit. L'occitan y est bien parvenu, avec la graphie de l'Institut d'Etudes Occitanes (I.E.O.), où par exemple le mot 'jorn' (jour) se prononce de 5 ou 6 manières différentes[1], mais est immédiatement reconnaissable par chacun. De même, la graphie du mot français 'août' ne pose de problème à personne, que l'on prononce [u], [ut], [au] ou [aut].

Aussi l'orthographe que nous présentons dans cet ouvrage est la première du genre. Elle n'est certes pas parfaite, mais elle est la clé qui permet d'entrer dans cette langue et d'avoir un aperçu global, à chacun ensuite de s'intéresser plus particulièrement au dialecte, au patois qui le concerne ou qui l'occupe. Afin de préciser le plus exactement possible de quelle graphie il s'agit, nous proposons de l'appeler **ORA**, c'est-à-dire Orthographe de Référence A, car nul doute que certaines modifications seront nécessaires et souhaitables, qui pourront ainsi se désigner par **ORB**, voire **ORC**, etc. Mais l'essentiel est là : comme n'importe quelle autre langue en France et en Suisse, ou même en Italie, le FP a maintenant sa graphie supra-dialectale propre.

Elle n'a d'ailleurs pas été inventée de toutes pièces. C'est une orthographe gallo-romane, c'est-à-dire qu'elle a été inspirée de celle des deux langues qui lui sont le plus proches : le français et l'occitan. De plus, il a été tenu compte des habitudes graphiques des patoisants eux-mêmes.
Mais il est sûr qu'une langue aux multiples dialectes, eux-mêmes très patoisés, doit nécessairement avoir une graphie *morphologique, archaïsante* et *étymologique*.
Si l'on avait cherché à créer cette orthographe de référence il y a un siècle, elle aurait pu s'imposer avec des caractéristiques propres, sans se référer aux langues qui l'entourent. Mais sa faible diffusion aujourd'hui oblige à la rapprocher de l'orthographe occitane et surtout française.
Certains choix n'ont pas été faciles, et pourront bien entendu être révisés. Les critères retenus sont :

---

[1] [ʒur][dʒur][dʒun][dzur][tsur][tsun]...

1) orthographe gallo-romane, c'est-à-dire proche de, pour ne pas dire intermédiaire entre, la graphie du français et celle de l'occitan.

2) pas trop de caractères difficiles à trouver sur une machine à écrire ou un logiciel courant ; l'occitan par exemple souffre de la fréquente carence des signes á í ò ó ú dont il a besoin.

3) tenir compte de *l'étymologie*, de la *morphologie*, et de la *dérivation* dans le vocabulaire ; toutefois, étant donné le grand nombre d'homonymes en FP, recourir à des lettres étymologiques "inutiles" pour différencier par ex. **vengt** "vingt" (< lat. VIGINTI) de **vent** "vent" (< lat. VENTUM), **jorn** "jour" (< lat. DIURNUS) de **jor** "forêt" (< gaulois *jure), **dobtar** "douter" (< lat. DUBITARE) de **dotar** "doter" (< lat. DOTARE); ou des lettres non-étymologiques mais bien ancrées dans l'orthographe française : **sêf** "soif" (< lat. SITIS), différent de **sêt** "soit", **sês** "sois", et de **sêp** "haie", ou encore **pêds** "poids" (< lat. PENSUM), différent de **pês** "pois" (< lat. PISUM).

4) permettre de retrouver dans chaque dialecte un minimum de critères de prononciation.

5) adaptation locale pour certaines particularités, par ex. le [þ] en fribourgeois, en valaisan ou en savoyard (par exemple dans la localité de Mâcot) qui provient du groupe latin -st-, alors que celui-ci a donné partout ailleurs [t]. La forme la plus répandue **féta** (< FESTA "fête") peut donc s'écrire **fétha** dans ces dialectes. De même, dans les groupes latins 'consonne + l' (pl-, bl-, cl-, gl-, fl-), certaines latitudes ne gêneraient pas l'intercompréhension à la lecture.

Pour illuster la variété dialectale, mais aussi les traits communs sous-jacents, prenons la phrase :

"l'agneau semblait manger de la paille dans le champ clair".

dans un panel de patois de différentes régions :

savoyard l'anié sênblâve mëjhi de palïe dê le çhan cliâ.
(Conflans) l'anyé sênblâve mëzhi de palye dê le shan klyâ.
dauphinois l'anyèa sanblâve mandziya de pali dan le tsan çlyâ.
fribourgeois l'ènyi chinbyåvé medji dè paye din le tsan hyå.
autref.: l'ègni chimblyaové medgi dè palye dins le tzan hyao.
valaisan l'agné sinblâve medjè de paye din le tsan hlâ.
forézien l'agno semblâve migi de pailli den lo champ cliòr.
lyonnais l'agnio semblôve maingi de pailly deins lo champ clair.
valdôtain l'agnë semblâve medzé de paille den lo tsan cllier.
bressan l'anyo sèblôve mèzhë de paye din lo shon lya.
bugiste l.ane sẽbyå:ve mëzi:a de páli dẽ lo sã tyå^r.

ORA l'agnél semblâve megiér de palye dens lo champ cllâr.
I.E.O. l'anhél semblâve megiér de palhe dens lo champ clhâr.

(Nous donnons en dernier la possibilité que la graphie occitane, adaptée, de l'Institut d'Etudes Occitanes pourrait offrir au FP).

On voit bien qu'au-delà des différences dialectales une orthographe peut représenter une forme pour la langue entière, comme c'est le cas pour l'orthographe bretonne, occitane ou corse[1].

---

[1] Aucune situation linguistique (en France comme partout dans le monde) ne faisant jamais l'unanimité, on trouve naturellement des personnes qui contestent le bien-fondé de l'une ou l'autre de ces orthographes supra-dialectales.

CHAPITRE VII
PHONOLOGIE DE LA LANGUE

Nous allons étudier maintenant la phonologie de la langue, en indiquant quelques variantes dialectales. Tout d'abord n'oublions pas que chaque dialecte a sa propre phonologie, ses propres phonèmes. Aussi doit-on parler pour la langue entière de *supra-phonèmes*, qui vont aussi de pair avec l'orthographe. Quand nous écrivons **j** en ORA, nous représentons le supra-phonème {j}, qui se réalise [dz], [zd], [ð], [ʒ], [dʒ], etc. Si nous ne représentons pas les réalisations dialectales entre barres parallèles, c'est que tout simplement ces réalisations peuvent n'être qu'une partie dudit phonème, par exemple dans certaines parties de la Bresse, le phonème /ð/ fait partie de deux supra-phonèmes {r} intervocalique, et {j}. Les supra-phonèmes qui sont identiques en francoprovençal, en français et en occitan ne seront pas détaillés. Les voici :

supra-phonème	latin	français	FP	occitan
{p}	PASSUS	(le) pas	**pâs**	pas
{b}	BARBA	barbe	**bârba**	barba
{m}	MATREM	mère	**mâre**	maire
{f}	FEMINA	femme	**fèna**	femna
{v}	VIRIDEM	vert	**vèrd**	verd
{t}	TESTA	tête	**téta**	tèsta
{d}	DICERE	dire	**dére**	dire
{n}	NASUM	nez	**nâs**	nas
{g}	GUSTUM	goût	**gôt**	gost
{l}	LICERE	loisir	**lèsir**	léser

Après avoir vu les supra-phonèmes, nous verrons, en sens inverse, les phonèmes FP dialectaux les plus fréquents, à travers leurs réalisations.

LES SUPRA-PHONEMES

LES CONSONNES

{c}[1]

L'orthographe de ce (supra-)phonème[1] est toujours **ch**. Il résulte de l'évolution du **c**- latin [k] devant **-a**. Cette voyelle a pu elle-même ensuite évoluer.

lat. CANTARE	> **chantar**	"chanter"
gaul. CABALLIS	> **chevâl**	"cheval"
lat. CANEM	> **chin**	"chien"
lat. CAL(I)DUS	> **chôd**	"chaud"
lat. CAUSA	> **chousa**	"chose"
lat. SCALA	> **èchièla**	"échelle"
lat. VACCA	> **vache**	"vache"

Au départ, le [k] s'est palatalisé en un [kʲ], puis il s'est affriqué, selon un processus bien connu dans les langues romanes, soit en [ts] soit en [tʃ]. Le premier cas (l'affriquée sifflante) est soit resté inchangé (Suisse Romande sauf Genève et Neuchâtel, Val d'Aoste, une partie de la Savoie et du Dauphiné), soit il y a eu métathèse [st] dans une partie de la Savoie, soit il est devenu [þ] (plus rarement [s]) dans une grande partie de la Savoie et de la Bresse. Cette interdentale a évolué vers [h] en Moyenne Maurienne, et récemment vers [f] à Lanslebourg. L'affriquée chuintante ne semble être restée inchangée qu'à Neuchâtel et dans quelques parlers du Val d'Aoste, tandis qu'elle se simplifiait, comme en français, en [ʃ] dans une partie du Dauphiné, dans le Lyonnais et le Forez.

{j}

Ce phonème est le correspondant sonore du précédent, mais il provient non seulement du **g**- latin devant a, mais aussi devant -e et -i, du **j**- latin (i semi-voyelle) ainsi que du groupe **dj**- (comme en français

---

[1] Ce sont les signes {c} et {j}, lesquels en phonétique représentent des palatales, qui ont été retenus pour indiquer les supra-phonèmes issus des vélaires latines palatalisées devant **a**.

d'ailleurs). Il a en outre bénéficié d'un apport assez important de mots d'origine gauloise et germanique. Il s'écrit de deux manières, soit **g-** (devant **e** et **i**), soit **j-**, selon l'étymon latin, celtique ou germanique. Toutefois, lorsqu'il est suivi des voyelles **a**, **o** et **u**, il s'écrit toujours **j**, exactement comme dans le domaine d'oc (orthographe mistralienne et I.E.O.).

lat. GAIUS	> **gé**	"geai"
lat. GINGIVA	> **gengiva**	"gencive"
lat. DIURNUS	> **jorn**	"jour"
lat. JUGUM	> **jog**	"joug"
celt. *gabella	> **javèla**	"javelle, poignée de blé"
germ. *garba	> **gèrba**	"gerbe"

Comme le français qui insère un 'e' dans des formes comme "gageure", "mangeons", le FP connaît les inévitables variations **g ~ j** en ORA[1] :
larjo "large" *masc.*, **large** "large" *féminin.*
songiér "rêver, songer" **sonjo** "je rêve", **songes** "tu rêves", **sonjont** "ils rêvent".
Ce phonème connaît, lui aussi, au moins sept réalisations différentes correspondant aux sourdes du phonème précédent. A partir de [dz] on retrouve cette réalisation inchangée en Suisse Romande, en Val d'Aoste, en Savoie et Dauphiné, la métathèse [zd] en quelques points de la Savoie, l'évolution [ð] en Savoie et en Bresse principalement, et à partir de [dʒ] resté tel quel à Neuchâtel et localement dans le Val d'Aoste, on trouve l'évolution [ʒ] dans le Dauphiné également, le Lyonnais et le Forez.
Quelques prononciations très minoritaires ([z], [v]) se rencontrent parallèlement aux réalisations du supra-phonème sourd.

{ɲ}

Ce phonème résulte comme en français, soit du groupe latin -gn-, soit du groupe latin -nj-, c'est-à-dire de -ni- ou -ne- devant voyelle :

---

[1] La tentation est grande d'abandonner ici le **g** et de ne garder que le **j**, mais ni le français ni l'occitan n'ont jamais jugé bon de procéder à une telle simplification.

lat. AGNELLUS   > **agnél**   "agneau"
lat. *RENIONEM   > **rognon***   "rognon"
lat. LINEA   > **legne**   "ligne"
Il s'écrit **gn**, sauf quand il résulte d'un groupe 'n + i' et que cette graphie serait gênante : **canoniér, cantoniér, opinion**.

{ʎ}

Ce phonème, appelé quelquefois 'l mouillé', résulte du groupe latin lj-, c'est-à-dire li- ou le- suivis d'une voyelle, ou d'un groupe -cl- ou -gl- (sauf à l'initiale) :

lat. FILIA   > **filye**   "fille" (parenté)
lat. PALEA   > **palye**   "paille"
lat. MAC(U)LA   > **mâlye**   "maille"
lat. VIG(I)LARE   > **velyér**   "veiller"

La prononciation est soit [ʎ], soit assez souvent [j]. On peut rapprocher la prononciation familière du français *miyeu* "milieu", *miyon* "million". Dans de rares dialectes (Vaud en particulier), on trouve la réalisation [ð], voire [d].

En finale absolue, on ne trouve que [j], ou même le plus souvent un amuïssement total : **solely** : <u>seloé</u>, <u>solae</u>, <u>soulè</u>, <u>solei</u>, **travâly** : <u>travà</u>, <u>travô</u>, <u>travail</u>.

Il s'écrit **ly**, sauf quand il résute d'un groupe 'l + i' et que cette graphie serait gênante : **liard** "liard, sou", **cavaliér, chapeliér**.

{k} et {g}

Ces deux supra-phonèmes ne présentent pas de différences notables avec leurs correspondants français ou occitans. On peut noter seulement une *palatalisation* assez localisée (principalement en Suisse romande et dans le Dauphiné) avec des réalisations du type <u>tchivèr</u> (**cuvèrt**) "toit" pour le sud-dauphinois, <u>djidon</u> (**guidon**), <u>tchita</u> (**quéta**) "quête" à Fribourg.

Ils dérivent régulièrement du latin (ou gaulois, ou germanique) 'k' et 'g' dans les mêmes conditions que le français, c'est-à-dire devant consonne ou devant voyelle vélaire ('o' et 'u' originels), y compris les groupes 'kw-', '(g)w-'[1] :

lat. COOPERIRE	>	cuvrir	"couvrir"
lat. COAGULARE	>	quelyér	"cailler"
lat. *QUIESCERE	>	quèsiér	"(se) taire"
lat. QUINDECIM	>	quinze	"quinze"
lat. GUSTUS	>	gôt	"goût"
lat. GRANDIS	>	grant	"grand"

Il faut y ajouter un très grand nombre d'emprunts aux langues voisines (italien, occitan, français) : **capâblo, canalye, calmar, garantir, galop, guilyotina,** etc.

L'orthographe suit les mêmes règles qu'en français et en occitan : **c-** et **g-** devant **a, o, u** ou consonne, **qu-** et **gu-** devant **i, e**. Il y a aussi le cas du groupe **qua-**, dans les mots **quatro, quaranta, quârqu'un**, qui gardent trace de leur origine (lat. QUATTUOR, etc.) dans toutes les langues gallo-romanes. On ne rencontre le **k** que dans des mots comme **kilo**.

Les groupes 'cl-' et 'gl-' seront étudiés à part, ci-dessous.

{s}

Nous abordons, avec le phonème {s} un point délicat, car il a des origines diverses, dont la graphie ORA est bien obligée de rendre compte, d'autant que certains patois différencient ce que d'autres confondent.

Le même problème se pose du reste en français, où le phonème /s/ peut s'écrire de différentes manières, correspondant à d'anciennes prononciations différenciées, comme dans s̲ang, c̲ent, garçon, as̲s̲ez, ra̲tion, des̲cendre.

1) Lorsque nous avons en latin s- ou -ss-, nous avons en FP le même résultat et la même prononciation (sauf à Fribourg et en Bresse, voir plus loin):

lat. SEMINARE	>	senar	"semer"
lat. SALEM	>	sâl	"sel"
lat. FISSA	>	fèssa	"fesse"

---

[1] Nous verrons plus loin le cas de '(g)w-' pour des mots comme **égoua, gouardar**.

2) Lorsque nous avons en latin -x- intervocalique, le groupe (en évolution populaire) devient -ss- :
lat. LAXO   > **lèsso**   "je laisse"
lat. EXAGIARE   > **èsseyér**   "essayer"

3) Lorsque nous avons le groupe latin 'tj-' ('ti-' ou 'te-' suivis d'une voyelle), nous écrirons -c- (ou -ç-), et non pas -t- comme souvent en français :
lat. CANTIONEM   > **chançon**   "chanson"
lat. NATIONEM   > **nacion**   *emprunt savant*

4) Lorsque nous avons en latin 'c-' devant 'i' et 'e', nous maintenons cette graphie en FP, tout en sachant qu'en particulier en Savoie et en Suisse Romande la prononciation n'est pas toujours [s]:
lat. CENTUM   > **cent**   "cent"
lat. pop. CINQUE > **cinq**   "cinq"

Dans le dernier cas, et quelquefois dans l'avant-dernier, nous trouvons en Savoie et en Suisse Romande des prononciations du type [f], [þ], [ç], [çl], voire [h] (c'est-à-dire une forte aspiration). C'est pourquoi il est utile de garder dans l'orthographe (type ORA) l'opposition s/ss ~ c/ç. En fait, il s'agit bien là de deux supraphonèmes différents, mais qui se confondent dans une majorité de dialectes.

A noter qu'en dialecte fribourgeois, la prononciation la plus courante de {s} est [ʃ], mais aussi [þ] < lat. ci- [kj]. En Bresse (Viriat, par ex.), nous ne rencontrons [ʃ] que devant voyelles vélaires.

C'est par souci de lisibilité que nous gardons le x dans des mots comme **tâxa, fixar**, où la prononciation [ks] se rencontre quelquefois.

{z}

Ce phonème est beaucoup plus simple à circonscrire. Il provient néanmoins de deux origines, d'une part le -s- simple intervocalique en latin, d'autre part certains -x- latins intervocaliques, mais en ce cas les emprunts savants étant nombreux, on a surtout la graphie -gz-:
lat. ROSA   > **rousa**   "rose"
lat. EXEMPLUM   > **ègzemplo**   "exemple"

La graphie est donc -s- dans la plupart des cas, mais pour obtenir une meilleure lisibilité ou cohérence, on trouve parfois -z- : **onze, doze, trèze, quatorze,** et un dérivé tel que **dozêna** "douzaine". Dans le cas d'**ègzemplo**, le **g** n'est pas prononcé dans de nombreux dialectes.

{ʃ}

Si l'on rencontre presque partout dans le domaine FP la réalisation [ʃ], elle n'est en adéquation avec ce supra-phonème que pour les emprunts au français :

choix	>	**ch.ouèx**
chocolat	>	**ch.ocolât**
chiffonner	>	**ch.ifonar**
chenil	>	**ch.enil** "désordre, saleté"
châle	>	**ch.âle**

Tous les cas ci-dessus représentent la prononciation [ʃ] dans le domaine FP entier, dans un cas de figure bien précis : ce sont des emprunts au français (même si le mot est d'abord d'origine anglaise, amérindienne, hébraïque ou autre). La graphie est **ch.**, c'est-à-dire **ch** suivi du *point intérieur*, dont nous reparlerons.

Dans les autres cas, la réalisation [ʃ] représente d'autres supra-phonèmes ; voir ci-dessous, aux explications sur les réalisations.

{3}

Ce que nous venons de dire pour {ʃ} est aussi valable ici, à savoir que si un mot se retrouve avec la prononciation [3] dans tout le domaine FP, c'est qu'il s'agit d'un emprunt au français :

gêner	>	**g.énar**
gendarme	>	**g.endarme**
général	>	**g.ènèral**
gilet	>	**g.ilèt**
juillet	>	**j.ulyèt**
Judas	>	**J.udâs**

Nous le notons **g.** ou **j.** selon la graphie originelle française, c'est-à-dire **g** ou **j** suivis d'un *point intérieur*. Nous reviendrons sur ce point, mais c'est maintenant qu'il faut faire remarquer qu'un certain nombre

de mots FP se comportent, selon les dialectes, soit comme des emprunts soit comme des mots indigènes :
Il arrive que **génar** se prononce [ʒé'nɑː] là même où il devrait se prononcer [dzé'nɑː], comme **justo** ['ʒysto] au lieu de ['dzysto]. Mais une prononciation régulière existe également dans des parlers voisins. Dans ce qu'on pourrait appeler des mots *semi-savants*, il y a donc un flottement, que la graphie ORA ne peut raisonnablement prendre en compte. Les mois de 'juin' et 'juillet' en sont une bonne illustration : **jouen** se comporte partout comme un mot indigène, avec une prononciation correspondant à chacun des dialectes, tandis que **j.ulyèt** se comporte comme un mot d'emprunt, avec toujours la prononciation [ʒ] à l'initiale.

{r} et {rr}

Ces deux phonèmes sont à étudier ensemble. En latin, comme en italien, en espagnol, en ancien français, et souvent en occitan, on "redouble" dans le second cas la consonne simple, on a affaire à une *longue* ou *géminée*. En FP aussi, mais dans peu de dialectes aujourd'hui. Toutefois le maintien de cette opposition dans l'orthographe est nécessaire, et ne pose que peu de problèmes aux francophones puisqu'elle se rencontre dans les mêmes cas que dans l'orthographe française.
Précisons tout d'abord que le groupe -rr- peut provenir du groupe identique en latin, mais aussi des groupes -tr-, -dr- intervocaliques, sauf dans des mots extrêmement fréquents :

lat. TERRA	> **tèrra**	"terre"
lat. PETRA	> **pérra**	"pierre"
lat. QUADRARIA	> **carriére**	"carrière"
mais :		
lat. PATREM	> **pâre**	"père" *(haute fréquence)*

La géminée se maintient localement (par exemple dans le Val d'Aoste, dans certains patois du Bugey), mais dans de nombreux dialectes, il n'y plus de différence de prononciation, on a habituellement [r] apical ou uvulaire dans les deux cas. Toutefois il a été signalé, en particulier à Hauteville en Savoie, une opposition [r] ~ [ʁ], exactement identique à celle que l'on trouve en provençal dans la région d'Arles, ou encore dans certains dialectes portugais. Le [rr] fort a d'abord été adouci en [ʁʁ], puis la gémination n'étant plus utile pour l'opposer à [r], il s'est simplifié en [ʁ].

Dans certains parlers de la Bresse, l'opposition s'est maintenue d'une manière différente : on ne trouve que le [r] simple, mais il provient soit d'un r- latin non intervocalique, soit du groupe -rr-, tandis que le -r- intervocalique se réalise maintenant [ð].

Certains patois de Savoie connaissent une situation encore différente, car si le -rr- s'est aussi simplifié en [r], le -r- *intervocalique* a totalement disparu : fo-è "forêt", paène "parent" (Mâcot), si bien que ces parlers offrent un cas presque unique dans les langues romanes, à savoir un futur sans -r- : portèa "il portera", diyon "ils diront".

Nous allons maintenant étudier les groupes 'consonne + l', c'est-à-dire les groupes latins cl-, gl-, fl-, pl-, bl-. S'ils ne forment pas des supraphonèmes uniques en FP, les trois premiers au moins peuvent être devenus des phonèmes simples dans plusieurs dialectes.

cl

Ce groupe provient donc du latin ou du gaulois cl-, mais ses réalisations aujourd'hui peuvent être variées, aussi est-il nécessaire de noter cette évolution, et ce avec le graphème **cll-** :

lat. CLARUM	> **cllâr**	"clair"
lat. CLAVEM	> **cllâf**	"clef"
gaul. *cleta	> **clléya**	"claie"
lat. CIRCULUM	> **cèrcllo**	"cercle"

mais non dans les emprunts savants, comme **classe**.
Ce groupe se prononce très rarement [kl], parfois en Savoie ou en Dauphiné; on rencontre assez souvent [kʎ], dans les mêmes provinces, ainsi que dans le Val d'Aoste, le Forez, le Lyonnais (aussi [tj] dans quelques points du Bugey); souvent le groupe s'est simplifié en [ʎ], comme en Bresse, ou même [j], mais en Suisse Romande on

trouve les réalisations [þ], [çl], [çʎ] ou simplement [ç]. Ainsi **cllâr** s'écrit-il thâ, hlâ, hyå, cllier, etc... En Savoie, on rencontre aussi [tl]: tlo:r.

Rien n'interdit aux patoisants d'écrire **cl-** s'ils ne réalisent aucune palatalisation.

gl

Ce groupe provient du latin ou du gaulois gl-, et ses nombreuses réalisations nécessitent également l'adoption d'une graphie **gll-**:

lat. *GLACIA	> **gllace**	"glace"
lat. GLANDEM	> **(a)glland**	"gland"
gaul. GLEN-ARE	> **gllenar**	"glaner"
lat. AB-OCULUM	> **avogllo**	"aveugle"

A noter quelques emprunts savants, tel que **glorifiar** "glorifier".

De même, localement des prononciations [gl], mais le plus souvent [gʎ], [ʎ] même en valdôtain, simplifié ailleurs souvent en [j]. On trouve aussi en Suisse Romande [ð], mais très localement (certains villages valaisans, en particulier). Ainsi pour **gllace**, on trouve dhace, yace, lliace...

Ce qui a été dit pour l'orthographe du groupe **cl** est également valable pour le groupe **gl** et les autres groupes.

fl

Ce groupe, qui n'a pas d'équivalent sonore (*vl- n'existe pas en latin), mérite surtout en Suisse d'être indiqué avec le graphème **fll** :

lat. FLAMMA	> **fllama**	"flamme"
lat. *FLAGRARE	> **fllèriér**	"flairer, sentir"
lat. INFLARE	> **enfllar**	"enfler"

mais **flatar** "flatter", emprunt tardif.

Là aussi on rencontre les prononciations [fl] et [fʎ], d'ailleurs assez fréquemment. C'est encore la Suisse Romande (Fribourg, Valais et Vaud) qui se démarque le plus avec des réalisations [çl], [çʎ], [ç] et [þ]: **fllama** se réalise thanma, hlanma, hyanma...

pl, bl

Ces deux groupes se réalisent toujours d'une manière parallèle. Soit on palatalise, soit on ne le fait pas, ce qui est fréquent. Mais le premier élément est toujours stable, c'est pourquoi il n'est pas absolument nécessaire de redoubler le l dans l'orthographe (mais on peut le faire bien entendu si on palatalise dans son patois) :

lat. PLENUM > **plen** "plein"
lat. PLUS > **ples** "plus"
lat. SUPPLICEM > **souplo** "souple"
germ. *blank- > **blanc** "blanc"
lat. FLEBILEM > **fêblo** "faible"

A côté des réalisations [pl-bl], [pʎ-bʎ] et [pj-bj], on trouve, toujours en Suisse Romande, les réalisations [pþ-bð] très localisées, dans le Valais notamment, où elles ont parfois évolué jusqu'à [pf-bv]. On a donc pour **plen** : plyin, pyin, pthen, pfen, et pour **blât** "blé" : blyâ, byâ, bdhô, bvô.

Les autres consonnes du FP, nous l'avons vu, trouvent la même origine et les mêmes réalisations qu'en français, aussi n'est-il pas utile de les donner en détail. On notera cependant quelques particularités.

- Dans certaines régions du Forez entre autres, on constate une tendance à affriquer les consonnes **t** et **d** devant **i** et **u** : dzi, tsu, etc. Guillaume Roquille, dont nous parlerons plus loin, le note dans sa graphie. C'est un phénomène, l'assibilisation, bien connu en franco-canadien. La graphie ORA ne le note pas.

- Le groupe latin et germanique gu-, qui peut provenir parfois d'un -qu- intervocalique, n'a pas évolué de la même manière dans tout le domaine FP, qui se trouve de fait divisé en deux, comme l'ensemble du domaine gallo-roman. Le nord a le plus souvent fait évoluer le groupe en -v-, le sud en -g-. C'est ainsi que le mot latin 'aqua' a donné des résultats très différents : 'ève', 'eau' en français, mais 'èga', 'aiga' dans la moitié sud de la France. Même dans le Val d'Aoste, on trouve eigue et éve. Ce mot étant très courant et très important à identifier, il serait souhaitable qu'il bénéficie d'une orthographe recouvrant les différentes prononciations. La forme la plus claire serait **égoua**, mais il faut savoir qu'elle recouvre une quinzaine de réalisations différentes: savoyard éga, édia, éva, éwe, iâca, évwë, fribourgeois îvouè, ivuyè, valaisan îvoue, forézien aigua, eygua, êga, lyonnais aigue, dauphinois aiga, valdôtain eigue, éve, bressan et haut-jurassien édye, divers patois de Saône-et-Loire aidje, â-ye, aidye... De même il serait souhaitable d'adopter les graphies **lengoua** "langue", **gouardar** "garder", **gouéro** "guère, combien", **gouétar** "regarder", **gouarir** "guérir", etc., pour éviter des variantes parfois peu lisibles.

Comme on a pu le constater, les consonnes doubles sont rares. A côté de -rr- et -ss- qui se justifient pleinement, et du groupe -ll- après consonne pour indiquer la palatalisation, on peut trouver -cc- dans des mots comme **accion, fonccion**, où la prononciation est soit [ks] soit [s], et les groupes -mm- et -nn- seulement lorsqu'il s'agit d'une composition du type **emmenar, enneblar** "ennuager".

Dans tous les autres cas, on ne redouble pas, même si la voyelle est nasalisée devant consonne nasale, car ce phénomène n'est pas absolument généralisé :
alar "aller", **acrôc** "accroc", **fèna** "femme", **fllama** "flamme", **filyèta** "fillette", **abè** "abbé", **afamâ** "affamé".

LES SEMI-VOYELLES

Bien qu'il ne soit pas sûr que les semi-voyelles (ou semi-consonnes) en francoprovençal soient de véritables phonèmes pour tous les locuteurs, il est utile de les étudier ici comme tels. Pour mémoire, on trouve en français quelques oppositions entre les semi-voyelles et les voyelles correspondantes. /j/ ~ /i/ : abeille ~ abbaye; /ɥ/ ~ /y/ : bruit ~ il bruit (2 syllabes); /w/ ~ /u/: trois ~ il troua.

{j}

Cette semi-voyelle est relativement fréquente en FP, elle dérive souvent d'un 'c' ou d'un 'g' latin (ou d'une autre occlusive) intervocalique.

lat. PACARE	> **payér**	"payer"
lat. PAGENSEM	> **payis**	"pays"
lat. FETA	> **feya**	"brebis"
lat. HABEAT	> **èye**	"qu'il ait".

La prononciation est toujours [j], et la graphie en est y. Il est peut-être nécessaire de préciser que la présence de cette lettre dans un mot ne modifie en rien le timbre de la voyelle qui précède, contrairement au français :

FP **payér**	[pa'je]	*français* payer	[pɛje]
FP **loyér**	[lo'je] "louer"	*français* loyer	[lwaje]
FP **èssuyér**	[esy'je]	*français* essuyer	[ɛsɥije]

C'est la seule semi-voyelle qui s'écrit différemment de la voyelle correspondante, mais dans ce cas précis.
Car dans les cas où la réalisation [j] suit une consonne (sauf le cas de ly-), on garde dans l'orthographe la lettre i, comme en français :
diâblo, nacion, mio, tio, sio "mien, tien, sien", **reciu** "reçu"...
Il faut remarquer cependant que dans le groupe {vj}, écrit **vi-**, la consonne initiale s'amuït dans certains dialectes :
pour **viu** "vu", on a <u>yu</u> (Fribourg, Valais, Savoie), pour **via** "vie", on rencontre à Fribourg <u>ya</u>, et dans le Val d'Aoste <u>yanda</u> pour **vianda**. Ce phénomène pourrait aussi expliquer les formes très fréquentes

(Lyon, Val d'Aoste, Dauphiné) des imparfaits du type ayë, ayet "il avait" (aviêt).

{ɥ}

Cette semi-voyelle est plus rare. On la rencontre surtout devant les phonèmes [ɛ] et [ɛ̃].
lat. LOCUS   > luè   "lieu"
lat. JUNGERE   > juendre   "joindre".

En réalité, cette graphie ORA traduit une disparité entre différentes prononciations dialectales [w], [ɥ] et [j].Le passage du latin [u] > [y] a localement été suivi par le passage [y] > [i] ou [j], comme pour le verbe **tuar** "tuer", où l'on trouve la forme savoyarde twâ, la forme valaisane touâ, la forme lyonnaise touô/tuô, à côté de la forme fribourgeoise tyå, la forme dauphinoise tyâ. Afin d'être reconnue par tous, il est nécessaire de prendre la voyelle, ou la semi-voyelle du stade intermédiaire, en l'occurence **u**, pour noter aussi bien la voyelle que la semi-voyelle.

{w}

Cette semi-voyelle se rencontre surtout devant les phonèmes [ɛ] et [ɛ̃], en particulier dans les cas où l'on trouve en français les diphtongues 'oi' et 'oin'. Elle représente dans ce cas le stade initial de l'évolution étudiée au phonème précédent, ou encore l'adaptation d'un emprunt au français où se présentent ces diphtongues.
lat. PUGNUS   > **poueng**   "poing"
fr. patois   > **patouès**
fr. témoin   > **tèmouen**.

Elle se prononce [w] et s'écrit **ou**. On la rencontre dans deux mots éminemment symboliques : **Savouè** "Savoie", et **ouè** "oui".

LES VOYELLES

Les voyelles peuvent être longues ou brèves, orales ou nasales. De plus il faut tenir compte des voyelles inaccentuées (post-toniques), qui présentent un système à part.
Les *voyelles brèves* sont les plus nombreuses, elles se rencontrent dans toutes les positions (prétoniques, toniques ou accentuées ; post-toniques en nombre plus restreint, et étudiées séparément).

LES VOYELLES BRÈVES

{a}
Cette voyelle remonte au 'a' latin (ou autres : gaulois, germanique), et est donc restée fidèle à son origine :
lat. pop. *GLACIA   > **gllace**   "glace"
gaul. BATTU-ERE   > **batre**   "battre"
? *ratt-   > **rat**   "rat"
Elle s'écrit naturellement **a**.

{e}
Cette voyelle, semi-fermée, résulte d'un 'e' latin :
lat. FESTA   > **féta**   "fête"
lat. CAPELLUS   > **chapél**   "chapeau"
Egalement d'un 'a' latin après palatalisée :
lat. PACARE   > **payér**   "payer"
Cette voyelle s'écrit donc **é**, mais se prononce parfois [e] parfois [i]. C'est d'ailleurs le critère orthographique de l'accent aigu en ORA, car si dans tous les dialectes on prononce [e] ou [ɛ], on écrit **è** (voir le phonème suivant). Dans certains parlers elle peut être longue.
Le fréquent "suffixe" latin -ellus, qui a donné en français la forme -eau (féminin -elle), a évolué de diverses manières, notées en ORA **-él** et dont les réalisations sont soit [i] ou [e], soit [ə], soit encore [(j)o]: chapé, tsapé, tsapë, chapiau..., pour **chapél**.
Pareillement la terminaison infinitive **-(i)ér** présente des réalisations [i], ['ia], [ɛ] ou [ə].

{ε}

Cette voyelle, semi-ouverte, résulte d'un 'e' ou d'un 'i' (bref), parfois d'un 'a' latin (ou autre) :

lat. EQUA	> èga	"jument"
lat. LITTERA	> lètra	"lettre"
lat. PICEM	> pège	"poix"
lat. PACEM	> pèx	"paix"
germ. *garba	> gèrba	"gerbe"

Ce phonème se réalise [e] ou [ε], plus rarement [a], mais jamais [i]. Il est rarement long (voir plus loin le phonème {ε:}). Il s'écrit **è**.

Le suffixe latin -ittus, qui a donné en français la forme -et (féminin -ette), a évolué vers des formes notées en ORA -èt, dont les réalisations sont [ε] ou [ə], ainsi **crochèt** correspond à crochét, krotsè, kroushë...

{i}

Ce phonème résulte le plus souvent du latin 'i' (long):

lat. PILA	> pila	"pile"
lat. MILLE	> mile	"mille" (chiffre)
lat. RIPA	> riva	"rive"

Il se prononce [i] d'une manière générale, et s'écrit **i**, sauf le pronom et adverbe **y** (< lat. IBI)

Mentionnons toutefois que le 'i long' latin a aussi donné {ə}, comme nous le verrons plus loin.

{o}

Avec ce phonème, nous abordons un point plus délicat de la phonologie FP. En effet, ce phonème peut avoir diverses réalisations, et si l'on voulait être très rigoureux, on devrait parler de deux, voire de trois phonèmes ici : [o], [ɔ] et [ø]. Cela impliquerait aussi trois graphies : **o, ò** et **eu** (ou **œ**). Or si l'on utilise, comme nous le verrons plus loin, la graphie **â** pour des réalisations [ɑ:] et [ɔ:] et la graphie **ô** pour [o:] et [u], nous n'avons pas besoin de différencier un 'o' ouvert et un 'o' fermé dans l'orthographe. Quand à la réalisation [ø], d'une part elle n'est pas tout à fait générale, mais de plus elle ne se

rencontre pratiquement qu'en syllabe accentuée[1], ce qui permet de dire qu'elle n'est qu'une variante de position de {o}. Une réforme orthographique réalisée par des spécialistes pourra toujours trancher la question. Quoi qu'il en soit, l'orthographe ORA ne permet pratiquement jamais d'ambiguïté entre deux mots.
Ce phonème résulte toujours du latin 'o' (surtout long) ou 'u' bref :
lat. BOVEM   > bof   "boeuf"
lat. MOLERE   > modre   "moudre"
lat. COHORTEM   > cort   "cour"
lat. SURDUS   > sord   "sourd"
En réalité, dans de nombreux cas (surtout en syllabe ouverte) le 'o' long et le 'u' bref latins se sont d'abord diphtongués pour donner une multitude de prononciations : [ø], [œ], [œw], [œj], [u], [we], [y], [oː], [ow], [aw], [ɑː], etc., qu'une graphie unitaire ne peut rendre que par le proto-phonème, c'est-à-dire le phonème latin d'origine. Dans certains cas toutefois, la diphtongue est restée, sous des formes plus restreintes, comme nous l'avons vu pour {ɥ} et {w} : **luè** (< LOCUS), **poueng** (< PUGNUS).

{u}

Ce phonème résulte d'un 'o' ou d'un 'u' latin, ou bien encore de la diphtongue 'au' :
lat. CAUSA   > **chousa**   "chose"
lat. ROSA   > **rousa**   "rose"
lat. *ROBICULA > **roulye**   "rouille".
La réalisation est toujours [u] et il s'écrit **ou**.

{y}

Ce phonème est la continuation du 'u' latin qui, rappelons-le, se prononçait [u], mais aussi quelquefois du 'o' latin, diphtongué :
lat. *BRUGERE   > **brure**   "bruire"
lat. MURUS   > **mur**   "mur"
lat. LOCUS   > **luè**   "lieu"

---

[1] En position prétonique on a simplement e : **premiér, venir**...

C'est une caractéristique FP que le passage de [u] > [y] ne s'est fait que tardivement et imparfaitement. D'ailleurs, dans certains patois (Bugey, Est du Valais romand), ce phonème est inconnu, on est encore resté au stade latin [u] : co<u>rou</u> "couru", <u>nou</u> "nu". Mais ailleurs aussi il reste des traces du timbre primitif, par exemple dans le participe passé en -**u** : **fendu, fendua** où la forme féminine est souvent réalisée [-'wa]. En tout état de cause, les réalisations sont le plus souvent [y], et donc quelquefois la forme archaïque [u], ainsi que la forme plus évoluée [j]. Le verbe **tuar** "tuer", par exemple, s'écrit et se dit <u>touâ</u>, <u>tuâ</u> ou <u>tyâ</u>. De même devant consonne nasale, on trouve le plus souvent [o] ou [u], comme on peut le constater dans la prononciation la plus courante de **una** "une", <u>onna</u>.

Dans le Sud du domaine, on trouve assez régulièrement l'évolution vers [i], comme l'illustre la forme <u>La Mira</u> pour la localité de La Mure.

L'orthographe est **u**, comme pour la semi-voyelle.

{ə}

Ce phonème, peu connu en occitan (et exceptionnel en position tonique en français standard : "sur ce, dis-le"), se retrouve en revanche dans plusieurs dialectes d'oïl. En FP il est le résultat de divers phonèmes latins, surtout 'u' et 'i' :

lat. LUNA   > **lena**   "lune"
lat. FARINA   > **farena**   "farine"

La prononciation est [ə], quelquefois [y] ou [ø], mais ce phonème n'étant pas très stable, il disparaît ou provoque le déplacement de l'accent tonique dans maints parlers. Ainsi on peut entendre f<u>a</u>rena tout comme **far(e)n<u>a</u>**. Bien entendu, en position prétonique, on le rencontre aussi souvent qu'en français, et il est dans ce cas très souvent "muet", c'est-à-dire non prononcé : **fen<u>é</u>tra, refus<u>a</u>r**. L'orthographe en est **e**, sans accent. Dans les orthographes patoises on a recours, dans les cas ambigus, au graphème <u>ë</u>.

LES VOYELLES LONGUES

Ces voyelles sont extrêment importantes à réaliser correctement. Soit elles sont très longues et s'opposent à des voyelles brèves ou très brèves. Soit elles sont moyennement longues et s'opposent à des voyelles dont la brièveté est marquée par un redoublement plus ou moins marqué de la consonne qui suit. Prenons une *paire minimale* qui existe également en français, "pâte" et "patte". Dans certains parlers de la moitié nord de la France, également en Belgique, on entend encore une voyelle longue dans le premier mot. Mais de nos jours cette opposition de longueur tend à disparaître à Paris et en français standard.

En FP, on a différentes oppositions :
pâta ['pɑːta] ['paːta] ['pɑˑta]
pata ['pata] ['paˈta] ['patta]
C'est cette opposition de longueur, bien préservée en FP moderne, qui donne cet "accent" que l'on qualifie de "traînant" aux Lyonnais, aux Suisses Romands et aux habitants des régions FP. Il est totalement différent de l'accent méridional, et il n'est guère comparable aux divers accents que l'on trouve dans le domaine d'oïl. Attention : nous utilisons ici le mot *accent* dans son sens courant ("mélodie articulatoire"), et non dans le sens phonologique *d'accent tonique*, que nous allons explorer plus en détail le moment venu.

{ɑː}
Cette voyelle longue résulte du 'a' latin (accentué) :
lat. CANTARE   > **chantar**   "chanter"
lat. CANTATUM   > **chantâ**   "chanté"
lat. CANTATIS   > **chantâd(e)** "vous chantez"
gaul. CRAMA   > **crâma**   "crème"
lat. CLAVEM   > **cllâf**   "clef"
La prononciation oscille entre [ɑː], [ɔː] et même [oː], parfois l'on rencontre une diphtongue [aw]. La graphie est **â**, quelquefois **a** simplement lorsque la terminaison (infinitif **-ar**) ou le mot (**pas** "ne pas") sont très fréquents. Quelquefois on trouve ce phonème en

prétonique, avec une opposition du type **balyér** "donner" et **bâlyér** "bâiller".

{ɛː}

Ce phonème dérive très souvent du 'e' latin long ou du 'i' bref :
lat. HABERE	> **avêr**	"avoir"
lat. SITEM	> **sêf**[1]	"soif"
lat. VIDERE	> **vêre**	"voir"
lat. STEL(L)A	> **ètêla**	"étoile"

Comme on le voit, il correspond assez régulièrement au français "oi". Il se prononce souvent [ɛː], mais on le rencontre aussi diphtongué en [ɛj], voire en [aj], [ae]. C'est la diphtongue [ɛj] qui correspondrait au stade le plus ancien, mais elle ne s'est pas bien maintenue en vertu de la tendance à n'avoir que des syllabes ouvertes. Signalons aussi que l'on trouve la réalisation [a] là où {ɛ̃}, que nous verrons plus loin, s'est dénasalisé. Ce supra-phonème s'écrit **ê**.

{oː}

Ce phonème dérive le plus souvent du 'o' ou du 'u' latin, mais aussi d'un 'a' fermé par un -l.
lat. CORNA	> **côrna**	"corne"
lat. UBI	> **yô**	"où"
lat. ALTUS	> **hôt**	"haut"

La prononciation est soit [oː] soit [u] plus ou moins long. Le mot **hôt** se prononce souvent [joː]. La graphie est **ô**.

On trouve aussi un fréquent [iː] dans l'imparfait de certains verbes, écrit **î**. Quant au **û** du mot **sûr**, il peut être long dans la prononciation,

---

[1] Le **-f** final de ce mot n'est pas étymologique en français, encore moins en FP. Si nous l'introduisons dans la graphie (naturellement il ne se prononce pas), c'est que nous nous trouvons ici devant un cas de forte homonymie : **sê** "que je sois", **sês** "que tu sois", **sêt** "(qu'il) soit", **sêp** "haie", et donc **sêf** "soif". Il en est de même pour **pêds** "poids" pour l'opposer à **pês** "pois", bien que le **d** provienne d'une fausse étymologie (lat. PONDUS, alors que le mot remonte à PENSUM). Et de même pour quelques autres cas encore.

mais il sert, dans l'orthographe, surtout à le différencier de la préposition **sur**, exactement comme en français.

LES VOYELLES NASALES

Il y a en FP des voyelles nasales comme en français. Nous insistons sur le fait qu'il s'agit d'un type de voyelle assez rare dans les langues (pour mémoire, on les rencontre en Europe : en breton, en portugais, en polonais, et quelque peu en corse). En FP s'ajoute un phénomène que plusieurs dialectes d'oïl connaissent, mais qui a pratiquement disparu en français moderne : la nasalisation de la voyelle devant *consonne nasale intervocalique*. C'est-à-dire que pour un mot comme **fontana**, la prononciation la plus fréquente est [fõ'tăna], d'où une graphie patoisante fréquente <u>fontanna</u> ou <u>fontan-na</u>. En français standard, la présence d'une voyelle nasale de la voyelle devant consonne nasale est assez rare. On peut toutefois mentionner : "ennuyer", "emmener" (qui s'oppose à "amener"), et surtout les deux formes, totalement isolées, du passé simple "nous vînmes" et "nous tînmes" (lequel s'oppose à "thème").

Il faut aussi noter qu'en valdôtain les voyelles dites nasales ne le sont pas vraiment ou pas autant que dans les autres dialectes et en français, vraisemblablement sous l'influence de l'italien et du piémontais voisin. C'est ce qui lui a permis de garder une plus grande fidélité encore vis-à-vis du latin, même pour l'article **un**.

{ã}

Cette voyelle reste fidèle à la voyelle latine dont elle dérive, contrairement au français. Elle correspond au groupe 'an' ('am') latin, en fin de syllabe. Quand la voyelle latine finale est tombée après le groupe 'an' ('am'), celui-ci a aussi évolué comme une fin de syllabe.

lat. CANTARE	> **chantar**	"chanter"
lat. CAMPUS	> **champ**	"champ"
lat. PANEM	> **pan**	"pain"
lat. FAMEM	> **fam**	"faim".

Comme on le voit dans les deux derniers cas, le français a évolué non vers [ã], mais vers [ɛ̃].
La prononciation la plus courante est [ã], mais on rencontre parfois [õ] dans certains parlers, par exemple pour distinguer **grant** [ã] de **gran** [õ] "grain". Dans une partie de la Bresse, la voyelle s'est dénasalisée et l'on entend [ɛ], **chantar** se disant [pɛ'toː].

{õ}

Cette voyelle dérive régulièrement des groupes 'on' ('om') et 'un' ('um')[1] latins, dans les mêmes conditions que la voyelle précédente.

lat. ROTUNDUS	> **riond**	"rond"
lat. FRONTEM	> **front**	"front"
lat. FONTANA	> **fontana**	"fontaine"
lat. SUNT	> **sont**	"ils sont"
lat. *IMPRUMUNTARE	> **emprontar**	"emprunter"

Il faut préciser que cette voyelle se rencontre également en position inaccentuée, à la troisième personne du pluriel (parfois aussi à la première du pluriel), elle correspond à la terminaison -ent du français:

lat. CANTANT	> **chantont**	"ils chantent"
lat. VIDENT	> **veyont**	"ils voient"
lat. VOLUNT	> **volont**	"ils veulent"

La prononciation est le plus souvent [õ] ou [ũ], mais on rencontre quelquefois une variante locale [ã], comme l'indique les formes <u>Lyàn</u> "Lyon", <u>ordennan</u> "ils chantent". Nous verrons dans la morphologie le cas de l'article **un**, dont la prononciation majoritaire est justement [õ]. Dans les autres cas, l'orthographe est *on*, comme en français.

---

[1] Ce passage de 'un' > **on** est précisément une particularité du francoprovençal. Il indique que l'évolution [u] > [y] s'est faite tardivement et incomplètement dans cette langue, au contraire de l'occitan (qui ne nasalise pas phonologiquement ses voyelles) et du français où l'évolution a été [un] > [yn] > [ỹ] > [œ̃].

{ɛ̃}

Cette voyelle présente une particularité importante par rapport au français, c'est qu'elle dérive du groupe latin 'en' (et 'in' avec *i bref*). Ce groupe a donné en français dans la plupart des cas [ɑ̃], ainsi le latin 'ventus' a donné "vent" [vɑ̃], mais en FP **vent** se prononce le plus souvent [vɛ̃], c'est-à-dire comme le mot français "vin". L'évolution des voyelles nasales palatales a donc évolué différemment en français standard et en FP (où elle est donc toujours plus fidèle au latin), ainsi que nous le verrons également pour la voyelle suivante. Mais en picard (domaine d'oïl) par contre, on dit un 'infant' pour un "enfant". Donc l'orthographe FP présente pour le francophone non averti une petite difficulté, à savoir que la nasale **en** se prononce [ɛ̃] comme dans les mots français "exam**en**", "app**en**dice", "moy**en**", mais non comme les mots français "v**en**t", "c**en**t", "vraim**en**t".
L'évolution se présente donc ainsi :
lat. MENTONEM > **menton** "menton"
lat. FENUM > **fen** "foin"
lat. GENTES > **gens** "(les) gens"
lat. DIES VENERIS > **devendro** "vendredi"
En ORA, nous le représentons donc par **en**. Dans la plupart des dialectes, ce phonème est rendu en langue parlée par [ɛ̃], et à l'écrit par le digraphe in, qui est certes plus parlant pour un francophone, mais ne représente ni la réalité strictement phonétique ni la forme étymologique. D'ailleurs l'évolution ultérieure de certains parlers justifie encore davantage notre graphie : dans plusieurs parlers savoyards et bressans, et même romands, ce phonème s'est dénasalisé et est devenu aujourd'hui [ɛ:] ou [ɛ]. Ce n'est que dans quelques parlers (Haute-Savoie et Dauphiné en particulier) que l'on trouve la prononciation [ɑ̃]. Dans le Forez, on aurait même parfois [õ]. Quant au valdôtain, c'est ici qu'il présente la voyelle la moins nasalisée, le mot fen "foin" se prononçant [fɛn].
Dans certains dialectes, la première personne du pluriel du présent, qui est généralement en -**ens**, est accentuée sur le radical. On trouve donc ce supra-phonème {ɛ̃} en position post-tonique dans ces parlers.

{ĩ}

Ce phonème, dans sa réalisation originelle, est absolument inconnu aujourd'hui en français standard. C'est un [i] ou un [e] nasalisé, parfois légèrement diphtongué [ej] nasal. Tous les patoisants qui l'ont dans leur système phonologique le distinguent parfaitement de [ɛ̃]. On le trouve en portugais et dans certains parlers bretons. Il est l'aboutissement du latin 'in' (i *long*).

lat. VINUM   > vin   "vin"
lat. FINEM   > fin   "(la) fin"

Quelquefois il provient d'une autre voyelle nasalisée, mais qui a été fermée par un contexte palatal :

lat. VENIS   > vins   "tu viens"
lat. CANEM   > chin   "chien"

La prononciation est donc difficile à réaliser pour un étranger, la forme la plus proche est le '-ing' anglais, dans 'camping', 'sleeping', 'thing', c'est-à-dire un [i] suivi immédiatement d'un [n] très bref. Une diphtongue, [ɛ̃] suivi d'un [j], peut également faire l'affaire. Toutefois localement on trouve la prononciation [ɛ̃], en particulier là où le supra-phonème {ɛ̃} est dénasalisé ou passé à [ã] (Savoie, Bresse), ou encore à Fribourg, où les deux supra-phonèmes {ɛ̃} et {ĩ} se réalisent [ɛ̃], ce qui ne va pas sans difficulté, puisque le chiffre 5 et le chiffre 100 peuvent se confondre, et qu'on a besoin d'un expédient pour différencier ce cas ambigu, comme nous le verrons plus loin.

En graphie patoisante, on trouve ïn, en ORA in.

LES DIPHTONGUES

Nous avons déjà vu un certain nombre de diphtongues : [wɛ̃], [wɛ], [ɥɛ], [ɥɛ] (voir {w} et {ɥ}), mais aussi dans les variantes de {ɛ} et de {o}. De nombreux parlers diphtonguent l'une ou l'autre voyelle que nous avons étudiée, même avec le premier élément accentué, mais on ne peut généraliser aucune autre diphtongue pour l'ensemble FP.

LES VOYELLES INACCENTUÉES

Ces voyelles sont au nombre de trois orales et une nasale: {e}, {a}, {o}[1] et {õ}, cette dernière n'étant présente en position inaccentuée qu'à la troisième personne du pluriel du présent, avec les variations que nous avons données plus haut. Notons cependant que dans certains parlers la première personne du pluriel présente également une terminaison inaccentuée, soit [õ] soit [ɛ̃], comme nous le verrons à la conjugaison.

{e} inaccentué

Cette voyelle dérive d'un -e latin, ou d'un -a latin après consonne palatalisée. Elle est très importante dans la morphologie, où elle sert de désinence à la 2e et 3e personne du singulier du présent d'un grand nombre de verbes, de désinence du féminin de l'adjectif après palatalisée, et du pluriel des noms et des adjectifs féminins en -a. Mais on la trouve aussi comme terminaison de noms féminins (plus rarement masculins), ainsi qu'à l'infinitif des verbes de la 3e conjugaison :

lat. CANTAS	> chantes	"tu chantes"
lat. CANTAT	> chante	"il chante"
lat. VACCA	> vache	"vache"
lat. VACCAS	> vaches	"vaches"
lat. SALVIA	> sôrge	"sauge"
lat. LARGA	> large	"large" f.
lat. FEMINAS	> fènes	"femmes"
lat. CALIDAS	> chôdes	"chaudes".
lat. BIBERE	> bêre	"boire"

---

[1] Il est totalement erroné de croire, comme l'ont fait certains, que ces terminaisons en -a et en -o seraient dues à l'occupation espagnole de la Franche-Comté pendant les XVIe et XVIIe siècles.

Les réalisations sont toutefois très variées. Dans l'ensemble on aurait affaire à quelque chose entre [ə] et [e] ou [i] brefs, avec souvent une différence entre les nombres chez les substantifs et adjectifs : [ə] faible ou [i] au singulier, [e] ou [ɛ] au pluriel. D'où la nécessité de noter le -s du pluriel, peut-être non étymologique (si **fènes** < FEMINAE[1]), mais analogique non seulement avec le masculin, mais surtout avec l'article, les nombres, etc., qui demandent la liaison avec le mot suivant commençant par une voyelle, et que nous étudierons dans la morphologie. Dans les verbes (2e et 3e personnes du singulier du présent, infinitifs terminés en -**re**, la prononciation est soit [e], soit [ə] quelquefois même amuï.

{a} inaccentué

Cette voyelle est la continuation parfaite du -a latin inaccentué, mais se réalise le plus souvent bref et légèrement fermé. Ce n'est que très rarement qu'on la prononce [o] comme en occitan, et curieusement plutôt dans la partie nord du domaine FP, là où l'on jouxte le domaine d'oïl.
Outre les noms et adjectifs féminins, on le trouve également à l'impératif de la première conjugaison en -**ar**.

lat. CANTA !	> **chanta** !	"chante !"
lat. FEMINA	> **fèna**	"femme"
lat. CALIDA	> **chôda**	"chaude"
lat. GALBINA	> **jôna**	"jaune" *f.*

{o} inaccentué

Cette voyelle continue les terminaisons latines -us, -um, -os, de la manière la plus régulière. Elle sert surtout à indiquer, comme en latin, la première personne du singulier de la majorité des verbes, ainsi qu'un grand nombre de noms et d'adjectifs masculins.

---

[1] Certains penchent pour un étymon FEMINAS, comme **(te) chantes** < CANTAS.

lat. CANTO	> chanto	"je chante"
lat. GALBINUS	> jôno	"jaune" m.
lat. LIBRUM	> lêvro	"livre"
lat. HOMO	> homo	"homme"
lat. RUBEOS	> rojos	"rouges" m.

La réalisation est le plus souvent [o], mais on trouve [u] aussi bien dans l'extrême nord du domaine que dans l'extrême sud (près de là où le provençal alpin présente la même terminaison pour la 1ère personne du singulier du présent). Parfois, comme dans la Tarentaise, l'opposition [u] ~ [o] correspond à celle du masculin singulier et du masculin pluriel : vèvou "veuf", vèvo "veufs". La graphie est o, au pluriel -os, bien que de nombreux patoisants et spécialistes répugnent à noter cette marque du pluriel. Nous y reviendrons.

Toutefois on doit constater une évolution locale qui probablement remonterait déjà au siècle dernier (cas de Genève en particulier), c'est la neutralisation des voyelles inaccentuées -e et -o vers un [ə], voire leur amuïssement. Cela est très net dans certaines régions de Savoie (ci-dessous, texte de Pierre Grasset).
Ce processus est entièrement abouti (-a inclus) dans la région au nord de Roanne.

Le système phonologique "standard" du francoprovençal se présente donc ainsi :

CONSONNES

	sourdes	sonores	nasales	latérales
labiales	p	b	m	
labio-dentales	f	v		
dentales	t	d	n	l
sifflantes	s	z		
chuintantes[1]	ʃ	ʒ		
vibrante		r		
palatales	c	j	ɲ	ʎ
vélaires	k	g		

SEMI-VOYELLES

palatales		vélaires
étirées	arrondies	
j	ɥ	w

---

[1] Rappelons que bien que l'on trouve ces chuintantes presque partout, elles ne correspondent pas pour autant dans chaque dialecte aux mêmes supraphonèmes. Si elles trouvent leur place ici, c'est en raison du nombre d'emprunts au français que l'on trouve dans tout le domaine, et que l'on note ici **ch.** et **j./g.** (le point intérieur rappelant bien leur statut d'emprunt et leur identité supradialectale).

VOYELLES

orales brèves	palatales étirées	arrondies	centrale	vélaires
fermées	i	y		u
semi-ouvertes	e		ə	o
ouvertes	ɛ		a	

orales longues	palatales			vélaires
fermées	(i:)			o:
ouvertes	ɛ:			ɑ:

nasales	palatales			vélaires
fermées	ĩ			õ
ouvertes	ɛ̃			ɑ̃

inaccentuées	palatales		centrale	vélaires
	e		a	o

✦✦✦

Nous allons voir maintenant certaines réalisations que l'on rencontre dans les dialectes et à quels supra-phonèmes les rattacher.

[þ]

Cette réalisation, ainsi que la sonore correspondante [ð], bien connues des anglophones, sont relativement rares dans les langues galloromanes, aussi bien dans le domaine d'oïl que dans le domaine d'oc. Et pourtant elles sont très répandues dans notre domaine, au point qu'un linguiste a pu parler, non sans humour, d'un phénomène de *mode* en francoprovençal.

En Savoie et en Bresse, elle correspond au supra-phonème {c} que l'on transcrit **ch**.

Dans le Valais principalement, elle correspond aux groupes {cl} et {fl} transcrits **cll** et **fll**, et à la latérale du groupe {pl}, qui se réalise donc [pþ], et que l'on écrit **pl**, ou **pll** si on le souhaite.

A Fribourg et dans une partie du canton de Vaud et du Valais, ainsi qu'en Savoie, elle correspond à l'évolution du 'c' latin devant 'i' et 'e', aux groupes latins 'tj', 'cj', et enfin au groupe latin 'st'. Dans les trois premiers cas, on transcrit **c** (ou **ç** si nécessaire), dans le dernier on utilise une variante locale **th**.

Enfin, dans certains parlers vaudois elle représente l'évolution du groupe /sl/, en particulier pour les démonstratifs en cel-.

Les graphies de cette réalisation ont été nombreuses, certains auteurs se sont contentés d'un simple s̲ (parfois de S̲ majuscule), d'autres de ç̲ systématisé. A la fin du siècle dernier en Savoie, le dictionnaire de Constantin & Désormais utilisait ch̲, E. Schüle a préconisé th̲ (en Suisse) et la graphie de Conflans a adopté sh̲.

[ð]

Comme précisé dans la sourde correspondante, on rencontre cette réalisation dans plusieurs cas où la sourde apparaît.

En Savoie et en Bresse, elle correspond au supra-phonème {ɉ} que l'on transcrit **j** ou **g** selon les cas étudiés plus haut.

Dans le Valais, elle correspond au groupe {gl} que l'on transcrit **gll**, ou encore à la latérale du groupe {bl}, qui se réalise donc [bð], et que l'on écrit **bl**, ou **bll** si on le souhaite.

En Bresse encore, elle est l'aboutissement du 'r' (simple) latin intervocalique, que l'on peut difficilement écrire autrement que **r**. Dans certains parlers vaudois, elle représente l'évolution de l'archiphonème {ʎ}, écrit **ly**.
Graphies presque aussi nombreuses que sa correspondante sourde : z ou Z (majuscule), jh en Savoie il y a un siècle, dh (E. Schüle) et zh pour la graphie de Conflans.

[f]

Si l'on excepte le groupe latin 'fl-' étudié plus haut, le 'f' latin s'est bien conservé partout, mais dans certains dialectes, le [f] est aussi l'aboutissement d'autres phonèmes latins. A Genève et dans quelques patois romands et savoyards, il provient du 'c' latin devant voyelle palatale : CINQUE > Genève fen; CIRCULUM > Thônes farclio; LACTICELLUM > Saxel lafé. On trouve même en Valais des évolutions du type 'pl' > pf, 'sp' > f, comme pour lat. PLENUM > pfen, et lat. SPINA > èfena. A Lanslebourg, une évolution récente du [þ] (= **ch**) a abouti aussi à [f].

[ʃ]

Cette réalisation, ainsi que la sonore correspondante [ʒ], se rencontrent presque partout, mais ont de multiples origines et correspondent à des supra-phonèmes très différents.
A Lyon, dans le Forez et une partie du Dauphiné, elle correspond au supra-phonème {c} qui s'écrit **ch**.
En Savoie, dans une grande partie de la Suisse Romande et en Val d'Aoste, elle correspond à la séquence supra-phonologique {sj}, comme pour les mots **nacion, passion** qui sont prononcés (et écrits) nachon, pachon.
A Fribourg, elle correspond au 's' latin en contexte sourd, et l'on dit et écrit chur, pachyon pour les mots **sûr, passion**. Même chose dans certains parlers bressans, mais uniquement devant voyelle vélaire.
Dans les patois où il n'y a pas ce type d'aboutissement par rapport au latin, il y a toujours des emprunts au français où l'on retrouve cette réalisation. Ces emprunts posent d'ailleurs un problème d'orthographe

non seulement dans ces dialectes-là, mais aussi pour les dialectes où le supra-phonème {c} ne se réalise pas [ʃ]. Prenons le mot "chocolat", que tous les dialectes ont bien dû emprunter au français. Si nous nous plaçons d'un point de vue forézien par exemple, la forme *chocolât serait tout à fait satisfaisante, mais induirait en erreur un Suisse Romand, qui lirait [tsoko'lɑ]. Si nous nous plaçons du point de vue d'un Valdôtain ou d'un Romand, nous écririons *ciocolât, mais un Forézien ou un Dauphinois lirait [sjoko'lɑ]. Nous sommes donc amenés à trouver une solution un peu bancale pour ce cas un peu particulier de l'emprunt, en recourant à un signe diacritique simple utilisé en gascon et en catalan : le *point intérieur*. Nous écrivons donc **ch.ocolât**, tout en précisant tout de suite qu'il s'agit d'une graphie de dictionnaire et de manuel d'étude, dans un but de clarté (**ch.** = [ʃ] partout), mais que ce fameux point pourrait finalement devenir négligeable.

[3]

Tout ce que nous avons dit sur la réalisation [ʃ] est valable également pour [3], à savoir :

A Lyon, dans le Forez et une partie du Dauphiné, elle correspond au supra-phonème {ɉ} qui s'écrit **j** (ou **g**).

En Savoie, dans une grande partie de la Suisse Romande et en Val d'Aoste, elle correspond à la séquence supra-phonologique {zj}, comme pour les mots **provision, confusion** qui sont prononcés (et écrits) provijon, confujon.

A Fribourg, elle correspond au 's' latin en contexte sonore, et l'on dit et écrit jéro, provijyon, lè j'èkoulè, pour les mots **zérô, provision, les ècoules**. Dans certains parlers bressans on a le même phénomène, mais uniquement devant voyelle vélaire, d'où deux types de liaison au pluriel.

Pour les emprunts, il conviendrait de mettre le point intérieur : **j.ulyèt, g.ilèt** "juillet", "gilet".

[x] et [ç]

Ces deux réalisations sont assez rares, et résultent de palatalisations. On trouve la première dans certains (rares) parlers savoyards, correspondant au supra-phonème {c}, parfois aux kj- et sj- latins ; et en fribourgeois où il est l'aboutissement du groupe -st- latin. La seconde se retrouve plus souvent en Suisse Romande, soit seul (Fribourg), soit avec une latérale palatalisée ou non [l] ou [ʎ], dans les parlers valaisans et vaudois, résultant le plus souvent de cl-, gl-, fl-, parfois c- latins. Présent en dialecte bourguignon d'oïl, il se rencontre également dans les patois FP qui jouxtent ce dialecte, à peu près dans les mêmes cas qu'en Suisse Romande.

[h]

Cette réalisation est également très rare. Elle résulte le plus souvent de l'adoucissement de [x], [ç] ou [þ], en Savoie et en Suisse Romande en particulier. Mais on a noté aussi le maintien de l'aspiration, d'origine germanique, dans certains parlers valaisans proches de la frontière alémanique, de sorte qu'au village de Chandolin, **hôt** "haut" se prononce [hɑːt], ce qui justifie notre graphie avec un **h**.

[ts][dz]

Ces deux réalisations représentent le plus souvent les supra-phonèmes {c} et {ɉ}, en particulier dans le valdôtain, le fribourgeois, le valaisan, le vaudois, certains parlers savoyards et dauphinois. Toutefois, dans certains "patois", ils représentent une variante des supra-phonèmes {t} et {d} devant voyelles palatales fermées, c.à.d. [i] et [y]. A Rive-de-Gier, comme nous le verrons dans les écrits de Guillaume Roquille, on dit et écrit dzi pour "il dit" et tsu pour "tu". L'occlusive devient affriquée sous l'effet de la voyelle palatale qui suit, c'est le phénomène de l'assibilisation, qui se rencontre en particulier en franco-canadien.

[tʃ] [dʒ]

Ces deux réalisations sont surtout présentes en Suisse Romande et dans le Val d'Aoste. A Neuchâtel (mais pas dans tout le canton

semble-t-il) elles représentent tout simplement les supra-phonèmes {c}{ɟ}. Mais dans d'autres cantons (Fribourg et Valais notamment), elles représentent la succession /cj/ et /ɟj/, que l'on écrit **chi-** et **gi/ji-** devant voyelle. Ainsi **chèrchiér, megiér** sont prononcés et écrits localement tsèrtchi/tchartchè, medji/medjè.
Dans le Val d'Aoste, il y a ce même flottement selon les parlers et les positions.

[ɛ̃]

Cette réalisation, qui se prononce comme le français "vin", "pain", "frein", correspond à deux supra-phonèmes selon les dialectes. En règle générale, elle représente le supra-phonème {ɛ̃}, qui s'écrit **en**. Ce n'est que dans quelques dialectes (savoyard, bressan) qu'elle représente le supra-phonème {ĩ}, écrit **in**, là où précisément le supra-phonème {ɛ̃} se réalise [ɛ] ou [ã]. C'est principalement le fribourgeois qui confond les deux phonèmes en une seule réalisation [ɛ̃]. Rappelons que l'on nasalise souvent le 'e' en syllabe ouverte devant consonne nasale, comme dans **pêna** ['pɛ̃na] "peine".

[ã]

Cette réalisation représente le plus souvent le supra-phonème {ã}, dans la plupart des dialectes, écrit **an**. Mais une partie du Dauphiné, de la Haute-Savoie, du Forez et de quelques îlots d'autres régions l'utilisent pour représenter aussi le supra-phonème {ɛ̃}, écrit **en**. Ce qui a été dit de [ɛ̃] en syllabe ouverte devant consonne nasale est aussi valable ici, tel **fontana** qui se prononce très souvent [fõ'tãna].

[ø]

Cette réalisation, assez fréquente, se rencontre dans de nombreux cas identiques au français : les suffixes latins en '-or(em)' et '-osum', qui ont donné en français '-eur' et '-eux', en FP '**-or**' et '**os**', avec le féminin toujours en '**-osa**'. Elle est donc principalement en position accentuée, correspondant à un 'o' latin. On peut aussi la rencontrer dans des

mots comme **bof** "boeuf", **jorn** "jour", etc., mais là elle est moins répandue.
En ORA elle n'est pas notée d'une manière spécifique, mais simplement **o**.

{ʎ} ~ {j}

Cette opposition n'existe plus dans de nombreux dialectes, mais elle existait partout autrefois, comme en français jusqu'au XIX siècle, où l'on faisait la différence entre 'bailler' et 'bayer', 'cailler' et 'cahier', 'étriller' et 'étrier'. En Savoie, Dauphiné, Bugey, Forez, on distingue toujours **la palye** "la paille" et **la paye** "il la paye".

hiatus

Comme en français, il y a des cas où deux voyelles peuvent difficilement se suivre dans la prononciation. Le verbe latin '*potere' a d'abord donné, après la chute régulière du -t- intervocalique, une forme 'poeir', mais très vite la consonne [v] s'est intercalée, ce qui nous donne en français moderne 'pouvoir'.

En FP, quelques exemples peuvent illustrer ce problème. D'abord les différentes formes du même verbe "pouvoir" : tandis qu'en vieux lyonnais nous avions poeir (> povaî) et en stéphanois pouaire, en savoyard, nous trouvons les formes pojê, povài, povê, en romand povê, povae, en bressan pouva, en valdôtain possei, on voit qu'en FP, la consonne intercalée ("euphonique") est [v], [ʒ] ou [s].

Un autre exemple est illustré par les variantes de certaines formes du participe en valdôtain : receven ou receyen "recevant", renduya ou rendeuva "rendue" (masculin rendu).

Le fromage de *gruyère* illustre aussi notre propos : dérivé du lat. 'gruaria' ("lieu des grues"), il a donné **greviére** (en fribourgeois grevire), et en français 'gruyère'. Dans les deux langues une consonne non étymologique s'est insérée.

Nous avons donc toute une palette de consonnes qui peuvent venir éviter l'hiatus, mais principalement [v] et [j].

L'ACCENT TONIQUE

Ce phénomène phonologique est de la plus haute importance dans un très grand nombre de langues, qu'elles soient romanes, germaniques, celtiques, slaves, en grec, en latin, etc. Il s'agit de l' *insistance*, plus ou moins marquée, sur *une syllabe* plus que sur toutes les autres du même mot. Placer l'accent sur la mauvaise syllabe rend le mot prononcé la plupart du temps incompréhensible, même et surtout à celui dont c'est la langue maternelle. On a pu dire que l'accent tonique est l'*âme* du mot. Le français, avec le basque, est une des rares langues d'Europe qui ignorent pratiquement ce phénomène.
Le FP ne se distingue en cela que sur certains points mineurs des autres langues, et c'est en revanche la présence ou l'absence de cet accent tonique qui sert de frontière linguistique entre le FP et le français, cette dernière langue, selon la formule de Pierre Bec, faisant vraiment dissonance dans le concert des langues romanes.
Si l'on excepte certains parlers intermédiaires entre le français et le FP, dans la zone nord-ouest du domaine francoprovençal, l'accent tonique se place, nous l'avons vu, sur une des deux dernières syllabes du mot. La syllabe accentuée est en principe la même qu'en latin :

lat. ARBORE   > **âbro**   "arbre"
lat. CERA   > **cira**   "cire"
lat. MONTEM   > **mont**   "mont"

Toutefois il existe quelques exceptions. Tout d'abord il y a les mots latins dont la fréquence était telle qu'ils sont devenus presque méconnaissables dans (toutes) les langues modernes :
lat. ILLA   > **la**   "la" *article*
(comme en occitan, en français, en italien, en espagnol, etc.).
lat. EGO   > **je / ye**   "je"
lat. MEUM   > **mon**   "mon"
D'ailleurs ce type de mot monosyllabique (article, préposition, conjonction, adjectif possessif, démonstratif, etc.) ne présente habituellement pas d'accent tonique. Remarquons au passage qu'en français ILLA a donné régulièrement 'elle', et MEUM > 'mien', ces deux mots étant bien moins fréquents que 'la' et 'mon'.

Ensuite il y a bien sûr les emprunts tardifs au latin :
lat. CRITICA   fr. (la) critique   >   cri**ti**ca.
lat. MECHANICA   fr. (la) mécanique   >   mèca**ni**que
lat. ITALIA   fr. Italie   >   Ital**i**e

Il faut rappeler la désorganisation de l'accentuation due à la présence d'un *schwa* [ə] accentué :
lat. FARINA   > **farena** (f**a**rena, far**e**na, farn**a**)
lat. LUNA   > **lena** (l**e**na, ln**a**)

Un autre cas fréquent de déplacement d'accent se rencontre dans les féminins d'adjectifs, souvent des participes passés, dont le masculin se termine par une voyelle (entre parenthèses les graphies patoises):
vendu "vendu"; **vendua** (vendou**a**, vendy**a**, vend**u**ya) "vendue"
gouari "guéri"; **gouaria** (gouari**a**) "guérie"
A rapprocher de certains verbes :
dio "je dis" (di**o**, dj**o**)
diont "ils disent" (di**ont**, dj**ont**)
tue "il tue" (t**w**e)

Mais l'analogie joue aussi un rôle dans le déplacement de l'accent :
lat. CANTAMUS > **chantens/chantons** (*lyonnais* cha**nt**on, *valaisan* tsa**nt**in) "nous chantons"
lat. DORMIEBAMUS > **dormivens** *(savoyard* drem**i**ven) "nous dormions".
Ce phénomène se rencontre dans le gascon des Landes.

Il va de soi que puisque ces phénomènes ne sont pas réguliers, il n'est pas possible de les noter dans l'orthographe ORA.

Enfin il est utile de signaler que dans certains parlers très localisés, dans le Sud de la Savoie et du Dauphiné notamment, l'accent s'est déplacé de façon totalement anarchique et imprévisible (sauf pour les spécialistes), donnant des formes très marginalisées en FP :
lat. GALLINA   > **gelena** (dzalin**a**)   "poule"
lat. STELLA   > **ètêla** (èitel**a**)   "étoile"

C'est ainsi que le grand spécialiste du francoprovençal Antonin Duraffour a pu évoquer *les symptômes d'un véritable malaise de l'accent*, à l'endroit de ces irrégularités accentuelles dont on trouve à peine quelques traces dans les autres langues romanes.

En l'absence de toute certitude concernant la place irrégulière de l'accent tonique dans tel ou tel patois, on se tiendra aux règles déjà mentionnées plus haut : tous les mots sont accentués sur la *dernière* syllabe (oxytons); font exception en s'accentuant sur l'avant-dernière ou *pénultième* (paroxytons) ceux qui se terminent par :
-e, -a, -o (nom, adjectif, verbe, adverbe...)
-es, -os (nom et adjectif au pluriel)
-es (2e personne du singulier des verbes)
-ont (3e personne du pluriel des verbes)
Dans 95 % des cas, l'accent tombe sur la même syllabe que la dernière effectivement prononcée dans le mot français correspondant.
Une brève comparaison avec le latin et l'occitan nous montrera qu'à travers les siècles et les régions cet accent s'est toujours relativement bien maintenu.

latin	français	francoprovençal	occitan
ANIMA	âme	â(r)ma	arma
LEPOREM	lièvre	lévra	lèbre
PATREM	père	pâre	paire
VERACEM	vrai	veré	verai
AMABILEM	aimable	amâblo	aimable
CINERES	cendres	cindres	cendres
HEDERA	lierre	lérra	èura
CAPISTRUM	chevêtre	chevètro	cabestre
FLEBILEM	faible	fèblo	feble

En Savoie et en Suisse romande principalement, on a noté traditionnellement la syllabe inaccentuée par l'addition d'un -z, bien reconnaissable aujourd'hui dans les toponymes : La Cl<u>u</u>saz, L'Alb<u>a</u>iroz, S<u>é</u>taz, Au S<u>en</u>gloz, Vér<u>a</u>troz, N<u>en</u>daz... Mais il y a aussi des exceptions : Plan-pr<u>a</u>z, Vél<u>a</u>z, Darbel<u>u</u>z, All<u>a</u>z... Ce '-z' final précisant que la voyelle précédente est inaccentuée n'est bien sûr pas repris dans l'ORA, ne serait-ce que parce qu'il induit déjà assez de Savoyards et de Suisses romands (sans compter les touristes) en erreur d'accentuation.

ORTHOÉPIE

On appelle orthoépie les règles de prononciation à partir de l'orthographe. Il va de soi que l'on ne peut donner toutes les règles de toutes variantes dialectales de l'ensemble FP. Pour cela, il convient de se reporter aux ouvrages consacrés aux différents dialectes. Mais un certain point de vue général sur la question n'est pas inutile.

Selon les cas, il convient de vous adapter à la situation linguistique que vous êtes en train de vivre :

1) Si vous êtes patoisant, lisez par curiosité ce qui suit, mais surtout *continuez à parler, à lire et à prononcer votre patois comme auparavant, sans rien changer.* C'est vous qui faites vivre cette langue à travers votre parler.

2) Si vous êtes originaire d'une région précise située dans le domaine francoprovençal, ou si vous souhaitez communiquer avec des patoisants d'une région précise de ce domaine, imprégnez-vous dans un premier temps des règles de prononciation ci-dessous, mais ensuite reportez-vous aux ouvrages sur ce parler, notez les différences que vous entendrez, et conformez-vous le mieux possible à cette prononciation locale. C'est ainsi que la langue s'enrichira d'un nouveau locuteur.

3) Si vous n'êtes originaire d'aucune de ces régions, ou si ne vous souhaitez pas avoir de lien particulier avec une région précise, mais que vous désirez tout de même avoir une prononciation de référence qui ressemblerait à un "francoprovençal standard", les recommandations qui suivent sont pour vous. Il s'agit bien sûr d'une forme quelque peu reconstituée, telle que l'indo-européen, ou plus concrètement comme le "romanche grison" créé en Suisse il y a une quinzaine d'années à partir des dialectes romanches. Nous appellerons cette prononciation, fondée sur la *prononciation majoritaire* de chaque supra-phonème, la 'Prononciation de Référence A', soit **PRA**.

Comme pour l'orthographe, rien n'interdit de penser que des ajustements naturels, ou plus ou moins dirigés par un dialecte plus vivace que les autres, ne se fassent vers une **PRB, PRC**, etc.

S'il faut bien, pour des questions de méthode, différencier d'une part une orthographe et une prononciation supra-dialectales (ce que nous nommons **ORA** et **PRA** dans ce livre) et d'autre part des orthographes et des prononciations patoises, nous insistons sur le fait qu'une langue vivante est surtout et avant tout la langue de ceux qui la parlent et la font vivre.

orthographe **ORA**	prononciation **PRA**
a	[a] **pata**
â	[ɑː] **bâs**
an	[ɑ̃] **pan, fontana**
-ar *infinitif*	[ɑː] **chantar**
b	[b] **bârba**
	[p] **absent**
c	[s] devant e, i : **cél, cinq**
	[k] ailleurs : **corir, crêre**
cc	[ks] souvent [s] **accion**
ch	[ts] **champ, chemin**
	voir supra-phonème {c}
ch.	[ʃ] **ch.ocar**
d	[d] **dedens**
e	[ə] **farena, venir, chante**
é	[e] **étre**
è	[ɛ] **bèc**
ê	[ɛː] **rêna**
en	[ɛ̃] **dens**
f	[f] **forche**
g	[dz] devant e, i : **congié, gens**
	voir supra-phonème {ɟ}

g.	[g] ailleurs **gant, grôs**
	[ʒ] **g.ènèrosa**
gn	[ɲ] **alogne**
gui, gué	[gi], [ge] **aguichiér, guêrra**
h	en début de mot, ne se prononce pas : **homos, héretâjo**, et empêche rarement la liaison (quelques mots seulement)
i	[i] quelquefois [j] devant voyelle **dit, diu**
î	[iː] rare **fllorîve**
in	[ĩ] **vin, quinze**
j	[dz] **jalar, dèjonar** voir supra-phonème {ɟ}
j.	[ʒ] **j.ornaliste**
k	[k] **kilo** lettre très rare
l	[l] **lavar, velâjo**
ly	[ʎ] **consèlyér, palye** [j] ou muet en finale **solely, travâly**
ll	[ʎ] dans les groupes **cll, gll, fll clloche, glland, fllor**
m	[m] **marenda** nasalise la voyelle précédente devant **p, b, m** : **chambra**
n	[n] **nagiér** nasalise la voyelle précédente
o	[o] ou [ɔ] surtout devant **r** : **porto** [ø] pour les terminaisons -**or**, **os(a)**
ô	[oː] **chôd, rôssa**
on	[õ] **rongiér**
ou	[u] **chousa**
oû	[uː] **Aoûta** rare
p	[p] **puge, chapouès**
qu	[k] **quint, quèsiér**
r	[r] **râro, charge, parent**
rr	[rr] **tèrra, parren**
s	[z] entre voyelles **osél, desot** sinon [s] **sâl, pensar, pôsta**
ss	[s] **pâsseran, brosse**

t	[t] **tota, tiola**
u	[y] **mur, reciu**
û	[y:] **sûr** rare
v	[v] **vengt, devêr**
x	[ks] **fixar** mais le plus souvent [s]
y	[j] **yon, payér**
z	[z] **zôna, doze**

Les consonnes suivantes ne se prononcent pas, sauf exceptions très localisées[1], en finale de mot : **c, d, f, g, p, q, s, t, x, z**. La lettre **l** se prononce rarement (dans les emprunts au français), tandis que le groupe **ly** est muet, ou dans de rares endroits peut présenter la prononciation [j]. Seule la lettre **r** se prononce quelquefois, dans quelques mots comme **jorn, ors**, et même pas dans tous les dialectes.

Il faut cependant signaler le cas des parlers savoyards de Bonneval-sur-Arc et de Bessans, où de nombreuses consonnes finales sont bel et bien prononcées : les -s du pluriel (masculin et féminin) et de la 2e personne du singulier de la conjugaison, le -t de la 3e personne du singulier des verbes de la 3e conjugaison, et de la 3e personne du pluriel de tous les verbes, de consonnes spécifiques pour la 2e personne du pluriel, etc.

Les liaisons se font lorsque deux mots sont très intimement liés (comme l'article avec le nom, le pronom sujet et le verbe dans la forme normale et dans l'inversion), pour la lettre **s** qui se réalise [z] et les lettres **t** et **d** qui se réalisent [t], ainsi que la lettre **l** : **les âbros, prend-il, el at**.

En fin de syllabe, il en va à peu près de même. Le **r** se prononce dans certains dialectes seulement. A Fribourg par exemple, on a une *vocalisation* de ce **r** : ouâdre pour **ôrdre**. Le **s** devant **t** et **p** se prononce, parce qu'il s'agit toujours d'emprunts soit au français soit

---

[1] Nous n'étudierons pas ici la présence, dans les parlers du Valais, mais aussi en Maurienne et au Val d'Aoste, d'un système complexe de voyelles dites *parasites* en fin de mot, du type ouèk "aujourd'hui" (St-Luc), mourik "mourir" (Chermignon), pochôp "pu" (Louable Contrée - Ancien Lens).

au latin. Les groupes **x, cc** et **gz** peuvent se prononcer respectivement [ks] et [gz] dans certains dialectes, mais dans d'autres on a [s] et [z].

Comme on a pu le constater, il y a souvent des consonnes en fin de mot dans la même situation qu'en français : **vengt** "vingt", **chôd** "chaud", **chôlx**, "chaux", **avouéc** "avec", **dèjonar** "déjeuner", **homos** "hommes". Or nous savons qu'en francoprovençal, comme en français, toutes les syllabes des mots d'évolution populaire se sont ouvertes au Moyen Age. Il en résulte que ces consonnes finales ne se prononcent pas plus en FP qu'en français. Elles servent à indiquer :

- soit une liaison possible avec le mot suivant : **vengt (et) yon** "vingt et un", où le **-t** final se prononce toujours ici;
- soit la forme latente du féminin : **chôda** "chaude";
- soit une distinction d'homonymes : **chôd** "chaud" ~ **chôlx** "chaux" (cf. **chôlar** "chauler");
- soit le mot français correspondant, pour une reconnaissance immédiate : **avouéc** "avec";
- soit des formes grammaticales que la prononciation n'indique pas, l'infinitif avec **dèjonar**, le pluriel avec **homos**. Si l'on écrivait dans ces deux cas **dèjonâ** et **homo**, il serait souvent impossible à la lecture de déterminer dans le premier cas s'il s'agit de l'infinitif, du participe passé ou de la deuxième personne du pluriel du présent, dans le second cas s'il s'agit d'un singulier ou d'un pluriel.

Il faut toutefois savoir que nombre de patoisants qui écrivent leur parler local répugnent à noter les consonnes qui ne se prononcent pas, jugeant que cela fait trop *français* et pas assez *patois*. C'est une opinion qui mérite considération et respect, et il n'est pas question ici d'inciter les patoisants à écrire *leur patois* autrement qu'ils le souhaitent. On pourrait seulement leur objecter que certains de leurs textes sont par là même souvent ambigus : de quel mot s'agit-il ? car il y a des quantités d'homonymes. Est-ce un singulier, un pluriel ? Et ainsi nous perdons une part précieuse du sens, de l'histoire, lorsque le parler local a évolué, que certains mots ont disparu, ou qu'il ne reste plus personne qui l'utilise. Ce genre de littérature, quand bien même il ne s'agirait que de lettres personnelles ou de comptes d'artisan, fait tout de même partie du patrimoine linguistique de l'humanité. La langue orale se perd, sauvons au moins la langue écrite.

Il faut aussi considérer qu'une graphie phonétique n'est pas toujours facile à lire, même si elle s'inspire le mieux possible des règles du français. Qui peut reconnaître du premier coup d'oeil cette phrase reproduisant la prononciation d'un titi parisien : vla sè modiz ouazo kyi s anfui[1] ? D'ailleurs bon nombre d'écrivains, comme Amélie Gex ou Guillaume Roquille, ont une graphie qui se rapproche souvent des traditions de l'orthographe française.

Il y a aussi un autre point de vue plus général : la graphie ORA n'est pas censée représenter tel patois, tel parler, tel dialecte plutôt qu'un autre. Elle a l'ambition de représenter *toute la langue francoprovençale*, et là les ambiguïtés ne sont plus permises, car il s'agit de faire connaître une langue exclue des études courantes à cause de son morcellement dialectal, et qui pourtant mérite une orthographe standard unifiée comme n'importe quelle autre langue au monde. Il faut pour cela nous extraire quelques instants de nos optiques franco-italo-suisses, même s'il est souvent difficile d'adopter des solutions que l'on trouve parfaitement acceptables pour les autres. Le morcellement dialectal existe ailleurs, et il n'a pas empêché les Bretons par exemple de mettre au point une orthographe supra-dialectale -même si elle se trouve parfois contestée- englobant les parlers de Léon, Cornouaille, Trégor et Vannes, malgré les grandes disparités du vannetais en particulier.

En tout état de cause, la graphie ORA n'est pas réellement en concurrence avec les graphies d'Ernest Schüle ou de Conflans, car elle ne correspond pas aux mêmes usages : deux patoisants de la même région peuvent correspondre et lire des textes en graphie *traditionnelle*, mais s'ils veulent se faire comprendre dans une autre région, ou lire la littérature d'un autre dialecte FP, seule une graphie supra-dialectale du type ORA leur permettra d'y accéder sans passer

---

[1] "Voilà ces maudits oiseaux qui s'enfuient".

par une traduction *française*, comme c'est le cas aujourd'hui pour toute littérature francoprovençale. L'ORA est là non pour concurrencer les dialectes, mais le français lui-même, comme dans le canton suisse des Grisons le *romanche grison* n'a pas été créé pour concurrencer les dialectes sursilvain ou engadinois, mais l' *allemand*.

Nous dirions que la *graphie patoise* est une graphie de *proximité* et de *précision*, tandis que l'ORA est une graphie de *communication* et de *diffusion*.

En revanche, les dialectologues pourraient adapter quelque peu l'ORA (ou ORB) pour noter quelques particularités sans défiguer les mots. Nous avons vu par exemple que le fribourgeois ou le savoyard sera obligé d'écrire **fétha** là ou nous écrivons **féta**, ce qui ne nuit pas à la compréhension du mot. On pourrait aussi envisager d'écrire avec un accent grave l'e dans {ɛ} : **vènt** "vent", pour indiquer que ladite voyelle est dénasalisée.

En fin d'ouvrage, nous traiterons de ce problème du *devenir* de l'orthographe.

CHAPITRE VIII
GRAMMAIRE

Nous allons étudier maintenant ce qu'on appelle traditionnellement la *grammaire*, et principalement la *morphologie*, qui est l'étude des formes. Comme en français et dans toutes les langues romanes, il y a les parties du discours appelées *article, nom, adjectif, pronom, verbe, adverbe*.

Ceux qui connaissent à la fois le français et l'occitan seront étonnés de voir ici aussi les ressemblances remarquables du FP avec ces deux langues, mais ils seront également intéressés par les quelques différences propres au génie de cette langue.

L'ARTICLE

Il y a en FP les trois types d'article que nous connaissons : l'article défini, l'article indéfini et l'article partitif.

L'article défini présente également les particularités de la plupart des langues romanes, il peut être simple ou contracté.

article défini simple	masculin	féminin
singulier	**lo / le, l'**	**la, l'**
pluriel	**los / les**	**les**

Les formes **lo(s), le(s)** sont des variantes locales. Les premières sont les plus fréquentes. Le pluriel **les** se prononce [le] ou [lə], quant à **lo(s)**, il peut être prononcé [lu]. En PRA, on pourrait conseiller, pour les distinguer, [lo] au singulier et [lu] au pluriel, comme c'est le cas dans plusieurs régions.
Au singulier, on fait l'élision devant une voyelle ou un **h**. Au pluriel, on a le même type de liaison qu'en français.
    l'homo, los (les) homos [l 'omo, luz (lez) 'omo]
    l'amanda, les amandes [l a'mãda, lez a'mãde]

Dans de nombreuses régions, les noms propres, tels que rivières (le Fier), fêtes religieuses (la Pentecôte), sont dépourvus d'article. En revanche, les noms et surnoms de personnes peuvent au contraire être précédés de l'article, surtout au féminin (l'Antoine, la Fine). Certains patois valaisans ont gardé la déclinaison à deux cas de l'article singulier, comme l'ancien français : li est la forme sujet des deux genres, lo/la est la forme oblique (cas objet). La forme le conviendrait pour le premier cas, les formes lo, la pour le second. Toujours dans le Valais, à Savièse, un phénomène rare a modifié totalement la physionomie de la langue en général et de l'article défini en particulier : la chute du -l- initial et intervocalique. Ainsi on dit é otenan ouon aa a féita pour **les lotenants volont alar a la féta** "les lieutenants veulent aller à la fête". On a donc les formes o, a, é.

article défini contracté

	masculin	féminin
avec préposition **a**		
singulier	**u, a l'**	**a la, a l'**
pluriel	**ux**	**ux / a les**

	masculin	féminin
avec préposition **de**		
singulier	**du, de l'**	**de la, de l'**
pluriel	**des**	**des / de les**

Selon les parlers, on a au féminin pluriel la forme contractée du masculin pluriel ou la forme non contractée (préposition et article). La forme **u(x)** correspond en réalité à plusieurs formes patoises : i, é, u et ou. Pour **du**, on trouve dou et du; pour **des** (= **dés**), on rencontre dé et di.

article indéfini

	masculin	féminin
singulier	**un**	**una, na**
pluriel	**des**	**des**

La prononciation la plus courante pour le masculin singulier est [õ] ([õn] devant voyelle), et le féminin ['õna], mais dans certains parlers on trouve les formes [ĩ] et ['ĩna]. Dans le Val d'Aoste, la forme est un(a)/eun(a). Il est donc difficile de retenir les graphies *on(a) ou *in(a) qui ne parlent pas à tout le monde. En revanche, la forme un(a) est immédiatement repérable. En prononciation PRA, les formes [õ] et ['õna] sont à retenir, puisqu'elles sont les plus répandues.
A noter que la forme féminine **na** est très fréquente. Ce sera le seul cas où l'on ne mettra pas d'apostrophe pour indiquer l'apocope, cette forme étant sans ambiguïté et fort courante. On trouve çà et là la forme n' devant voyelle, aussi bien au masculin qu'au féminin, mais une graphie **n'** ne doit être retenue qu'en versification, car elle peut se confondre avec la négation.
Le chiffre "un" se dit généralement **yon(a)**, voir les numéraux cardinaux.

article partitif	masculin	féminin
singulier	**de, d'**	**de, d'**

La forme de l'article partitif est la même qu'en occitan, mais non pas celle du français en phrase affirmative. En effet nous disons :

Je veux *du* pain, *de la* viande, *de l'* eau.
Mais en phrase négative :
Je ne veux pas *de* pain, *de* viande, *d'* eau.

En francoprovençal on a donc la même forme dans les deux cas. Il est rare, mais toutefois pas impossible, de rencontrer le type français "du, de la".
Comme en français, il n'existe pas de pluriel de cet article. On utilise l'article indéfini : **des ofs** "des oeufs".

LE NOM

Le nom fonctionne à peu près comme en français. Il peut être du masculin et du féminin, il a un singulier et un pluriel. Mais en ce qui concerne le genre, certains mots masculins en français sont féminins en FP, comme en latin :

la sâl	le sel
la lérra	le lierre
l'onglle f.	l'ongle
la sêglla	le seigle
les èpenaches f.	les épinards

L'inverse est plus rare :

le perét	la poire
le relojo	l'horloge
l'olyo	l'huile

Si l'on consulte le lexique en fin d'ouvrage, on constatera qu'il y est indiqué trois genres, alors que l'on vient de voir qu'il n'y en a que deux. Le genre dit *épicène* signifie simplement qu'un nom est soit masculin soit féminin selon les dialectes, sans qu'on puisse décider un genre majoritaire.

un(a) aféré	une affaire
lo / la corvâ	la corvée
lo / la mensonge	le mensonge

La formation du féminin des animés présente plusieurs particularités :

- l'addition d'un **-a** à la forme du masculin :
ami, amia "amie"
chat, chata "chatte"

- le changement habituel de **-o** en **-a** :
diâblo, diâbla "diablesse"
vèvo, vèva "veuve"

- après -r, le féminin est habituellement en -e :
bouchiér, bouchiére "bouchère"

- les masculins en -or font leur féminin en -osa :
dancior, danciosa "danseuse"

- il y a bien sûr des féminins totalement différents :
homo, fèna "femme"
pâre, mâre "mère"
bôc, chiévra "chèvre"
mâcllo, femala "femelle"
prince, princèssa "princesse"
chevâl, èga / cavala "jument"
âno, souma "ânesse"

La formation du pluriel se fait en ajoutant un -s au singulier :
homo, homos "hommes"
chat, chats "chats"
man, mans "mains"
branche, branches "branches"

Certains parlers ont développé une opposition **-o** [u] ~ **os** [o], pour différencier le masculin singulier et le masculin pluriel, ainsi que diverses modifications légères d'autres timbres (parmi les nasales en particulier). Dans la partie Sud du Dauphiné francoprovençal (Matheysine), on trouve un système complexe de formes plurielles, telles que bô **(bof)** "boeuf", *pl.* baou **(bofs)** "boeufs", uizè **(osél)** "oiseau", *pl.* uizèou **(oséls)**, ou encore pélerïn **(pèlerin)**, *pl.* péleri **(pèlerins)**.

Les noms qui se terminent en -s, -x ou -z au singulier sont comme en français invariables :
la folx, les folx "les faux"
le chènevés, les chènevés "les chènevis" (graines de chanvre)
le riz, les riz "les riz"

Les féminins en **-a** font leur pluriel en **-es** :
navèta, navètes "navettes de tisserand"
chousa, chouses "choses"
avec les modifications orthographiques qui s'imposent :
bèca, bèques "pics, sommets"

Ce **-s** du pluriel, que l'on trouve dans certaines graphies patoises, est souvent critiqué comme étant une imitation inutile du français, puisqu'il ne se prononce généralement pas. Il faut convenir que la voyelle atone s'élide tant au singulier qu'au pluriel devant un mot commençant par une voyelle :
un hom(o) ilustro, na fèn(a) ilustra "un homme, une femme illustre"
pluriel : **des hom(os) ilustros, des fèn(es) ilustres.**
A cela on peut répondre que :
* en français également on élide généralement dans cette position, bien que l'on ait toujours un -s au pluriel.
* les féminins singuliers en **-e** se prononcent dans certains dialectes [i], tandis que leurs pluriels se prononcent [e] ou [ə]; le **-s** permet ainsi d'indiquer une différence de prononciation; aussi pourquoi faire deux traitements différents de pluriel pour les féminins singuliers en **-a** et ceux en **-e** ? On a parfois aussi une opposition de ce type au masculin (page précédente [u] ~ [o], et Matheysine). Enfin, n'oublions pas le cas évoqué plus haut de Bessans et de Bonneval, où ce -s du pluriel se prononce, tant au masculin qu'au féminin.
 * il est souvent utile de savoir s'il l'on a affaire à un singulier ou un pluriel, alors que rien d'autres que le **-s** du pluriel ne permet de le deviner :
Ami(s), pregnens pas de risco(s) !
"Ami(s), ne prenons pas de risque(s) !"
* devant voyelle, il y a liaison de l'article et de mots tels que "deux, trois, tous..." :
les alognes "les noisettes"
les doves orelyes "les deux oreilles"
totes èspèrances "toutes espérances"
Il pourrait sembler étrange que l'on mette la marque du pluriel à certains mots et pas au nom ou à l'adjectif qui suit.

* Enfin n'oublions pas que le -s du pluriel se retrouve également en occitan. Pourquoi donc exclure le francoprovençal des règles orthographiques communes aux langues gallo-romanes dont il représente la forme la plus centrale ? Le recours à un graphème -z- qu'on trouve dans certaines graphies patoises pour indiquer la liaison, avec absence de '-s' dans les autres cas du pluriel, ne correspond pas à une tradition bien établie dans les langues romanes dites *occidentales* : le français, l'occitan, le castillan ou le portugais mettent toujours un '-s' à leurs pluriels.

Etant donné son statut handicapant de langue méconnue, le FP ne peut plus se permettre d'avoir une orthographe totalement différente de ses deux voisins, mais doit au contraire se couler dans le moule commun, avec une petite préférence vers le français, dont il est particulièrement proche et qui peut lui permettre d'être mieux reconnaissable. N'oublions pas que la quasi-totalité des locuteurs du francoprovençal parle également français.

L'ADJECTIF

C'est une particularité de l'adjectif qui permet de bien délimiter la frontière entre FP et occitan. En effet, cette dernière langue, comme le français, n'a qu'un seul féminin, quelle que soit la consonne devant la voyelle finale, tandis que le FP présente des voyelles différentes selon que la consonne est palatale (ou anciennement palatalisée) ou non.

latin	français		FP	occitan
asprum	âpre	*m.*	**âpro**	aspre
aspra	âpre	*f.*	**âpra**	aspra
extraneum	étrange	*m.*	**ètranjo**	estranh
extranea	étrange	*f.*	**ètrange**	estranha

On voit bien ici que l'occitan a un seul type de féminin, en -a [o], tandis que le FP a normalement la terminaison -a, mais après consonne dite "palatalisée" on a la terminaison -e. Ce phénomène est

unique dans les langues romanes. On a pu donc affirmer que le FP est la langue aux deux féminins.
Dans les exemples ci-dessus, le masculin est en -o (et -e en français). Mais pour nombre d'adjectifs, on a des situations différentes au masculin, et au féminin.

fôx, fôssa/fôça   faux, fausse
grant, granta   grand, grande
dur, dura   dur, dure
fou, foula   fou, folle
bon, bôna   bon, bonne

dox, doce   doux, douce
blanc, blanche   blanc, blanche
sèc, sèche   sec, sèche

Parfois il y a flottement d'un dialecte à l'autre :

frêd, -e/-a   froid, froide
entiér, -e/-a   entier, entière

On voit qu'il n'est pas si simple de déterminer la terminaison. C'est pourquoi en cas d'ambiguïté la forme féminine sera indiquée dans le lexique en fin de volume.
Notons aussi que certains adjectifs épicènes en latin (c'est-à-dire ayant la même forme au masculin et au féminin, comme GRANDIS) peuvent dans certains dialectes aussi rester identiques au masculin et au féminin : **grant** "grand, grande" en est un bon exemple, d'ailleurs en français nous avons 'grand-mère' et 'mère-grand', 'grand-rue', etc.

Le pluriel suit la règle des noms :
fôx, dox sont invariables;
âpro, grant, blanc, bon prennent un -s;
tous les féminins sont en **-es** : **âpres, fôsses, grantes, dures, sèches...** sauf les cas où le féminin est identique au masculin : **grants** (cf. supra).

DEGRÉS DE COMPARAISON

Les degrés de comparaisons sont à peine différents du français :

Il est ples fôrt que mè : il est plus fort que moi.
Ils sont muens amâblos que vos : ils sont moins aimables que vous.
Su asse grant que mon frâre : je suis aussi grand que mon frère.
T'és la ples bala : tu es la plus belle.
Il est le muens coragios : il est le moins courageux.

Pour "très", on a le choix entre plusieurs mots :
Je su ben tristo : je suis bien triste.
Cél vin est rudo bon : ce vin est très bon.
Il est fin soul : il est tout à fait ivre.
La vache est fina grâssa : la vache est bien grasse.
Ils sont bougrament fènéants : ils sont très paresseux.
Son pâre est tot a fêt heros : son père est tout à fait heureux.

Il existe comme dans toutes les langues indo-européennes des comparatifs *synthétiques* :
bon   "bon"   **mèlyor**   "meilleur"
movés   "mauvais"   **pir(e)**   "pire"

à rapprocher des adverbes :
ben / bien   "bien"   **mielx**   "mieux"
mâl   "mal"   **pir**   "pis", *parfois* "donc"
bravament   "beaucoup"   **ples, més**   "plus"
pou   "peu"   **muens** "moins"; **muendro** "moindre, pire"

L'ADVERBE

Il ne présente guère de difficultés particulières. Pour former un adverbe sur un adjectif, il faut prendre la forme du féminin y ajouter la terminaison **-ment** [mẽ][mɛ], en valdôtain ['mẽnte], presque comme en italien.

sensiblo, sensiblament "sensiblement"
brâvo, brâvament "bravement, beaucoup".

Quelques adverbes courants :

y (parfois lé)	"y"	vêr	"donc"; *parf.* "oui"
ouè	"oui"	nan	"non"
(ne) pas	"ne...pas"	ne... gint	"aucun, rien, point"
yô / onte	"où"	més, ples	"plus"
pas més	"ne...plus"	prod	"assez, beaucoup"
asse	"aussi"	oncor(a)	"encore"
on rencontre fréquemment		p'oncor(a)	"pas encore"
d'ense	"ainsi"	vito	"vite"
houê, u jorn d'houê, enqu'houê			"aujourd'hui"
hiêr	"hier"	deman	"demain"
ja, dejâ	"déjà"	ora	"maintenant"
tout	"tôt"	tojorn	"toujours"
jamés	"jamais"	sovent	"souvent"

A noter que pour la négation, le **ne** n'est pas obligatoire, mais possible (au contraire de l'occitan, qui se contente de "pas"), sauf pour **ne... gint**. L'orthographe de **pas** se différencie de **pâs** "le pas" par l'absence de circonflexe, à cause de la fréquence du mot, mais la prononciation des deux mots est presque toujours la même. Quant à **nan**, il est souvent prononcé [na], homophone de l'article indéfini féminin singulier, qu'il est nécessaire de différencier à l'orthographe.

LES NUMÉRAUX

Les numéraux *cardinaux* et *ordinaux* sont les suivants :

0	zérô	
1	yon, yona	premiér(e)
2	doux, doves	dousiémo, sègond(a)
3	três	trêsiémo
4	quatro	quatriémo
5	cinq	cinquiémo
6	sêx	sêsiémo
7	sèpt(e)	sèptiémo

8	huét(e)	huétiémo
9	nôf	nôviémo
10	diéx	diéziémo
11	onze	onziémo / onjiémo
12	doze	doziyémo / dojiémo
13	trèze	trèziyémo / trèjiémo
14	quatorze	quatorziémo / quatorjiémo
15	quinze	quinziémo / quinjiémo
16	sèze	sèziyémo / sèjiémo
17	diéx-et-sèpt	diéx-et-sèptiémo
18	diéx-et-huét(e)	diéx-et-huétiémo
19	diéx-et-nôf	diéx-et-noviémo
20	vengt	vengtiémo
21	vengt yon	vengt yoniémo
22	vengt doux	vengt dousiémo
30	trenta	trentiémo
31	trenta yon	trenta yoniémo
40	quaranta	quarantiémo
50	cinquanta	cinquantiémo
60	sèssanta	sèssantiémo
70	sèptanta	sèptantiémo
80	huétanta	huétantiémo
90	nonanta	nonantiémo
100	cent	centiémo
200	doux cents	doux centiémo
1000	mile	miliémo
2000	doux mile	doux miliémo

Remarques :
- on rencontre souvent une liaison en -z- : **cinqs oséls** "cinq oiseaux" (cf. entre quatre-z-yeux).
- **yon** et **doux** ont chacun un féminin : **yona** (parfois yena), **doves**.
- les ordinaux **doziyémo/dojiémo, trèziyémo/trèjiémo, sèziyémo/ sèjiémo** sont des formes un peu artificielles, car les formes régulières présenteraient le risque de confusion avec **dousiémo, trêsiémo, sêsiémo**. On rencontre d'ailleurs aussi **onje, doje**, etc.

- on trouve, plus rarement, les chiffres suivants :
60   três-vengts
80   quatro-vengts
120 sêx-vengts.

On trouve des composés de types :
- **huétêna, diézêna, dozêna, quinzêna, vengtêna, centêna...** "huitaine", "dizaine", "douzaine"...
- **semplo, d(r)oblo, triplo...** simple, double, triple...

En fribourgeois, **cinq** et **cent**, de par leurs évolutions respectives, ont donné la même forme [þẽ]. Aussi, pour éviter de confondre 2005 et 2100, on dit pour **cent** en finale [þã].

LES PRONOMS

Les pronoms se divisent en *personnels, possessifs, démonstratifs, relatifs, interrogatifs, indéfinis*. Hormis les personnels, tous connaissent leurs *adjectifs* correspondants, qui vont être étudiés en même temps.

Le *pronom personnel*

Le pronom personnel peut être sujet, objet direct, objet indirect et isolé. Il se présente en six personnes, trois au singulier et trois au pluriel, et varie en genre seulement à la troisième du singulier et du pluriel. En francoprovençal, il faut aussi compter avec les pronoms sujets placés *après* le verbe, dans l'interrogation par exemple.

pronom sujet	singulier	pluriel
1ère personne	**je/ye, j'/y'**	**nos**
2e personne	**te, t'**	**vos**
3e personne (masculin)	**il**	**ils**
3e personne (féminin)	**el**	**els**
3e personne (neutre)	**o** "il", "cela"	-

Remarques :
- ces pronoms sujets ne sont pas utilisés partout de la même manière : dans certains dialectes, on les trouve à toutes les personnes dans tous les cas (comme en français), dans d'autres ils sont souvent omis (comme en occitan). Mais on peut dégager certaines généralités : l'omission du pronom sujet se fait surtout à la première personne du singulier, et aux troisièmes personnes du singulier et du pluriel : **su lé** "je suis là", **sont des brâvos** "ils sont des braves"... On a là, une fois de plus, une solution intéressante à mi-chemin entre *oc* et *oïl*.
- à côté de **je**, on trouve la forme un peu plus rare **ye**, parfois réduite à [i]. La prononciation de **je** est très variée, car en plus des prononciations diverses de **j**, on a les formes (savoyardes surtout) [də] [zə]. La forme **je** sert à dire "nous" dans certains parlers lyonnais (avec le verbe conjugué à la 1ère personne du pluriel : **je chantons** "nous chantons". Dans certaines régions (Dauphiné en particulier), on a une toute autre forme : a(m).
- pour **nos** et **vos**, on trouve aussi une prononciation [nə], [və], avec des réalisations telles nz'avin, n'avons, v'z-i, on pourrait en versification écrire **ne(s), ve(s), n', v'**, mais ailleurs ces formes sont à éviter à cause de l'ambiguïté de **ne**. Il en va de même pour la forme [də] pour **je**, qu'il vaudrait mieux ne pas transcrire, en ORA, *****de**, à cause de la préposition homonyme.
- pour les troisièmes personnes, il faut préciser tout de suite que dans un grand nombre de dialectes, le masculin et le féminin se prononcent exactement de la même façon, mais avec les formes les plus variées : [i] [e] [a] [o] [y] [u], et devant voyelle souvent [l]. Les formes retenues en ORA sont donc arbitraires, mais admettre une telle variété de formes **(il, el, *al, *ol, *ul, *oul)** tout en ne différenciant pas le masculin du féminin dans l'orthographe amènerait des ambiguïtés sans fin. Aussi vaut-il mieux admettre, en dépit des prononciations, les formes **il(s)** pour le masculin et **el(s)** pour le féminin, tout en s'attendant à entendre une forme un peu différente (on comprend bien un patoisant d'oïl qui nous dit : "la vache, *alle* est dans le pré"). Notons aussi qu'au pluriel c'est soit le -s qui fait liaison, soit le l (il on est fréquent, même s'il heurte notre oreille de francophone). Enfin, il convient de signaler que pour certains verbes

on rencontre souvent le pronom sujet même si l'on a déjà un nom sujet : (fribourgeois) on dé mé bouébo l'é mariao : **un de mes bouèbos 'l est mariâ** "un de mes fils est marié", où il convient de mettre l'apostrophe avant et non après le 'l'. Quant à la forme neutre **o** (< *lat.* hoc), qu'on ne trouve pas partout, elle sert soit comme pronom sujet du type : *'il* neige', soit du type : *'c'*est possible'. Les prononciations en sont variées, de [o] à [u], avec parfois un [v-] devant ou derrière ces formes.

pronom sujet (inversion)	singulier	pluriel
1ère personne	**-jo/-yo**	**-nos**
2e personne	**-tu**	**-vos**
3e personne (masculin)	**-il**	**-ils**
3e personne (féminin)	**-el**	**-els**
3e personne (neutre)	**-o**	

La voyelle de **-jo**, la première personne du singulier, est soit [o] soit [u], soit encore [y]. Celle de **-tu**, la deuxième du singulier, est soit [y], soit [o], soit plus rarement [ə] ou [œ]. Pour **il, el**, on a souvent dans tous les cas [o], ce qui avec la liaison en [t] peut être ambigu avec la deuxième. Il est donc préférable de différencier à l'écrit, chaque fois qu'on le peut : **vas-tu, vat-il, vat-el, vat-o**.
La forme **-jo/-yo** est souvent inaccentuée (cf. français "dis-je").
Là où le groupe latin -st- a abouti à [þ], par exemple à Fribourg, la rencontre entre -s et t- a donné le même résultat :
vês-tu : vi-tho "vois-tu"
est-il : èthe "est-il"

pronom objet direct	singulier	pluriel
1ère personne	**mè, m'**	**nos**
2e personne	**tè, t'**	**vos**
3e personne (réfléchi)	**sè, s'**	**sè, s'**
3e personne (masculin)	**lo, l'**	**les / los**
3e personne (féminin)	**la, l'**	**les**
3e personne (neutre)	**o**	

Les formes **mè, tè, sè** auraient pu s'écrire **me, te, se**, correspondant à la prononciation dans un certain nombre de dialectes. L'inconvénient aurait résidé dans le fait que **te** est déjà pronom sujet 2e singulier, et que **se** signifie "si" (conjonction de subordination). L'accent grave est donc ici plus une marque de différenciation.

pronom objet indirect	singulier	pluriel
1ère personne	mè, m'	nos
2e personne	tè, t'	vos
3e personne (réfléchi m. f.)	sè, s'	sè, s'
3e personne (masculin)	lui	lor
3e personne (féminin)	lyé	lor / lyés
3e personne (neutre)	y	

On constate que les 1ère et 2e personnes sont identiques au tableau précédent, mais surtout que la 3e personne du singulier féminin est différente du masculin. Ce n'est pas partout le cas, on a assez souvent la forme li pour les deux genres. De même pour le pluriel, on a parfois une forme lié, yél. Quant à la forme **y** pour le neutre[1], il s'agit de la même forme que le "y" français, par exemple en français populaire : "donnes-y (= à cela, à lui) un coup".
La troisième personne du pluriel présente fréquemment une forme commençant par une mouillée. On pourrait donc envisager une variante du type **lyor**.

pronom isolé	singulier	pluriel
1ère personne	mè	nos
2e personne	tè	vos
3e personne (réfléchi)	sè	sè
3e personne (masculin)	lui	lor
3e personne (féminin)	lyé	lor / lyés

---

[1] On l'utilise ici et là aussi pour les animés (masculin et féminin).

Ces formes s'appliquent dans deux cas, soit la forme isolée proprement dite, du type "moi, je veux; lui, il vient; eux, ils partent"; soit la forme après préposition, du type "avec toi, pour soi, contre nous". Le neutre utilise des formes démonstratives (cela...). Ici, on ne trouve pas de forme apostrophée, et les pronoms **mè, tè, sè** se prononcent avec la voyelle [ɛ] parfois longue, plus rarement [a].

Dans certains parlers, il semble que l'on puisse utiliser la forme **jo / yo** pour dire "moi", "moi, je", à la place de **mè**.

Ce qui a été dit pour **lyor**, variante de **lor**, au pronom objet indirect, est aussi valable ici.

Les *possessifs*

L'*adjectif possessif* fonctionne comme en français, mais présente quelques formes tout à fait originales parmi les langues romanes.

masculin	singulier	pluriel
1ère personne sg	**mon**	**mos / mes**
2e personne sg	**ton**	**tos / tes**
3e personne sg	**son**	**sos / ses**
1ère personne pl.	**noutron**	**noutros**
2e personne pl.	**voutron**	**voutros**
3e personne pl.	**lor**	**lors**

féminin	singulier	pluriel
1ère personne sg	**ma**	**mes**
2e personne sg	**ta**	**tes**
3e personne sg	**sa**	**ses**
1ère personne pl.	**noutra**	**noutres**
2e personne pl.	**voutra**	**voutres**
3e personne pl.	**lor**	**lors**

Précisons tout d'abord que les formes du masculin singulier servent le plus souvent, comme en français, au féminin devant voyelle : **mon amia, noutron égllése** (mais aussi **noutr' égllése**). On fait la liaison, ainsi qu'avec tous les pluriels : **tes orelyes, voutros ânos**. La véritable singularité repose dans les formes **noutron, voutron** qui sont bien sûr accentuées sur la dernière syllabe (ou ne présentent pas de syllabe vraiment accentuée). Elles sont soit la continuation du latin NOSTRUM, *VOSTRUM, soit le résultat d'une analogie avec **mon, ton, son** (les deux explications ne s'excluent d'ailleurs pas). Parallèlement, les formes du féminin et du pluriel (**noutra, voutros**...) sont habituellement accentuées de la même manière. Dans quelques dialectes, ces formes **noutron, voutron** n'existent pas, on a simplement **noutro, voutro**.

La fréquence de ces pronoms donne quelques formes particulières, par exemple en savoyard on peut avoir ntron, vtron. Notons également qu'en fribourgeois, et localement en savoyard, -st- latin passe à [þ], on trouve donc nouthron, vouthra, noushroün, voushré...
En valdôtain on trouve dans certains patois la forme adjective précédée de l'article défini, comme en italien, en gascon, etc.

Le *pronom possessif* se construit habituellement comme en français, avec l'article devant (que nous ne donnons pas ici pour ne pas surcharger la présentation avec ses variantes) :

masculin	singulier	pluriel
1ère personne sg	**mi(n)o**	**mi(n)os**
2e personne sg	**ti(n)o**	**ti(n)os**
3e personne sg	**si(n)o**	**si(n)os**
1ère personne pl.	**noutro**	**noutros**
2e personne pl.	**voutro**	**voutros**
3e personne pl.	**lor**	**lors**

féminin	singulier	pluriel
1ère personne sg	mâye / mina	mâyes / mines
2e personne sg	tâva / tina	tâves / tines
3e personne sg	sâva / sina	sâves / sines
1ère personne pl.	noutra	noutres
2e personne pl.	voutra	voutres
3e personne pl.	lor	lors

L'accentuation se fait sur la première syllabe, sauf assez souvent pour les formes **mio(s), tio(s), sio(s)** ; en particulier pour **sio(s)**, là où /sj/ se réalise [ʃ], on a la forme cho (chyo à Fribourg).

Les *démonstratifs*

Avec les démonstratifs, nous entrons dans un domaine où là aussi le FP se montre original, surtout par rapport au français moderne.
Nous utilisons en français les particules "-ci" et "-là" pour préciser si ce qui est désigné par le démonstratif est proche ou éloigné. Sans négliger cette possibilité, le FP a gardé deux démonstratifs différents pour faire cette opposition, correspondants au latin "iste" et "ille" (en ancien français "cestui" et "celui").

Les *adjectifs démonstratifs*

Ils présentent toujours une forme différente masculin/féminin, même au pluriel. Les adjectifs démonstratifs proches :
cet(i), ceta   ce....-ci, cette... -ci
cetos, cetes   ces...-ci

Les adjectifs démonstratifs éloignés :
cél / quél, cela / quela   ce... -là, cette....-là
celos / quelos, celes / queles   ces....-là

Les *pronoms démonstratifs*

Les pronoms démonstratifs proches :
ceti, ceta celui(-ci), celle(-ci)
cetor / cetos, cetes ceux, celles(-ci)
ço (c') ce, ceci

Les pronoms démonstratifs éloignés :
cél, celi / quél, queli, cela / quela celui(-là), celle(-là)
celor, celos / quelor, quelos, celes / queles ceux, celles(-là)

cen var. **quen** ce, cela

-ce -ci
-lé -là

Dans certains dialectes (valdôtain en particulier), les démonstratifs sont accentués sur la première syllabe, et ne posent pas de problème particulier. En revanche, dans une majorité de dialectes, l'accent est sur la dernière syllabe, si bien qu'en écriture patoisante on trouve sta, chta ou çta, slé ou çlé. En versification, il conviendrait d'utiliser les formes **çta, çles**, etc.
Les formes en **-or** sont parallèles au pronom **lor** "leur" et à l'italien "coloro", comme on a en français "celui" face à "lui". Elles sont toujours accentuées sur la dernière syllabe. Elles sont inconnues dans plusieurs dialectes.
Dans de nombreux cas, on trouve les adverbes de lieu postposés **-ce** et **-lé** :   **ço-ce** "ceci", **cen-lé** "cela", **cetes-ce** "celles-ci", **celor-lé** "ceux-là", etc.
Pour **-ce**, qui peut être accentué ou non, on peut dans le premier cas mettre un accent : **cé**.
En Suisse Romande ainsi que dans les régions de Bourgogne et de Franche-Comté en particulier, le groupe **cel-** a évolué d'abord vers **sl-** puis parfois vers une évolution palatale : [h], [ç], [çl], [çʎ], [þ]...
Dans certains points de la Savoie, l'évolution a abouti à [rl].

On trouve pour **cél / quél** les mêmes variantes de prononciation que pour les mots se terminant en **-él** (**châtél, chapél**), à savoir des réalisations en [i], [jo], [o], voire [u]

Les *interrogatifs* et *relatifs*

Les interrogatifs et les relatifs sont dans de nombreuses langues presque identiques, le FP ne fait pas exception.

Les *adjectifs*
Il n'en existe qu'un, qui correspond au français "quel" et à l'occitan "quin" : **quint, quinta, quints, quintes**. Quelquefois les formes sont sans -t : **quin, quina, quins, quines**.

Les *pronoms*
Il y a tout d'abord l'adjectif précédent de l'article (comme fr. "lequel") **loquint (lequint), laquinta, losquints (lesquints), lesquintes** avec ses adaptations **duquint** "duquel", **uquint** "auquel".

Ensuite il y a la série :
qui 1) qui ? *interrogatif* 2) celui qui ("qui a bu boira" = celui qui)
que 1) qui *relatif* 2) que *interrogatif, relatif* 3) dont *relatif*
què 1) quoi *interrogatif, relatif* 2) ce que
yô / onte où *interrogatif, relatif*

Les deux formes de 'où' proviennent respectivement du latin UBI "où" et UNDE "d'où", on utilise ou l'une (à l'est du domaine) ou l'autre (à l'ouest). On rencontre parfois **yô que** dans le même sens que **yô**.
Pour "dont", le plus fréquent est **que**, dans certains cas **de qui**. On trouve quelquefois **dont**, mais dans de très rares patois proches du domaine d'oïl, ainsi qu'à Lyon.
Le pronom **qui** a de nombreuses réalisations : qe, cô, cwi, kuyé, tchi..
De plus, la forme **qui** que l'on peut rencontrer au lieu de **que** est habituellement une mauvaise compréhension de **qu'il** :
Lè Jan qui vïn : **'l est Jian qu'il vint** "c'est Jean qui (qu'il) vient".

Les *indéfinis*

Les *adjectifs*

Ils sont proches du français :
châque "chaque", **tâl** "tel", **quârque(s)** "quelque(s)"...

Pour "tout", on a le même système qu'en français :
singulier **tot, tota** pluriel **tôs, totes**
Ces mots connaissent la liaison avec le nom qui suit. La prononciation peut varier dans certains patois, en particulier au masculin pluriel, du type [tɥi], [twi] ou [ti:] par exemple.

Les *pronoms*

En relation avec les adjectifs :
quârqu'un "quelqu'un", **quârques-un(e)s** "quelques-un(e)s", **quârque chousa / quârque-ren / o-que** "quelque chose", **châcun** "chacun", **(a) châ** "(à) chacun" (**a châ yon** "chacun un").

tâl et **tot** sont également pronoms.

A côté de mots comme **ren** "rien", **nion** "(ne) personne", on a le pronom **on**, très utilisé dans les mêmes conditions qu'en français, en particulier pour dire "nous". Certains dialectes (savoyards, bressans entre autres) ne connaissent plus que cette forme-là pour la 1ère personne du pluriel. Ce **on** se prononce parfois [o], forme que l'on trouve par ex. chez G. Roquille (Forez).
En revanche on trouve fréquemment la 3ème personne du pluriel dans le sens de "on" : **diont** "ils disent, on dit".
Les pronoms **quârqu'un, châcun** fonctionnent comme l'article **un**, c'est-à-dire qu'ils se prononcent majoritairement [-ð], avec toutefois quelques variantes régionales.
Aux adverbes nous avons parlé de **ne...gint**, qui pourrait aussi être considéré comme pronom indéfini, au sens de "personne, aucun, rien, point...ne"

LES CONJONCTIONS

Il est intéressant de noter que des conjonctions courantes du type **et** et **ou** sont parfois moins utilisées que leurs variantes **pués** ("et puis") et **donc ben** ("ou bien alors"), comme c'est le cas par exemple en Bresse.
se (sé) "si", **ni** "ni", **que** "que", **mas** "mais" (prononcé parfois comme en français, à ne pas confondre avec **més** "plus"), **quand** "quand", **perce que** "parce que", **(quand) ben que** "puisque"...

LES PREPOSITIONS

Rappelons tout d'abord que les prépositions **a** et **de** se retrouvent contractées en présence de l'article défini, comme cela a été vu dans le chapitre de l'article.

Comme en français (non recommandé par l'Académie), on trouve localement la préposition **a** pour **de**, en particulier pour la possession: **lo chat a ma vesena** "le chat à ma voisine", **Fanfouès a la Norine** "François (mari) d'Honorine", **la Nanon a Touèno** "Anne (femme) d'Antoine".

Certaines prépositions n'ont pas tout à fait le même sens (ou la même forme) qu'en français. On a pour "chez" les formes **chiéz** et **enchiéz**. Mais on a aussi la préposition **vers** "vers, du côté de", qui dans certains parlers où le type **(en)chiéz** est inconnu prend tous les usages de cette préposition.

L'opposition "par"/"pour" n'existe pas partout. De nombreux dialectes ont une seule préposition, du type **pe**, qui de plus peut s'élider devant voyelle, soit **p'**. Mais il existe aussi des dialectes qui connaissent cette opposition comme en français (latin PER et PRO, mais avec une influence réciproque). Dans un souci de clarté avant tout, nous les différencions en **per** "par" et **por** "pour", la forme élidée **p'** étant réservée à la seule versification.

Si la préposition **dens** "dans" a un 's' final surtout pour la compréhension mais aussi quelquefois pour la liaison, il n'en est pas de même de la préposition **sen** "sans", qui présenterait une ambiguïté avec le mot **sens** "sens", fréquent surtout dans les expressions **sens dessus desot** et **sens devant dèrrér** ainsi qu'avec la forme verbale **sens** "nous sommes". Il ne faut donc réserver l'**-s** final de la préposition que dans les rares cas de liaison en [-z-] avec le mot suivant.

Il faut noter aussi que ces prépositions **dens** et **sen** présentent, là où les dialectes ont cette caractéristique, des prononciations non nasales, soit dè et sè, mais aussi pour **dens** une palatalisation du type dien, diè, qu'on pourrait écrire **diens**.

Les adverbes **dessus** et **desot** peuvent aussi localement remplacer les prépositions **sur** "sur" et **sot** "sous"; **avouéc** est souvent utilisé comme adverbe, dans le sens de "aussi" (mon père, et moi *avec*).

avouéc	"avec"	aprés	"après, en train de"
en	"en, dans"	dês	"dès, depuis"
contre	"contre"	devant	"devant, avant"
pendent	"pendant"	tant que	"jusqu'à (ce que)"
entre	"entre"	permié	"parmi"
u torn de	"autour de"	hormis	"sauf, hormis"

LE VERBE

Les particularités du verbe en FP sont principalement :
- la première personne du singulier en -o;
- la première conjugaison latine qui a donné deux types distincts;
- l'utilisation, intermédiaire entre le français et l'occitan, du pronom personnel sujet.

Nous allons comparer le paradigme du présent du verbe "chanter" en latin, en français et en occitan, avec (ou sans) le pronom sujet. L'accent tonique est souligné (en français la dernière syllabe prononcée).

latin	français	francoprov.	occitan
CANT<u>A</u>RE	chant<u>er</u>	chant<u>a</u>r	cant<u>a</u>r
C<u>A</u>NTO	je ch<u>an</u>te	(je) ch<u>an</u>to	c<u>a</u>nti
C<u>A</u>NTAS	tu ch<u>an</u>tes	te ch<u>an</u>tes	c<u>a</u>ntas
C<u>A</u>NTAT	il ch<u>an</u>te	(il) ch<u>an</u>te	c<u>a</u>nta
CANT<u>A</u>MUS	nous chant<u>ons</u>	nos chant<u>ens</u>	c<u>a</u>ntam
CANT<u>A</u>TIS	vous chant<u>ez</u>	vos chant<u>â</u>d	c<u>a</u>ntatz
C<u>A</u>NTANT	ils ch<u>an</u>tent	(ils) ch<u>an</u>tont	c<u>a</u>ntan

On remarque tout de suite que :
- l'accent tonique s'est maintenu partout sur la même syllabe qu'en latin;
- dès le latin, on a les 1ère et 2e personnes du pluriel accentuées sur la terminaison, tandis que les autres personnes le sont sur le radical; toutes les langues romanes ont gardé trace de cette alternance;
- le latin n'a besoin d'aucun pronom sujet, l'occitan non plus, le français toujours, et le FP a la latitude de ne pas utiliser le pronom sujet pour les 1ère et 3e personnes du singulier et la 3e du pluriel.
- le FP garde une grande fidélité au modèle latin, surtout à la 1ère du singulier et à la 2e du pluriel, mais il présentent aussi quelques différences.

La première conjugaison latine

Cette conjugaison avait la désinence -ARE à l'infinitif : CANTARE "chanter", LAXARE "relâcher". En français moderne et en occitan, on a un seul type de conjugaison, en -er en français, en -ar en occitan. En FP, comme en ancien français, on a deux types de conjugaisons, selon la consonne qui précède le radical : en **-ar** (règle générale) ou en **-(i)ér** après une palatale. Cela rappelle tout à fait les deux féminins de l'adjectif, et il faut reconnaître que ces deux phénomènes se recouvrent presque exactement et forment l'essentiel du domaine FP.

Comparons les deux verbes latins avec leurs continuateurs en ancien français, en français, en FP et en occitan :

latin	anc. français	français	francoprov.	occitan
CANTARE	chanter	chanter	**chantar**	cantar
CANTO	chant(e)	(je) chante	**chanto**	canti
LAXARE	laissier	laisser	**lèssiér**	laissar
LAXO	laisse	(je) laisse	**lèsso**	laissi

La terminaison **-iér** se retrouve après les consonnes : **c-, ch-, g-**, dans certains cas après **s-, ss-** :

*CUMINITIARE	>	**comenciér**	"commencer"
MASTICARE	>	**mâchiér**	"mâcher"
ABBREVIARE	>	**abregiér**	"abréger"
*ATTITIARE	>	**atisiér**	"attiser"
*BASSIARE	>	**bèssiér**	"baisser"

Elle se réduit à **-ér** après **gn-, ly-** et **y-** :

*winkjare	>	**guegnér**	"guigner"
BAJULARE	>	**balyér**	"donner"
PACARE	>	**payér**	"payer"

Cette terminaison -(i)ér présente toutes les prononciations entre [i], ['ia], ['ie], [ə] et [ɛ].
Là où le [j] modifie le timbre de la consonne qui précède, on trouve cette modification à l'infinitif, mais pas à la première personne du présent. Exemple en Suisse romande :
lèssiér "laisser" [le'ʃe] **lèsso** "je laisse" ['leso]
marchiér "marcher" [mar'tʃe] **marcho** "je marche" ['martso]
aprovésiér "apprivoiser" [aprove'ʒe] **aprovéso** [apro'vezo]
megiér "manger" [mə'dʒe] **mejo** "je mange" ['mədzo].

On a quelques verbes avec la terminaison -iér après d- et r- :
ADJUTARE > **édiér** "aider"
VIBRARE > **veriér** "tourner, virer".
Surtout dans les emprunts au français, on trouve quelques verbes en -ar, là où l'on attendrait -iér : **noçar** "nocer, faire la noce", **sè mariar** "se marier", **sè (re)fiar** "se fier à".
Contrairement à ce qu'on pourrait attendre, on n'a pas la terminaison -iér après **cll-, gll, fll-** : **bocllar** "boucler", **çangllar** "sangler", **enfllar** "enfler".

Il existe une série de parlers proches du domaine d'oïl où tous les infinitifs sont en [e], comme en français. La limite FP-français n'est pas exactement la même que la double évolution de la première conjugaison latine; cependant on trouve aussi, non pas l'opposition [ɑ] ~ [e], mais [e] ~ [i], par exemple dans le Sud de la Bourgogne. Quant au Val d'Aoste, il ne connaît plus aujourd'hui, lui aussi, qu'une seule forme en <u>-é</u>, ce qui met cette région où pourtant le francoprovençal est encore bien vivant dans une situation linguistique d'exception. Mais on trouve tout de même la variation phonétique <u>avanché</u> (= <u>-cié</u>) "avancer", <u>avanço</u> "j'avance", face à <u>tsanté</u> "chanter", <u>tsanto</u> "je chante".
Une partie du Forez est restée proche de l'occitan, avec aussi un seul type, mais en <u>-â</u>.

Nous appellerons cette double évolution de la première conjugaison latine la conjugaison **Ia** et la conjugaison **Ib**, comme ont l'habitude de faire les spécialistes du FP.

conjugaison Ia

le présent de l'indicatif

1ère personne du singulier : en **-o**, réalisé surtout [o], parfois [u].

2e personne du singulier : elle est en **-es**, qui se réalise [e] ou [ə]. La finale -s ne se prononce presque nulle part, même en liaison, mais elle est nécessaire pour différencier de la 3e personne, avec laquelle on trouve parfois une opposition ([e] ~ [ə]); de plus elle est présente aussi bien en français qu'en occitan (comme en latin).

3e personne du singulier : elle est en **-e**, qui se réalise [e] ou [ə].

1ère personne du pluriel : elle présente deux formes, et deux accentuations. La forme normale est **-ens**, qui se prononce [ɛ̃]. Cette terminaison est régulièrement accentuée. Cependant on trouve quelquefois l'accentuation sur le radical. On rencontre aussi, en particulier entre le Dauphiné, le Lyonnais et le Forez, la terminaison **-ons** (prononciation [õ]), qui est une analogie avec la 3e personne du pluriel, plutôt qu'une imitation du français. D'ailleurs, cette terminaison est généralement inaccentuée, ce qui est impossible en français.

Notons aussi que dans certains parlers (bressan en particulier), la forme **nos chantens** a presque disparu, on dit simplement **on chante**. En lyonnais, mais aussi aux alentours, on trouve la forme **je chantons** pour "nous chantons", ce qui n'étonnera pas les spécialistes de l'ancien français ou des dialectes d'oïl. En revanche dans certains parlers, elle représente la 1ère personne du singulier, une sorte de *pluriel de majesté*, il faut donc se montrer perspicace devant une telle forme.

2e personne du pluriel : la terminaison en est **-âd(e)**, qui traduit les prononciations ['ɑː] et ['ɑːde]. Cette dernière prononciation se rencontre surtout vers Fribourg, dans le canton de Vaud, en Savoie (Tarentaise en particulier) et dans le Val d'Aoste. Sinon elle est identique à l'infinitif, et toujours accentuée sur la terminaison (à de rares exceptions près), ce qui dans certains parlers en fait la seule personne du présent de l'indicatif accentuée ainsi. Le **-d** orthographique permet d'une part de faire l'unité entre les dialectes, et d'autre part de faire repérer immédiatement cette 2e personne du pluriel par rapport aux autres formes homophones : **chantar** infinitif, **chantâ** participe passé. Certains patoisants ont écrit, par imitation du français (et de l'occitan !) -az.

3e personne du pluriel : la terminaison est en **-ont**, et la prononciation [õ], plus rarement [ã], qui est toujours inaccentuée. C'est la seule voyelle nasale régulièrement et généralement inaccentuée, mais on ne la rencontre que dans la conjugaison.

Les troisièmes personnes du singulier et du pluriel connaissent l'inversion avec la liaison en [t] : **chante-t-il, chantont-ils**.

conjugaison Ib

Excepté la 2e personne du pluriel, que nous allons voir, la conjugaison du présent est identique à la précédente, à la précision près que le **i** présent dans l'orthographe de l'infinitif disparaît. Il faut aussi tenir compte des modifications orthographiques entraînées par les terminaisons en **-o, -ont** :

avanciér	"avancer"	**j'avanço**	c → ç
marchiér	"marcher"	**je marcho**	
me(n)giér	"manger"	**je me(n)jo**	g → j
lèssiér	"laisser"	**je lèsso**	
bésiér	"embrasser"	**je béso**	
mais :			

pegnér	"peigner"	je pègno
velyér	"veiller"	je velye
payér	"payer"	je payo

La 2e personne du pluriel est en -(i)éd, (i)éde, avec une prononciation identique à celle de l'infinitif, selon les dialectes. Seul le valdôtain qui ne fait pas de différence entre la **Ia** et la **Ib** a la terminaison -àde, le savoyard local -èdè, tandis que le fribourgeois a la forme -ide.

Les conjugaisons **Ia** et **Ib** se présentent donc ainsi au *présent* :

chantar   lèssiér

chanto   lèsso
chantes   lèsses
chante   lèsse
chantens (chantons)   lèssens (lèssons)
chantâd(e)   lèssiéd(e)
chantont   lèssont

On rencontre, tout comme en français et en occitan, mais peut-être plus souvent encore, des variations vocaliques du *radical* en fonction de la place de l'accent tonique, et ce dans toutes les conjugaisons :

arbordar : j'abôrdo
achetar : j'achèto
afanar : j'afâno
uvrir : j'ovro

Naturellement, on observe pour la 1ère personne du pluriel cette variation selon l'accentuation : **nos abordens** ou **nos abôrdens/-ons**.

Il y a aussi des modifications orthographiques pour la **Ia** :
mancar :
manco, manques, manque, manquens, manquâd, mancont

blagar :
blago, blagues, blague, blaguens, blagâd, blagont

imparfait

il dérive régulièrement du latin -ABAM
conjugaison **Ia** : -âvo
conjugaison **Ib** : -(i)êvo

chantâvo	lèssiêvo
chantâves	lèssiêves
chantâve	lèssiêve
chantâvens	lèssiêvens
chantâvâd	lèssiêvâd
chantâvont	lèssiêvont

Il s'agit des formes les plus régulières, avec l'accent sur la syllabe en -â- ou -ê-. Mais dans de nombreux parlers on trouve des formes irrégulières, soit aux deuxièmes personnes (singulier et pluriel), soit à la 1ère et 2e personnes du pluriel. Au lieu du -v-, on trouve soit -ss-, soit -y-. La 1ère personne du singulier est parfois en -a, la 1ère du pluriel en -on.

futur

il se construit comme en français
conjugaison **Ia** : -eré
conjugaison **Ib** : -(i)éré

chanteré	lèssiéré
chanterés	lèssiérés
chanterat	lèssiérat
chanterens	lèssiérens
chanteréd	lèssiéréd
chanteront	lèssiéront

Toutes les personnes sont accentuées sur la dernière syllabe, y compris la 3e du pluriel, pourtant en -**ont**. On trouve par ailleurs de nombreuses variantes de détail dans les terminaisons. En particulier on peut dire qu'en FP depuis plusieurs siècles il y a confusion entre certaines formes du futur et du conditionnel présent. Aussi l'orthographe proposée ici tente de différencier quelque peu à l'écrit ce que souvent chacun confond à l'oral. Remarquons cependant que ce sont les 2 premières personnes du singulier qui se ressemblent en FP, alors qu'en français ce sont les 2e et 3e personnes : "chanteras", "chantera".

Nous avons vu qu'à Mâcot (Savoie), le -r- intervocalique disparaît, ce qui crée un futur tout à fait exceptionnel. En Bresse (Viriat, entre autres), ce -r- intervocalique se réalise régulièrement [ð].

conditionnel présent

il se construit comme le futur :
conjugaison **Ia** : -erê
conjugaison **Ib** : -(i)érê

chanterê   lèssiérê
chanterês   lèssiérês
chanterêt   lèssiérêt
chanterans   lèssiérans
chanterâd   lèssiérâd
chanterant   lèssiérant

On trouve quelquefois, comme en partie en français, un -i- devant les terminaisons, surtout celles du pluriel : **-rions, -riâd, -riant**.

passé simple

C'est un temps dont les formes sont difficiles à cerner, d'une grande variété selon les dialectes, et même totalement perdues localement. On remplace ce temps par le passé composé, parfois par l'imparfait.

Toutes les personnes ne sont pas utilisées. Qui en français, même très châtié, dira : "Vous chantâtes" ? Voici néanmoins une tentative de reconstitution, mais qui semblera totalement étrangère à certains patoisants qui n'ont pas ce temps dans leur usage :

je chanté
te chantés
il chantat
nos chant(ér)ens
vos chantéte
ils chantéront

je lèssié
te lèssiés
il lèssiét
nos lèssi(ér)ens
vos lèssiéte
ils lèssiéront

subjonctif

Ce mode aussi est difficile à présenter globalement. On a soit :
- le subjonctif présent et le subjonctif imparfait, avec usages séparés; ce cas est assez rare, mais existe néanmoins;
- le subjonctif présent seul, sous sa forme régulière;
- le subjonctif imparfait seul, sous sa forme régulière, mais utilisé comme subjonctif présent;
- le subjonctif présent avec deux variantes, ou avec parfois un mélange des deux temps dans le même paradigme.

Aussi nous présentons les deux formes, à chacun ensuite à s'adapter aux parlers rencontrés.

chant(éss)o
chant(éss)es
chant(éss)e
chant(éss)ens
chantâd, chantésséd
chant(éss)ont

lèss(iéss)o
lèss(iéss)es
lèss(iéss)e
lèss(iéss)ens
lèssiêd, lèssiésséd
lèss(iéss)ont

On voit que la 2e personne du pluriel présente une différence de traitement plus marquée.

Dans certains parlers, le groupe -ss- est réduit à -s-. On a aussi -y-.

impératif

conjugaison **Ia** : **-a, âd**
conjugaison **Ib** : **-e, iéd**
la 1ère personne du pluriel est en **-ens, -ons**.

chanta			lèsse
chantens (chantons)	lèssens (lèssons)
chantâd(e)		lèssiéd(e)

Le FP est la seule langue romane qui présente ici une différence entre la 3e personne du présent et la 2e personne de l'impératif :

français	francopr.	occitan	italien
il chante	**chante**	canta	canta
chante !	**chanta**	canta	canta

Mais il faut admettre que quelquefois on rencontre localement chante, tsante à l'impératif, comme au présent de l'indicatif.

participe présent

on trouve deux types locaux : **-ant** et **-ent**, selon l'étymologie ou selon l'analogie avec les autres conjugaisons; la forme **-ent** est peut-être légèrement plus fréquente, surtout pour le type **Ib** :

chantent (chantant)		**lèssient**

De ce participe dérive un nom de qualité, en **-ence** (ou **-ance**) :
diffèrent		→ **diffèrence**
ressemblent		→ **ressemblence**

participe passé

là on retrouve les deux types, non sans confusion :
conjugaison **Ia** : **-â**
conjugaison **Ib** : **-(i)ê**

chantâ   **lèssiê**

Mais pour le type **Ib** il n'est pas rare de rencontrer la prononciation ['ja] ou ['jɑ], à côté de ['e] ['i]. Le type **Ia** se prononce comme l'infinitif, sauf exception (Valais tsantâ "chanter" ~ tsantô "chanté"). Pour le féminin, on a de nombreuses solutions : **-âye, ête, -âsa**, etc, avec des pluriels tels que **âyes, -êses, -és**. L'accord ne se fait généralement avec le sujet que lorsque le participe passé a un vrai rôle d'adjectif, mais là encore aucune règle précise n'est possible.

adjectif verbal

Cette forme est assez spécifique, elle s'est même souvent adaptée au français local : on se sert, adjectivement, de la 1ère personne du singulier du présent pour le participe passé. Au lieu de dire **usâ** "usé", on dit très régulièrement et dans l'ensemble des dialectes : **uso, -a**. Il existe un certain nombre d'adjectifs verbaux de ce type : **enfllo** "enflé", **abado** "abandonné, libre", **gâto** "gâté, abîmé"... Dans les domaines d'oc et FP on entend couramment "je suis gonfle", etc. en français régional.

Les temps composés sont construits comme en français avec les auxiliaires **avêr** et **être**. Nous verrons ces deux verbes plus loin. Très souvent on utilise le même auxiliaire qu'en français (et toujours **être** pour le *passif*), mais il y a quelques exceptions. Le verbe **être** est souvent conjugué avec lui-même, et quelquefois les verbes *pronominaux* peuvent être conjugués avec **avêr**.

Un seul verbe de la conjugaison **Ia** est très irrégulier[1] : **alar** "aller". Il résulte de la fusion de trois verbes latins : AMBULARE, VADERE, IRE.

présent de l'indicatif

vé(so) / vâ	forme interrogative	vé-jo ?
vas		vas-tu ?
vat		vat-il ?
alens / vans		alens-nos, vans-nos ?
alâd(e)		alâd-vos ?
vant / vont		vant-ils, vont-ils ?

impératif

va   vas-y
va-t'en
alens / vans   "allons !"
alâd(e)   alâds-y   "allez-y !"
alâd-vos-en   "allez-vous-en !"
noter l's aux 2es personnes du sg et pl. devant -y

futur
Le temps de ce verbe est d'une extrême variété, les trois verbes latins ayant donné chacun leur forme à l'un ou l'autre dialecte :

aleré / iré / veré, etc.

la forme **aleré**, peut-être croisée avec **veré**, a donné dans certains parlers oudri, oudrè.

imparfait   *passé simple*

alâvo, etc.   **alé**, etc.

---

[1] Dans la conjugaison **Ib**, nous avons le verbe **balyér** "donner", qui présente quelquefois des formes 'courtes', du type **je baré, je barê**.

subjonctif présent	*subjonctif imparfait*
al(y)o, etc.	alés(s)o, etc.
participe présent	*participe passé*
alent (alant)	alâ

Nous allons voir maintenant la conjugaison dite *inchoative*, c.à.d. qu'elle développe certaines formes en insérant -**éss**- (< lat. -ESCO) entre le radical et la terminaison, comme en fr. "nous fin-iss-ons", et que nous appellerons la conjugaison II. Ce type de conjugaison, dérivant de la conjugaison inchoative latin en -ESCO, est commun à la plupart des langues romanes, mais il n'y a pas totale adéquation entre les verbes français et les verbes FP. Le verbe "dormir" par exemple, est souvent inchoatif en FP, au contraire du français, tandis que "finir" n'est pas inchoatif partout. De plus, certains verbes sont dits *semi-inchoatifs*, car ils ne présentent des formes en -**éss**- qu'à certaines personnes (au pluriel, par exemple). Il s'agit là de variantes dialectales que nous ne pouvons étudier ici.

conjugaison II

fenir (ce verbe a dans certains dialectes été influencé par "fournir", on trouve donc la variante **fornir**, que pour des raisons de commodité nous négligerons ici)

présent de l'indicatif

fenésso
fenés
fenét
fenéssens (fenéssons)
fenésséd (fenéde)
fenéssont

imparfait

fenéssê quelquefois **fenessévo**, etc.
fenéssês
fenéssêt
fenéssans
fenéssâd
fesséssant

On trouve quelquefois, comme en partie en français, un **-i-** devant les terminaisons du pluriel : **-ions, -iâd, -iant**. A Lyon, la première personne du singulier est nasalisé [ɛ̃].

futur

feni(t)ré, etc.

subjonctif

fenésso, etc. (comme **cantésso**)

passé simple

fenésse
fenésesses
fenésse
fenéss(ér)ens
fenésséte
fenésséront

impératif

fenés, fenésséd

participe présent

fenéssent (-ant)

participe passé

feni, fenia / fenite

Pour le participe passé, on rencontre fréquemment la prononciation du -i final en [eː] ou même [ɛː], mais pour mieux reconnaître la forme en ORA, la forme **feni** est préférable.

Nous allons aborder la **conjugaison III**, qui correspond à :

- la 2e conjugaison latine (-ēre) DEBĒRE > **devêr** "devoir" : **IIIa**
- la 3e conjugaison latine (-ĕre) PREHĔNDERE > **prendre** "prendre": **IIIb**
- la 4e conjugaison latine (-ire) APERĪRE > **uvrir** "ouvrir" (pour les verbes non-inchoatifs) : **IIIc**.

Il manque à de nombreux verbes certains temps : l'impératif, le participe présent, l'un ou l'autre subjonctif.
Ces verbes se conjuguent à peu près de la même manière :

1ère personne singulier : **-o** ou plus rarement pas de terminaison
2e personne singulier : **-s** (donc pas de terminaison prononcée)
3e personne singulier : **-t** (donc pas de terminaison prononcée)
1e personne pluriel : **-ens** (ou **-ons**)
2e personne pluriel : soit **-éd**, **-id(e)**, soit **-te** ou **-de**
3e personne pluriel : **-ont**

conjugaison IIIa
devêr "devoir"   (on trouve aussi la variante **dêvre**)

présent de l'indicatif

dêvo
dês
dêt
devens (dêvons)
dête / dêde / devéd
dêvont

imparfait

devîvo / devê
devîves / devês
devîve / devêt
devîvens / devans
devîvéd / devâd
devîvont / devant

A noter que pour les variantes en -ê, la première personne du singulier est parfois, comme à Lyon par exemple, en [ɛ̃], c'est-à-dire nasalisée. Ailleurs, en valdôtain en particulier, on trouve -(i)ô. Pour la seconde forme (sans -îv-), on trouve parfois devant la terminaison, toujours oxytonique, un -i- : **devians, deviâd, deviant**.

futur   *subjonctif*

devré, etc.   **devésso**

passé simple
les variantes sont nombreuses

devé
devés
devét
dev(ér)ens
devéte
devéront

participe présent   *participe passé*

devent   **d(i)u, -a**

conjugaison IIIb
prendre "prendre"

présent de l'indicatif

prégno
prends
prend
pregnens
prende (**pregnéd**)
prégnont

imparfait

pregnévo / **pregnê**, etc

futur

prendré, etc

passé simple

pré
prés
prét
prérens
préte
préront

subjonctif

pregnésso, etc.

impératif

prend
prende (**pregnéd**)

participe présent

pregnent

participe passé

près, près(s)a

conjugaison IIIc
uvrir "ouvrir"

présent de l'indicatif

ovro
ovres
ovre
uvrens
uvréd
ovront

imparfait

uvrévo / uvrê, etc.

futur

uvriré, etc.

passé simple

uvré
uvrés
uvrét
uvr(ér)ens
uvréte
uvréront

subjontif

uvrésso

impératif

ovre
uvréd

participe présent

uvrent

participe passé

uvèrt, -a

Et voici quelques verbes irréguliers de cette conjugaison III :

batre "battre"

présent : **bato, bas, bat, batens, bate/batéd, batont**
imparfait : **batévo / batê**, etc.
futur : **batré**, etc.
participe présent : **batent**, passé : **batu, -a**

bêre "boire"

présent : **bêvo, bês, bêt, bevens, bêde / bevéd, bêvont**
imparfait : **bevê / bevévo**, etc.
futur : **beré**, etc.
participe présent : **bevent**, passé : **biu, -a**

chêre "tomber, choir"
(nombreuses variantes : **chèdre, chègre, chesir**)

présent : **ches(i)o, chês, chêt, ches(i)ens, chêde, ches(i)ont**
imparfait : **chesê / chesévo**, etc
futur : **cheré**, etc.
participe présent : **ches(i)ent**, passé : **chesu / chiu / chêt, -a**

codre "coudre" (voir toutefois l'infinitif de "courir")

présent : **coso, cos, cot, cosens, coséd, cosont**
imparfait : **cosévo / cosê**, etc.
futur : **codré**, etc.
participe présent : **cosent**, passé : **cos(i)u, -a**

cognètre "connaître"

présent : **cogn(èss)o, cognès/cognes, cognèt/cogne, cogn(ess)ens, cognesséd/cognète, cogn(èss)ont**
imparfait : **cognessévo / cognessê**, etc.

futur : **cognetré**, etc.
subjonctif : **cognésso**, etc.
participe présent : **cognessent**, passé : **cogn(ess)u, -a**

corir / corre "courir" (on trouve parfois **codre**)

présent : **côro, côrs, côrt, corens, coréd, côront**
imparfait : **corévo / corê**, etc.
futur : **cor(e)ré**, etc.
passé simple : 3 **corét**
subjonctif : **corésso**, etc.
participe présent : **corent**, passé : **coru, -a**

couêre "cuire"

présent : **couéso, coués, couét, couésens, couéte/couéséd, couésont**
imparfait : **couésévo / couésê**, etc.
futur : **couéré**, etc.
participe présent : **couésent**, passé : **couét, -a**

crendre "craindre"

présent : **cregno, crens, crend, cregnens, cregnéd, cregnont**
imparfait : **cregnévo / cregnê**, etc.
futur : **crendré**, etc.
subjonctif : **cregnésso**, etc.
participe présent : **cregnent**, passé : **crent, -a**

crêre "croire"

présent : **crèyo, crês, crêt, crèyens, crêde / creyéd, crèyont**
imparfait : **crèyévo / crèyê**, etc.
futur : **crèré**, etc.
passé simple : 1 **cruro**, 3 **crut**, 6 **cruront**
participe présent : **crèyent**, passé : **cru, -a**

crêtre "croître, grandir"

présent : **crèsso, crès, crèt, crèyens, crèsséd, crèssont**
imparfait : **crèssévo / crèssê**, etc.
futur : **crètré**, etc.
participe présent : **crèssent**, passé : **crèssu, -a**

dére "dire"

présent : **dio, dis, dit, dions/desens, dite/deséd, diont**
(les formes **dio** et **diont** sont le plus souvent accentuées sur la finale, avec aussi palatalisation du d-: <u>dzo</u>, <u>djon</u>, etc.)
imparfait : **desê / desévo**, etc.
futur : **deré**, etc.
subjonctif : **dés(s)o**, etc.
passé simple : **desô, desés, desét, des(ér)ens, deséte, deséront**
impératif : **di, dite**
participe présent : **desent**, passé : **dét, -e**

falêr "falloir" (le pronom sujet est **il, o**, ou rien)

présent : **fâlt**
imparfait : **faléve, fal(y)ét**
futur : **fâldrat**
subjonctif : **faly(éss)e**
participe passé : **fal(y)u**

fére / fâre "faire"

présent : **fé(so), fés/fâs, fét/fât, fens, féde/féte, font/fant**
imparfait : **fesévo / fesê**, etc.
futur : **faré / feré**, etc.
subjonctif : **fasso / fassés(s)o**, etc.
passé simple : **fio, fis, fit, fi(r)ens, fite, firont**
impératif : **fâ, féde / féte**
participe présent : **fasent**, passé : **fêt, -e/-a**

fotre "foutre" (= mettre, jeter; (s'en) moquer)

présent : **foto, fos, fot, fotens, fotéd, fotont**
imparfait : **fotévo / fotê**, etc.
futur : **fotré**, etc.
subjonctif : **fotésso**, etc.
impératif : **fo, fotéd**
participe présent : **fotent**, passé : **fotu, -a**

metre "mettre" (là ou **betar** est inconnu, et les composés)

présent : **mèto, mès, mèt, metens, mète/metéd, mètont**
imparfait : **metévo / metê**, etc
futur : **metré**
subjonctif : **metésso**, etc.
participe présent : **metent**, passé : **metu, -a** (**-mês, -a** en composition)

môrdre "mordre"

prés. : **môrd(i)o, môrds, môrd, mord(i)ens, mord(i)éd, môrd(i)ont**
imparfait : **mord(i)évo**, etc.
futur : **mordré**, etc.
participe présent : **mord(i)ent**, passé : **mord(i)u, -a**

morir "mourir"

présent : **môro, môrs, môrt, morens, moréd, môront**
imparfait : **morévo / morê**, etc.
futur : **morré**, etc.
subjonctif : **morésso**, etc.
participe présent : **morent**, passé : **mort, -a**

nêtre "naître" (souvent plutôt **vegnir u mondo, étre fêt**)

présent : **nêsso, nês, nêt, nèssens, nèsséd, nêssont**
imparfait : **nèssévo**, etc.

futur : **nètré**, etc.
participe présent : **nèssent**, passé : **nâ / nèssu, -a**

pèrdre "perdre"

présent : **pèrdo, pèrds, pèrd, pèrdens, pèrdéd, pèrdont**
imparfait : **pèrdévo / pèrdê**, etc.
futur : **pèrdré**, etc.
subjonctif : **pèrdésso**, etc.
participe présent : **pèrdent**, passé : **pèrdu, -a**

plére "plaire"

présent : **pléso, plés, plét, plésens, pléséd/pléde, plésont**
imparfait : **plésévo / plésê**, etc.
futur : **pléré**, etc.
subjonctif : **plésésso**, etc.
participe présent : **plésent**, passé : **pl(és)u, -a**

povêr "pouvoir"

présent : **pouè, pos, pot, povens, pode / povéd, povont**
 ou : **poyo, pos, pot, poyens, poyéd, poyont**
imparfait : **povévo / povê / poyê**, etc.
futur : **porré**, etc.
subjonctif : **posso**, etc.
passé simple : 3 **put**, 6 **puront**
participe présent : **povent / poyent**, passé : **p(oss)u / poyu**

recêvre (et variantes) "recevoir"

présent : **recêvo, recês, recêt, recevens, recêde, recêvont**
imparfait : **recevévo / recevê**, etc.
futur : **recevré**, etc.
subjonctif : **recevésso**, etc.
participe présent : **recevent**, passé : **reçu/reciu, -a**

rendre "rendre"

présent : **rend(i)o, rends, rend, rendens, rende, rend(i)ont**
imparfait : **rend(i)évo, rend(i)ê**, etc.
futur : **rendré**, etc.
subjonctif : **rendésso**, etc.
impératif : **rend, rende**
participe présent : **rendent**, passé : **rendu, -a**

rèpondre "répondre"

présent : **rèpondo, rèponds, rèpond, rèpondens, rèpondéd, rèpondont**
imparfait : **rèpondévo / rèpondê**, etc.
futur : **rèpondré**, etc.
subjonctif : **rèpondésso**, etc.
participe présent : **rèpondent**, passé : **rèpondu, -a**

rire "rire"

présent : **ri(s)o, ris, rit, ri(s)ens, ride/riséd, ri(s)ont**
imparfait : **risévo / risê**, etc.
futur : **riré**
subjonctif : **risésso**, etc.
participe présent : **ri(s)ent**, passé : **risu**

savêr "savoir"

présent : **sé/sâvo, sâs, sât, savens, sâde/savéd, sâvont/sant**
imparfait : **sav(i)ê / savévo**, etc.
futur : **saré**, etc.
subjonctif : **sach(éss)o**, etc.
passé simple : 3 **sut**, 6 **suront**
impératif : **sache, sâde**
participe présent : **sachent**, passé : **savu / siu, -a**

sentir / s(i)entre "sentir"

présent : **s(i)ento, s(i)ens, s(i)ent, sentens, sentéd, s(i)entont**
imparfait : **sentê / sentévo**, etc
futur : **sentiré / senteré**, etc
subjonctif : **sentésso**, etc
impératif : **s(i)ens, sentéd**
participe présent : **sentent**, passé : **sentu, -a**

siuvre "suivre" (variantes **suivre, siudre, siugre**)

présent : **siuvo, sius, siut, siuvens, siude/siuvéd, siuvont**
imparfait : **siuvê/siuvévo**, etc.
futur : **siuvré**, etc.
passé simple : 3 **siuvét**
participe présent : **siuvent**, passé : **siuvu, -a**
→ mais **porsiuvre** "poursuivre" : participe passé : **porsuit, -a**

valêr "valoir"

présent : **vâl(y)o, vâls, vâlt, val(y)ens, val(y)éd(e), vâl(y)ont**
imparfait : **valévo / val(y)ê**, etc.
futur : **vâldré**, etc.
subjonctif : **valyo, valyes, valye, valyens, valyéd, valyont**
participe présent : **valent**, passé : **val(y)u, -a**
→ **valyent** : "vaillant"

ve(g)nir "venir" (et **te(g)nir** "tenir")

présent : **ve(g)no, vins, vint, ve(g)nens, ve(g)nid(e), ve(g)nont**
imparfait : **vegnîvo / vegnê**, etc.
futur : **vindré**, etc.
subjonctif : **ven(éss)o**, etc.
passé simple : 3 **vegnit**, 6 **vegniront**
impératif : **vin(s), ve(g)nid(e)**
participe présent : **ve(g)nent**, passé : **ve(g)nu/vegnêt, -a**

vêre "voir"

présent : **vèyo, vês, vêt, vèyens, vêde / veyéd, vèyont**
imparfait : **vèyê / vèyévo,** etc.
futur : **vèré,** etc.
subjonctif : **vèyésso,** etc
passé simple : **vio, vis, vit, 6 viront**
impératif : **vê, vêde / veyéd**
participe présent : **veyent,** passé : **v(i)u, -a**

vivre "vivre" verbe assez rare, avec des variantes en véc-

présent : **vivo, vis, vit, vivens, vivéd, vivont**
imparfait : **vivévo / vivê,** etc.
futur : **vivré,** etc.
subjonctif : **vivésso,** etc.
participe présent : **vivent,** passé : **vivu, -a**

volêr "vouloir"
a aussi le sens du futur proche : "je veux venir" = "je vais venir"

présent : **vouè/volo, vols, volt, volens, voléd(e), volont**
imparfait : **volê / volévo,** etc.
futur : **vodré,** etc.
passé simple : **volésso,** etc.
participe présent : **volent,** passé : **volu, -a**

Nous allons voir maintenant les verbes "avoir" et "être", qui sont également auxiliaires, et qui présentent les plus grandes irrégularités de la conjugaison. Ces deux verbes ont souvent des formes extrêmement courtes, difficiles à entendre et à comprendre. A l'écrit il vaut mieux utiliser les formes longues, quand elles existent.
Les formes conjuguées de ces deux verbes présentent en outre une multitude de variantes, parfois inattendues. On trouve par exemple en Bresse (Viriat) la même forme pour "vous avez" et "vous êtes" !

avêr "avoir"

présent de l'indicatif

é
âs
at
(av)ens
(av)éd
ant / ont

Pour la 1ère personne du singulier, on a quelquefois une liaison avec le mot suivant (surtout le participe passé), soit en [z], soit en [t]. Dans le premier cas, on pourrait écrire **j'és**, dans le second **j'é-t-**. L'orthographe de la 3e personne du singulier est **at**, d'une part à cause de la liaison (surtout dans l'inversion : **at-il**), d'autre part pour différencier avec la préposition **a**. Ou alors il faudrait comme en français mettre un accent (grave) sur la préposition, alors que cet accent n'est pas utile en ORA. Hors liaison, le -t se prononce d'ailleurs en savoyard (Bonneval-sur-Arc, Bessans), en valdôtain... On notera les variantes pour les trois personnes du pluriel. Nous aurions aimé pouvoir dire que les formes courtes **ens** et **éd** servent pour la conjugaison des temps composés tandis que les formes longues **avens** et **avéd** signifient "avoir, posséder", mais il n'en est rien, on trouve tous les cas de figure. Rien en revanche n'interdit de faire ce distinguo.
Parfois aussi on a un **-e** final à la 2e du pluriel.

imparfait

avô / avê / avévo
avês / avéves
avêt /avéve
avans / avévens
avâd / avévâd
avant / avévont

On trouve des variantes avec -i- : **aviêt (ayêt), aviéve.**

futur   *conditionnel*

aré   arê
arés   arês
arat   arêt
arens   arans
aréd   arâd
aront   arant

subjonctif (*présent et imparfait*)

èyo   usso
èyes   usses
èye   usse
èyens   ussens
èyâd   ussâd
èyont   ussont

Ce que nous avons dit pour le subjonctif reste valable pour le verbe "avoir" : il est rare de trouver les deux temps dans un patois, on trouve soit l'un soit l'autre, servant de subjonctif présent; certains parlers mêlent dans leur conjugaison des personnes des deux temps. Parfois la forme du présent n'est plus usitée que dans des expressions figées, du type "que Dieu l'ait..."

passé simple

u(ro)
us
ut
uyens / urens
ute
uront

impératif on trouve diverses formes, surtout :

èye
èyens
èyâd

participe présent

èyent

participe passé

av(i)u / agu, -a

Les formes peuvent être variées : u, ju, yu, agu, adji. Ce participe sert aussi dans certains parlers (Fribourg, Samoëns) de participe passé au verbe "être" en se conjuguant avec l'auxiliaire "être". Autrement dit, pour dire "j'ai été", on dit "je suis eu".

étre   "être"

présent de l'indicatif

su
és
est
sens (sons)
étes
sont

3e personne du singulier, l'orthographe exacte serait **é(s)t**, soit [e], [i], [ə], parfois [t] devant voyelle, mais du fait de la fréquence et de la non-ambiguïté, la forme **est** est plus simple.

imparfait Il existe deux types, l'un dérivant régulièrement du latin ERAM, l'autre du latin STABAM (verbe STARE).

êro   étô / étê / étâvo, etc.
êres   étês
êre   étêt
êrens   étans
êrâd   étâd
êrant   étant

futur   *conditionnel*

seré   serê
serés   serês
serat   serêt
serens   serans
seréd   serâd
seront   serant

subjonctif présent   *imparfait*

sê   fusso
sês   fusses
sêt / sêye   fusse
seyens   fussens
seyéd /seyâd   fussâd
seyont   fussont

passé simple

furo
fus
fut
furens
fute
furont

impératif

sê
seyens
seyéd

participe passé

étâ (< lat. STATUS, donc variante régionale **éthâ**).

LA SYNTAXE

La syntaxe FP ne présente pas de différences notables par rapport au français. Les Occitans ainsi que les patoisants du domaine d'oïl, les connaisseurs de l'ancien et du moyen français, comme les lecteurs assidus de Molière et de Mme de Sévigné trouveront au coin d'une phrase FP un tour qui leur semblera familier. Maintes expressions populaires françaises ont leurs correspondants exacts ou presque dans de nombreux patois. Et il est hautement probable que le FP ait fourni à la langue française un grand nombre de ses expressions.

Voici quelques constructions ignorées du français moderne :

Je tè vé trênar per tèrra.	*Je vais te traîner par terre.*
"Va-t'en !" cen dit-il.	*"Va-t'en !" (ce) dit-il.*
Il est restâ en bêre.	*Il est resté tard au café ("en boire").*
Cen mio.	*Cela (qui est) mien.*
Se te vins ?	*Viens-tu ? (Dis-moi) si tu viens.*

Nous espérons que dans les textes présentés à la fin de ce livre, le lecteur trouvera un échantillonnage suffisamment intéressant et représentatif des particularités syntaxiques de la langue qui nous intéresse ici.

CHAPITRE IX
LE LEXIQUE

ORIGINES

Le fonds le plus important du francoprovençal est bien sûr le latin, avec plusieurs siècles d'évolution qui l'ont fait se modifier, dériver, s'adapter aux réalités nouvelles. Mais on trouve aussi un petit nombre de mots gaulois, et un nombre plus important de mots germaniques, dont quelques-uns doivent avoir ici une origine burgonde.

A l'origine, la région de *Lugdunum* a été profondément romanisée, au point que l'on peut parler d'un latin plus pur, poétique, littéraire, que dans le nord de la Gaule. Il était donc plus proche du latin que celui du domaine occitan. On trouve des mots du type SUBTURNUM "cellier", qui a donné **setorn**[1], VIVERRA "écureuil" > **vèrdiace**, ou encore RE-CORDUM "regain" > **recôrd**. A partir du IIIe siècle, la région a subi l'influence du nord, où s'installait une forte colonisation romaine devant le risque "barbare". Mais aux VIIIe-IXe siècles, le francoprovençal a commencé à se démarquer de certaines innovations du proto-français. En effet ce dernier généralisait l'oxytonisation (accent sur la dernière ou, en tout cas, neutralisation de toutes les finales inaccentuées), faisait évoluer a > é, et [u] > [y], ce que refusait le FP.

Le prestige du parler d'oïl a commencé à Lyon au XIIe siècle, les actes officiels ont été rédigés en français à la fin du XIVe. Certaines régions comme la Savoie, souhaitant évacuer le latin, ont adopté non le parler local mais le français. C'est ainsi que le FP ne devenant langue officielle et administrative nulle part (pas de *roi* francoprovençal !), il a commencé à se fragmenter. Même à l'intérieur d'un même dialecte, l'intercompréhension aujourd'hui n'est plus toujours possible, tandis que la différenciation entre dialectes est encore plus marquée. Cela est particulièrement vérifiable dans les hautes vallées alpines, très isolées jusque récemment.

---

[1] Compris localement "serre-tout" (= range-tout) : **sarre-tot**.

Nous donnons ici quelques vocables représentatifs de l'évolution à partir de la langue-mère. L'accent tonique d'origine est signalé par un soulignement de la voyelle accentuée, l'astérisque indique une forme reconstituée.
Une centaine de mots *gaulois*, donc du groupe celtique, sont demeurés à travers les siècles. Il s'agit surtout de mots ruraux et artisanaux :

*c<u>a</u>ssanos	> **châno**	"chêne"
C<u>A</u>RRUS	> **char**	"char"
GLEN<u>A</u>RE	> **gllenar**	"glaner"
*ab<u>a</u>nco-	> **avanc**	"osier"
v<u>e</u>rno-	> **vèr(g)na**	"aulne"
*j<u>u</u>re	> **jor**	"forêt"
R<u>I</u>CA	> **raye**	"sillon, raie"

Le *latin* a fourni le plus gros contigent, de différentes manières. Il y a d'abord les mots d'évolution populaire :

PRAEDICARE	> **prègiér**	"parler, prêcher"
RET<u>O</u>RTA	> **riôrta**	"lien de fagot"
V<u>I</u>TA	> **via**	"vie"
SEC<u>U</u>TERE	> **sacôrre**	"secouer"
FL<u>O</u>REM	> **fllor**	"fleur"

Parfois le mot latin était trop court, et a été ou dérivé ou remplacé :

AUR<u>I</u>S →	AUR<u>I</u>CULA (diminutif)	> **orelye**	"oreille"
D<u>I</u>ES →	D<u>IU</u>RNUS (adjectif)	> **jorn**	"jour"
<u>E</u>DERE →	MANDUC<u>A</u>RE "mâcher"	> **me(n)giér**	"manger"
SEC<u>A</u>RE →	RESEC<u>A</u>RE "recouper"	> **rèssiér**	"scier"

Enfin les mots latins ont été réempruntés au latin, qu'ils fussent déjà présents dans le vocabulaire d'évolution populaire ou non :

NAT_URA   > **natura**   "nature"
REDEMPTI_ONE   > **rèdempcion** "rédemption"
NAVIG_ARE   (> **nagiér**   "nager")
   réemprunt > **navegar**   "naviguer"

Les mots d'origine germanique se sont introduits dans les langues romanes avant l'an mille, et sont donc bien intégrés en FP. Ils concernent souvent le vocabulaire de la guerre :

*w_erra   > **guêrra**   "guerre"
*butt-_are   > **betar**   "mettre" cf. français 'bouter'
*hapja + -_one > **hachon** "hachette"
*wârd-_are   > **gouardar** "garder"

Le français a fait pénétrer des mots nouveaux qui ont peu ou prou évacué les mots indigènes :

toujours   > **tojorn**   remplace **adés**
parler   > **parlar**   remplace **prègiér**
éclair   > **ècllar**   remplace **èlude**

Il en va de même en Suisse romande, avec l'influence de l'alémanique:

Badstube "étuve"   >   **bastouba** "étuve, ventouse"
Töpfli "poêlon"   >   **tofelèt** "poêlon, caquelon"
Buebe "garçon"   >   **bouèbo** "garçon" (jusqu'en Savoie)

Et de l'italien dans le Val d'Aoste :

ragazzo "garçon"   >   **ragât** (jusqu'en Savoie)
volto "visage, face" >   **voût** "la sainte Face"

Mais P. Gardette a montré qu'à une date tardive (XVIe s.) certains mots *ont encore trouvé le domaine assez unifié pour s'y irradier depuis le Forez jusqu'en Savoie et Suisse* :

burgonde *fatt- > fata "poche" (car **poche** "la louche") alors que le type fr. 'poche' (< *pokka) était adopté aussi bien dans le domaine d'oïl que d'oc.

Il en est de même pour les mots **polalye** "poulaille", **vôga** "fête patronale", même si ce dernier mot est concurrencé (en Suisse Romande en particulier) par **benicion**.

ETENDUE DU LEXIQUE

Le lexique FP est en grande partie celui que l'on peut trouver dans n'importe quel 'patois'. Certes il y a la variété d'un vocabulaire de plusieurs régions fort différentes : la viticulture du Beaujolais, du pays de Vaud et du Valais, l'agriculture alpine de la Savoie, du Dauphiné ou du Val d'Aoste, l'élevage de la Bresse ou l'industrie du Forez, la bourgeoisie lyonnaise ou les intellectuels de Genève, Grenoble, Neuchâtel...

Mais dans un patois, langue populaire et aujourd'hui surtout rurale, le vocabulaire n'est pas *politiquement correct*. Pas de place pour les subtilités de notre fin de siècle, le paresseux, la femme bavarde ou l'ivrogne sont traités comme tels, sans ménagement, les images et les comparaisons les plus scabreuses ne choquent personne. Nulle Académie pour trancher sur le bien-fondé de l'existence d'un mot et de sa définition, la notion même de vulgarité n'existe pas de la même manière : généralement des mots tels que *merde, foutre, cul* s'emploient pour renforcer l'expression de la phrase.
Si le monde rural, en particulier, est si rude envers lui-même, c'est que la vie n'a jamais été tendre avec les paysans. Des générations ont vécu dans la pauvreté, malgré une vie de labeur de tous les instants. Des mois de travail pouvaient être anéantis par une tempête de grêle, une gelée tardive, une guerre... Pas de subventions européennes en cas de sinistre, celui dont la récolte, la moisson, la vendange était

perdue n'avait plus qu'à mendier, émigrer ou mourir de faim, ainsi que sa famille. Les textes recueillis le montrent maintes fois. L'abbé Cerlogne lui-même a été contraint à 11 ans de quitter ses parents et son Val d'Aoste natal pour aller gagner son pain comme ramoneur à Marseille, non sans avoir dû d'abord mendier son pain en chemin. Les sains travaux des champs devant lesquels, tels Madame de Sévigné, les citadins s'enthousiasment aujourd'hui encore, abîmaient les reins, le dos, les mains, les poumons lors des moissons. On mourait avant l'âge de ces efforts continus, de la malnutrition, de l'âpreté du climat tant vigoureux l'hiver qu'accablant l'été. On a parfaitement étudié[1] les expédients auxquels les parents étaient réduits pour éviter les dangers aux petits enfants dont ils n'avaient pas le temps de s'occuper : on était obligé de terroriser littéralement les chères têtes blondes avec le dragon du torrent, la sorcière du trou noir, l'appétit d'ogre des vagabonds mendiants, et même les grandes poches du curé, toutes remplies d'enfants désobéissants !

C'est pourquoi on ne s'offusquera pas de la verdeur des propos des patoisants lorsqu'ils s'expriment entre eux : on raconte quelque chose de leste, et on rit un bon coup... rien que de vraiment sain. On ne s'étonnera pas davantage du nombre d'injures, de mots vexants, de tournures désobligeantes. Vaut-il mieux vexer un paresseux pour qu'il se mette au travail, ou bien le laisser mourir de faim ? Un couple ayant déjà mille difficultés, qu'en sera-t-il d'une mère célibataire ? C'est souvent le bien, la survie de toute la communauté qui se joue si un seul ne respecte pas les usages. L'atmosphère de la *Province*, que l'on qualifiait d'étouffante, était en fait le poids que la vie elle-même faisait peser sur les épaules de tous.

Jacques Pelletier dans un poème de 1572 indique ce qu'est le *sérac* et comment il est fabriqué en Savoie :

---

[1] Lina Coudray Vivet-Gros, *la peur dans le berceau Tarin chez les enfants du "vieux-temps" à Macôt-La Plagne en Tarentaise (Savoie)*, dans *Etudes Francoprovençales, Actes du 116e Congrès national des Sociétés savantes Chambéry-Annecy 1991* (voir bibliographie en fin d'ouvrage).

"Ilz font tramper la racine d'Ortie
En la liqueur du fourmage sortie,
Qu'on dit lait clair, dont leur *Aisi* se fait,
Nom du Latin, acide, contrefait.   (mot tiré du latin signifiant acide)
Puis au chaudron, où boult d'autre lait maigre
Auec lait franc, ilz getent de cet aigre
Ce qu'il en faut. Ces trois mistionnez,   (mélangés)
Font le *Serat*, bien proportionnez,
Second fourmage et de grosse substance,
Des povres gens l'ordinaire pitance."

L'asi (petit-lait aigri), contenant du sel, du poivre, du vinaigre, des herbes, parfois de l'alcool, était jeté dans le lait résiduel du premier fromage, pour lui donner du goût, et l'on faisait cuire un deuxième fromage pour son usage personnel quand on était pauvre : le serat ou sérac. Dans les régions moins rudes le petit-lait résiduel était donné aux cochons...
De même, l'expression jadis injurieuse de "mangeurs de raves" appliquée aux Savoyards ne nous indique plus aujourd'hui que la pauvreté de leur nourriture. L'éthylisme vrai ou supposé des Foréziens était directement lié au travail étouffant dans les forges, à une époque où toute eau courante était suspecte.

Au début du siècle, il n'était pas rare de voir, en Bresse et ailleurs, des petites filles de 7 ou 8 ans devenir bergères pendant les six mois d'été où on ne les envoyait pas à l'école, et ensuite devenir bonne à douze ans, avec 14 heures de travail par jour, sans dimanche ni guère de jours fériés. Aussi les textes en patois sont-ils fort précieux pour nous renseigner sur la vie réelle de nos arrière-grands-parents.

Situé au centre-est du domaine gallo-roman, le FP a naturellement une immense partie de son lexique commun avec celui des autres domaines d'oc et d'oïl, aussi les spécialistes du vocabulaire, comme les Occitans, ne seront pas surpris des mots présentés ici. Toutefois, pour les citadins et les familiers du seul français standard, certains mots ci-après seront une découverte.

La vie rurale d'autrefois transparaît dans le vocabulaire. Pas de *truc* ou de *machin*, chaque objet ou partie d'objet a sa dénomination, avec une précision étonnante. De plus, chacun s'efforce de connaître le mot exact, dans le contexte de son village où le *patois* tient un rôle fortement identitaire, nous dirions aujourd'hui 'emblématique'. Langue maternelle, ciment social et profond moyen d'expression et de connivence, le patois n'a rien du *langage informe que parlent les rustres*, comme le définissent certains dictionnaires. Dans certaines villes, jusqu'au siècle dernier, on trouvait même différents *patois* selon les quartiers (ouvriers, bourgeois, administratifs...), comme aujourd'hui encore le parisien de Belleville comparé à celui de Passy ou du Sentier.

Voici, classés par champs lexicaux sommaires, quelques mots qui présentent un réel intérêt :

le paysage : **graviére** "gravière", **nant** (*alpin*) "cours d'eau impétueux", **comba** "combe", **gllèr** "marne, glière", **morêna** "moraine", **roche, rochiér** "rocher", **lavanche** "avalanche", **jor** (surtout *romand, savoyard*) "forêt", **amont** "vers le haut", **avâl** "vers le bas", **viron** "sentier escarpé", **chentre** "chemin en bordure d'un champ", **a l'abri** "à l'abri du vent", **a (la) sota** "à l'abri de la pluie", **endrêt** "adret", **envèrs** "ubac", **bise** "(vent du) nord", **morgiér** "tas de pierre entre les parcelles", **sèrva** "réserve, étang", **rota** "route", **molyens** "terrain détrempé", **vèrchére** "bonne terre, verchère", **lemon** "alluvion, limon", **nevé** "névé, neige durcie", **sèrâ** "sérac, masse de glace", **dèrochiê** "précipice", **torrent**...

l'agriculture : **senar** (< SEMINARE) "semer", **arar, labourar** "labourer", **rontre** (< RUMPERE) "faire le premier labour, **araro** "charrue", **hèrchiér** (< *HERPICARE) "herser", **femar** (< FEMARE) "fumer", **raye** "raie, sillon", **mèsson** "moisson", **sèyér** (< SECARE) "faucher", **enchaplar** "battre la faux (sur l'enclume)", **fenar** "faner, râteler", **gllenar** "glaner", **ecôrre** (< EXCUTERE) "battre le blé", **vanar** "vanner, aérer le blé", **(re)modre** (< MOLERE) "moudre", **pâtonar/empâtar** "pétrir", **mêd** "maie, pétrin", **couère** "cuire", **pan** "pain", **levam** "levain"; **blât** "blé", **avèna** "avoine", **orjo** "orge", sêglla "seigle", èpôta "épeautre", grôs-blât / torqui "maïs", sarragin "blé noir", cllod "glui", ètrobles "éteules"; engrenar "alimenter la batteuse", anden "andain", èrmo, somâr(d) "friche, jachère", somar(d)ar "labourer en automne", vaco "(terrain) vague, incultivé", recôrd "regain", recordon "2e regain, 3e coupe",...

l'élevage : armalye (< ANIMALIA) "bétail", nurrim "troupeau (élevé)", bof "boeuf", vache "vache", borél, tôrél "taureau", toura(la) "taure", vél "veau", moge "génisse", véla "jeune génisse", mojon "génisson", vélar "vêler", amolyér "amouiller", arriar, trère "traire", boralar "mugir", ètêrdre / sotêrdre "étendre de la litière", pâquiér, pâtura "pâturage", inarpar, poyér "monter à la montagne pour l'été", dèsarpar "descendre de la montagne"; moton "mouton", feya "brebis", bèrô (et nombreuses variantes) "bélier", bèlar "bêler", agnél "agneau", agnèlar "agneler"; chevâl "cheval", èga "jument", polyen "poulain", polyenar "pouliner", husenar "hennir"; ch(i)évra "chèvre", bôc "bouc", chèvrél "chevreau", chèvreyér "mettre bas (chèvre)"; cayon, pouèrc "porc", trouye, caya "truie", gourél "porcelet", cayonar "mettre bas (truie)", grognér "grogner"; âno "âne", souma "ânesse"; polalye "volaille", gelena / genelye "poule", gél / pôl "coq", polèt(a) "poulet", pugin "poussin", ovar "pondre", of "oeuf", cacalar, cllossiér "glousser", prègne "(femelle) pleine", ...

la viticulture : vegne "vigne", vit, cepa "cep", resim "raisin", (g)rapa "grappe", sarment "sarment", chapon "sarment à bouture", vilyon, riôla "vrille", pouar (< PUTARE) "tailler, élaguer", ven(d)enge vendange", vegnolan, vegneron "vigneron", branta, criche, rèfe "hotte", troly "pressoir", trolyér "presser les raisins", môt, môda, trolyu "moût", vin "vin", tena "tine, cuve", oulyér "remplir jusqu'à la bonde", chôpon "bonde, bouchon en bois", soprar "souffrer", ...

la fabrication du beurre, du fromage : fllor "crème", fruit "fromage" sont des métaphores particulièrement poétiques; on rencontre aussi : crâma pour le premier et fromâjo (< FORMATICUM) "fromage à pâte cuite", chevrotin "petit fromage de chèvre", vacherin "vacherin", greviére (< GRUARIA "lieu des grues") "gruyère", toma "tomme", reblochon "reblochon", sèrâ "sérac, céras", asi (< ACETUM) "petit-lait aigri pour le sérac", lacllél / lat "lait", colior "couloir à lait", fèssala "faisselle, forme à fromage spéciale", fêture "moule", prèsura, prês, quély "présure", quelyér (< COAGULARE) / trenchiér "cailler, tourner", enqueylér "mettre la présure", guècho "seau à lait",...

l'industrie, l'artisanat et les métiers du bois : carriére "carrière", forge "forge", fâvro "forgeron", machèrar "mâchurer", bucheron "bûcheron", rèssiér "scier", rèssior "scieur", rèsson "sciure", dètrâ, piôla "hache", hachon "hachette", bilyon "bille de bois", riôrta "lien de fagot", châblo "dévaloir pour descendre le bois", chapouès "charpentier", varlopa " rabot à dégauchir", palanche "poutre", trâb "poutre, solive", tavelyon "bardeau de mélèze (toit)", cllou "clou", sèya "soie", lin "lin", lana "laine", chènèvo "chanvre", ourdir "tramer", tessiér (tétre) "tisser", tessior, tesserand "tisserand", nèsiér "rouir", bleyer "teiller", carpar "carder la laine", céran peigne à chanvre", alêna "alêne", trequêses "tenailles"; pache "accord, marché"...

les travaux ménagers : buya "lessive", lissiu "eau de lessive", flloriér "linge contenant les herbes pour la lessive", lavior "lavoir", èchârfo "cuvier à lessive", rinciér "rincer", cusenar "préparer les repas", éses, ésements "ustensiles de cuisine, vaisselle", parar "peler, éplucher", couère "cuire", bolyir / boudre "bouillir", frecassiér "frire, fricasser", fumachiér "mijoter", ôla, bronz "marmite", matafam "crêpe, matefaim", bèrnâr "pelle à feu pour les braises", ècovar "balayer", panossiér "récurer", conolye/cologne "quenouille", rèmendar, taconar "raccommoder", crosuél "lampe à huile ancienne", pêl(y)o "poêle m., chambre", pouéts "puits", pouésier "puiser", ramônar, rapar "ramoner", marenda "repas de la journée, surtout le goûter", rentar "retricoter le talon d'un bas usé" ...

les fêtes, religieuses ou non : Chandelosa "Chandeleur", Quârt-Temps "les Quatre-Temps", Carem'entrant "carnaval, mardi-gras", Carêma "Carême", los Ramôs / los Ram-Pârms "dimanche des

Rameaux", **Pâque** "Pâques", **Rogacions** "les Rogations", **Ascension** "Ascension", **Pentecôta** "Pentecôte", **Trinitât** "Trinité", **Féta-Diô** "Fête-Dieu", **Sent-Jian** "St-Jean, 24 juin", **mi-oût, Assompcion** "Assomption", **Sent-Mechiél** "St-Michel, automne", **Tossent** "Toussaint", **Sent-Martin** "St-Martin, 11 novembre", **Avent** "Avent", **Chalende** "Noël" (parfois on rencontre **Noèl**, mais ce mot désigne le plus souvent le "chant de Noël"), **bènicion, vôga** "fête patronale"; les jours de la semaine : **delon, demârs, demécro, dejô, devendro, dessando, demenge** (localement on trouve la forme avec -di final comme en français), les mois : **janviér, fèvriér, mârs, avril, mê, jouen, j.ulyèt, oût, septembro, octôbro, novembro, dècembro**; les saisons: **forél** (**rènovél**, etc.) "printemps", **chôd-temps** "été", **outon** "automne", **hivêrn** "hiver" ...

les liens de parenté : **pâre** "père", **mâre** "mère", **frâre** "frère", **suèra (seror)** "soeur", **avoncllo** "oncle", **tanta** "tante", **fily**, garçon "fils", **filye** "fille", **grant-pâre, grant-mâre, arrér-grant-pâre, petit-fily, petita-filye, nèvot** "neveu", **niéce** "nièce", **biô-frâre, bala-suèra, biô-pâre, bala-mâre, gendro** "gendre", **bala-filye** "belle-fille", **parâtro** "2e mari de la mère", **marâtra** "2e femme du père", **cosin** "cousin", **cosena** "cousine", **parren** "parrain", **marrêna** "marraine", **filyol(a)** "filleul(e)", **parent** "parent, apparenté".

Remarques : **mâre** désigne aussi l'*animal femelle* et la *matrice*, dans ce cas on préfère désigner les parents des noms de **mére** et **pére**, quelquefois aussi de **dona** et **segnor** ; **suèra** dérive comme 'soeur' du nominatif latin SOROR, mais l'accusatif SOROREM a donné la variante locale assez répandue **seror** ; le mot **avoncllo** est aussi usité pour s'adresser au curé ("père" étant déconseillé dans l'Evangile); pour les grands-parents, on a aussi : soit la forme inversée **pâre-grant, mâre-grant**, soit simplement **grant, granta**; **gendro** (parfois **biô-fily**) désigne aussi le jeune marié qui va habiter chez ses beaux-parents, ce qui autrefois était quelque peu déshonorant. Quand on ne fait pas la différence entre -r- et -rr-, on confond dans la prononciation **parren** et **parent**.

légumes, fruits et baies et plantes : **abricot**, **pèrche** "pêche", **perét** "poire", **poma** "pomme", **mêlo** "pomme sauvage", **proma** "prune", **bolosse/polosse** "prunelle", **lioutre** "airelle", **baye** "baie", **morèta** "baie noire", **amelanchiér** "amélanchier", **môre**, **môron** "mûre", **grafion** "bigarreau, griotte", **ceriése** "cerise", **frèye** "fraise", **ampoua** "framboise", **ambrocèla** "myrtille", **mèplye** "nèfle", **châtagne** "châtaigne", **grata-cul** "fruit de l'églantier", **alogne** "noisette", **nouèx** "noix", **pejon** "fruit collant", **genépél** "absinthe des Alpes, armoise, génépi, **verociér** "arbousier des Alpes, raisin d'ours", **bétouèna** "arnica", **arola** "pin alvier, cembre", **arréta-bof** "bugrane", **arbèpin** "aubépine", **vèrna** "aulne", **borrache** "bourrache", **bruére** "bruyère", **cudra**, **curda** "courge", **egnon** "oignon", **éserâblo** "érable", **plâno** "érable plane", **viârba** "clématite, viorne", **fenasse** "fléole des prés", **fioge** "fougère", **genciana** "gentiane", **(a)glland** "gland", **gresala** "groseille", **agreblo** "houx", **lérra** "lierre", **vorvela** / **legnolèt** "liseron", **sanfouen** "luzerne, sainfoin", **mârva**, **mâvra** "mauve", **menta** "menthe", **motârda** "moutarde", **ravenèla** "moutarde sauvage", **cocua** "ombellifère", **ormo** "orme", **orties** "orties", **osoglle**, **pan a coucou** "oseille", **avanc** "osier", **vorge, goré, sôge** "saule", **marguita** "marguerite", **tacounèt** "pas-d'âne, tussilage", **pavou(t)** "pavot", **poblo** "peuplier", **dâlye** "pin", **pèset** "pois, vesce", **tarteflla** (*et nombreuses autres formes*) "pomme de terre", **prèla** "prêle", **ram-pârm** (< RAMUS PALMIS) "rameau de buis", **règalisse** "réglisse", **rêna-des-prâts** "reine-des-prés, spirée", **lentilye** "lentille", **rovro** "rouvre", **bârba-a-boc** "salsifis", **vârgno** "sapin blanc", **savoria** "sarriette", **sôrge, sôrgèta** "sauge", **seneçon** "séneçon", **tilyol** "tilleul", **véra-solely** "tournesol", **triolèt** "trèfle", **verarro** "varaire, ellébore blanc", **pèt-de-lop** "vesse-de-loup", **savuc** "sureau",...

animaux sauvages : **avelye** "abeille", **vouépa** "guêpe", **môche** "mouche", **aglle** "aigle", **alousa** "alose", **alouèta** "alouette", **aragne** "araignée", **motelèta** "belette", **cêrf** "cerf", **beche** "biche", **tasson** "blaireau", **canârd** "canard", **chamôs** "chamois", **rata-voliva** "chauve-souris", **chevèta** "chouette", **parpiola** "coccinelle", **pa(r)pelyon** "papillon", **corcolyon** "charançon", **creblèta** "crécerelle", **chamberô** "écrevisse", **renolye** "grenouille", **vèrdiace** "écureuil", **ètornél** "étourneau, sansonnet", **peca-râva** "fauvette", **grelyèt** "grillon", **héreçon** "hérisson", **hèrondèla** "hirondelle", **mochèt** "épervier", **lenzèrd(a)** "lézard", **lévra** "lièvre", **dremilye** "loche, lotte", **lop** "loup", **lova** "louve", **lardèra** "mésange", **pâsseran** "moineau", **mosèt** "musaraigne", **osél** "oiseau", **arvèt** "orvet", **ors** "ours", **pavon** "paon", **pèrche** "perche" (poisson), **pèrdix** "perdrix", **peca-bousc** "pivert", **agace** "pie", **pinjon** "pigeon", **colomb** "ramier", **quinçon** "pinson", **pèsson** "poisson", **piôl** "pou", **puge** "puce", **rossignolo** "rossignol", **petro-rojo** "rouge-gorge", **sengllér** "sanglier", **sang-sua** "sangsue", **salyèt** "sauterelle", **rat** "rat", **rata** "souris", **târlêna** "frelon, talène", **tenche** "tanche", **tavan** "taon", **darbon, tarpa** "taupe", **truita** "truite", **vêron** "vairon", **vèrm** "ver", Le fait mérite d'être noté, le *fribourgeois* a la forme **âp** "abeille", rare exemple gallo-roman d'une dérivation directe du latin APIS.

les noms propres : **Aoûta** "Aoste", **Pièmont** "Piémont", **Savouè** "Savoie", **Savoyârd** "Savoyard", **Èneci** "Annecy", **Chambêri** "Chambéry", **Remelyi** "Rumilly", **Arpes** "Alpes", **Arpètes** "Alpettes, Avencho** "Avenches", **Bêrna** "Berne", **Borgogne** "Bourgogne", **Brèsse** "Bresse", **Bourg** "Bourg-en-Bresse", **Veriê** "Viriat", **Suisse** "la Suisse", **Fribourg, Sarena** "Sarine", **Sion** "Sion", **Sièrro** "Sierre", **Vôd** "Vaud", **Lôsena** "Lausanne", **Geneva** "Genève", **Lèman** "(lac) Léman", **L(i)yon** "Lyon", **Isera** "Isère", **Grenoblo** "Grenoble", **Provence** "Provence" (désignait aussi la *province* d'Aoste, auj. *Circondario*), **Lêre** "Loire", **Rin** "Rhin", **Rouno** "Rhône", **Sona** "Saône", **Riom** "Riom", **Sant-Etième** "St-Etienne", **Var-de-Giér** "Rive-de-Giér", **Rouana** "Roanne", **Mont-Revél** "Montrevel-en-Bresse", **Pont-de-Vâls** "Pont-de-Vaux", **Paris, France, Eropa** "Europe"; **Sandre** "Alexandre", **Ana** "Anne", **Antouèno** "Antoine", **Bartelomé** "Barthélemy", **Benêt** "Benoît", **Barnârd** "Bernard", **Blése** "Blaise", **Catèlena** "Catherine", **Cllèment** "Clément", **Tièno** "Etienne", **Fanfouès** "François", **Gllôdo, -a** "Claude", **Honorâ** "Honoré", **Louis(a)** "Louis(e)", **Madelêna** "Madeleine", **Margot, Marguita** "Marguerite", **Marie** "Marie", **Martin, Moris** "Maurice", **Mechiél** "Michel", **Colin** "Nicolas", **Pol**

"Paul", **Felepo** "Philippe", **Piérro** "Pierre", **Savêtro** "Sylvestre", **Tomas** "Thomas", **Urben** "Urbain", **Satan**,...

Il existe aussi, comme en français mais en plus grand nombre, des formes de position en a ...-on (à tâtons, à reculons...) : **a cropegnon**, **a cropeton** "accroupi", **a tâton** "à tâtons", **a bochon** "face (= bouche) contre terre", **a genolyon** "à genoux", **a reculon** "à reculons", **a revèrchon** "à rebrousse-poil, à rebours", **a cachon** "en cachette", **a cavalon** "à cheval sur, à califourchon"...

Parmi les mots considérés comme typiquement FP, on pourrait citer (outre certains cités plus haut): **èmo** "bon sens, jugement" (< lat. AESTIMARE), **acolyir / acudre** "pousser, chasser le bétail", **betar** "mettre", **balyér** "donner, nourrir (les animaux)", **trâbla** "table", **chaouyér** "faire attention", **armalyér** "berger (alpin)", **chavon** "bout, tête, fin, sommet; pièce de bétail", **geva** "cage", **aplèyér** "atteler", **dèplèyér** "dételer", **potringar** "se droguer de médicaments", **lencièl** "drap", **(em)pètrâ** "lourdaud, empêtré", **pèce** "épicéa, sapin", **ègrâs** "marches d'escalier", **èlude** "éclair", **chalin** "éclair de chaleur", **sè dèpèrdre** "s'égarer", **rita** "filasse, étoupe de chanvre", **gôgnes** "gaudrioles, grimaces", **gandouèsa** "sornette", **marrin** "gravois", **avenéro** "étranger, grincheux", **sêp** "haie", **sonjon** "sommet, haut", **égouâjo** "inondation, crue", **géf(a)** "mousse, écume", **blavo** "blême", **bènon** "panier dans lequel le boulanger fait lever la pâte", **viâ** "parti, au loin", **modar** "partir", **ètèrpar** (< EXTIRPARE) "arracher", **topa** "pré herbeux", **rongiér** "ruminer", **rhabelyor** "rebouteux des entorses", **magnin** "rétameur, chaudronnier", **sè quèsiér** "se taire", etc.", et *en Suisse* **bastouba** "ventouse, étuve", **bouèbo** "garçon", **tofelèt** "plat, marmite en fonte", **racârd** "petit chalet, raccard", **métra** "seau ovale évasé pour le lait",...

...mais il n'est nullement impossible de rencontrer l'un ou l'autre de ces mots dans certains dialectes extérieurs au FP.

VARIANTES RÉGIONALES

Elles sont de plusieurs ordres :

*différence d'évolution :
égoua "eau", **gouardar** "garder", dont nous avons parlé plus haut, mais aussi des mots du genre de **féta** / **fétha** (< *fetsa < FESTA); ou encore **acolyir** / **acudre** (< lat. *ADCOLLIGERE) où l'accent tonique dès le latin tardif était soit sur -LI-, soit sur -CO-). Sont également concernés ici les différentes réalisations des supra-phonèmes, expliquées en détail plus haut.

*concurrence de deux mots :
femér / **druge** "fumier" selon des *isoglosses*, frontières linguistiques complexes sur lesquelles nous ne pouvons nous étendre ici.
betar / **metre**, avec même une influence de l'un sur l'autre, comme dans le participe passé **metâ** (mais aussi **metu**).

*l'utilisation d'un mot, dans un sens considéré comme dépréciatif, oblige à utiliser un autre mot pour le sens originel : ainsi lorsque **mâre** "mère", en vient à désigner "animal femelle", ou "matrice", on utilise pour le sens de "mère", soit l'emprunt au français, tel **mére**, soit un autre mot, comme **dona** "dame" (et on retrouve alors parallèlement le masculin **pére** ou **segnor** "seigneur").

*enfin les variantes régionales sont aussi en fonction de la proximité de l'une ou l'autre langue de culture qui entourent le domaine FP :
- le Forez, la Bresse et le Lyonnais ont été influencés par le français, avec des mots comme cuistro, stratagêmo, aristocrate, vaissella, culottes, mourceaus, kazhe "cage", ...
- le Dauphiné subit l'influence du provençal : soit pour les mots remulaire, etamaire, kapâ "sauver", kardeni "chardonneret", soit pour les formes vedji "vu", bedji "bu"...
- le Val d'Aoste possède des mots (en particulier dans la Basse Vallée) ignorés ailleurs en FP, dont certains sont influencés par

l'italien ou le piémontais : gorpeuill "renard", diverti, impanna "empan", pëtsé "demander", briàco "raisin"...
- la Savoie, et surtout la Suisse romande, connaissent de nombreux mots d'origine alémanique : bastouba "ventouse, étuve", bouébo "garçon", tofelè "plat, marmite en fonte"...

Un dernier point sur le lexique, celui de son adéquation sémantique avec celui de la langue française. Les Occitans et les dialectologues s'y retrouveront aisément, mais le francophone non averti rencontrera quelques difficultés, au moins au début. Il faut savoir qu'un grand nombre de mots ont un premier sens identique à celui du mot français correspondant, mais aussi un second sens dérivé que le français standard ignore. Par exemple le mot **dèplèyér** signifie bien sûr "déplier", mais très souvent aussi "dételer". Le verbe **cognér** peut vouloir dire ici et là "cogner", mais son sens le plus courant est "serrer dans un *coin*" ce qui est plus conforme à l'étymologie. Quant au mot **bise**, il signifie non seulement "vent du nord", mais "nord" tout court, et **blèt**, qui a parfois la signification de "blet", présente aussi celles de "mou" et "mouillé".

Enfin beaucoup de mots, d'origine populaire ou savante, ont un sens très différent de celui du français. D'ailleurs le français régional imite souvent, presque mécaniquement, l'usage patois de ces mots. La préposition **tant que** représente "jusqu'à" beaucoup plus souvent que "tant que". Dérivé de *CICONIOLA "cigogne", **cegnola** s'applique surtout à la "manivelle". Le fameux cri de guerre de la brigade de Savoie <u>Ardi-z êfan, gropin-no</u> ! **Hardis enfants, gropens-nos** ! signifie "Hardi, enfants, empoignons-nous !", et non "groupons-nous". En valdôtain, **baga** est le mot courant pour dire "chose". Chez le forézien G. Roquille, **dèmontâs** désigne des "démunis". En fribourgois, **crâno** veut dire le plus souvent "solide", et en valaisan **crèpon** "rocher escarpé". A Saxel (Chablais, Haute-Savoie), le verbe **reb(r)ècar**, qui signifie "répliquer, (se) rebiffer" -en français régional *rebecquer*- a dévié vers la forme <u>rubriko</u> "quereller, contester", et <u>rubrika</u> "sujet de querelle", mais pas du tout "rubrique", mot français qui a dû pourtant l'influencer.

Aussi l'apprenti patoisant est-il encouragé à la prudence dans ses premiers pas, afin d'éviter certains malentendus. Mais qu'il se rassure aussi : les Patoisants sont très indulgents envers leurs "élèves". De plus, ils connaissent tous suffisamment bien le français pour corriger d'eux-mêmes les erreurs qu'ils peuvent entendre.

CHAPITRE X

PETIT FLORILEGE

DE LA

LITTERATURE

FRANCOPROVENÇALE

TEXTES

Ce florilège, bien qu'il couvre un grand nombre de pages, n'est que bien modeste par rapport à la littérature francoprovençale. Nous y retrouvons tous les types de textes : administratifs, littéraires, populaires, conversations, récits, chansons... et de toutes les époques. Nous aurions aimé en mettre bien d'autres. Comment apprécier tel auteur avec un texte ou deux ? Et nous prions ceux qui sont vivants de nous excuser de ne pas les avoir tous mentionnés.

Les textes se présentent de la manière suivante : sur la page de gauche le texte original en maigre, avec la graphie ORA (en gras) en dessous, ligne à ligne. En vis-à-vis, la traduction française et les commentaires. Nous avons quelquefois donné la graphie d'origine (en le précisant), quelquefois une normalisation locale postérieure, laquelle a bien souvent sa raison d'être tant les graphies peuvent varier, à l'intérieur même de l'oeuvre d'un même écrivain. Imaginons un peu notre langue française privée de la norme scolaire, académique, et écrite selon la fantaisie de chacun : personne ne s'y retrouverait !

Quelques textes enfin sont en phonologie, ou encore en graphie normalisée (Schüle, Conflans...) adaptée à partir d'un texte oral transcrit phonétiquement.

Les enregistrements disponibles sur la cassette sont ceux des textes suivants :
Arvillard, bel Arvillard (savoyard) lu par Pierre Grasset lui-même.
La guérisseuse d'Hérémence (valaisan), précieux enregistrement des années trente sur disque par César Marquis, patoisant de Liddes.
En valdôtain, deux textes d'Eugénie Martinet : *la cllià* (la clef) lu par l'auteur, et *Vo-s-atre le canon* (vous autres les canons) lu par Eva Pellissier.
Nous remercions chaleureusement les ayants droit d'avoir mis ces textes à notre disposition. Ainsi est-il possible aujourd'hui de se familiariser avec les harmonieuses intonations de cette langue romane qui possède à la fois l'accent tonique et l'opposition voyelles longues/voyelles brèves.

SAVOIE (et GENÈVE)

Cette magnifique région aux deux départements aurait pu être un creuset pour le francoprovençal. Sa relative indépendance pendant de longs siècles, due en grande partie à la ténacité et au courage de ses habitants, la prédisposait à jouer un rôle politique et culturel important. Mais dès la fin du XIIIe siècle, la cour des Comtes de Savoie adoptait le français (en lieu et place du *latin*), si bien que pendant 400 ans et jusqu'à l'aube du XXe siècle les Savoyards ont été bilingues, patoisants en semaine et francophones le dimanche, puisque les sermons étaient en français.

La Savoie se nommait en latin SAPAUDIA, dont le premier élément 'sap-' est peut-être à rapprocher du mot 'sapin', mais nous en ignorons le sens originel. Occupée historiquement par des tribus celtiques, dont les Allobroges ("ceux d'un autre pays"), elle fut envahie par les Burgondes, et après bien des péripéties qui l'entraînèrent dans l'Empire germanique, obtint une relative indépendance pendant plusieurs siècles, avant de ne devenir définitivement française qu'en 1860. Sa littérature a été et demeure toujours riche, mais ne remonte guère au-delà du XVIe s.: mystères, noëls, vies de saints, chansons, puis poésies, farces, discours polémiques, harangues, dialogues. Le XIXe s. voit la littérature savoyarde s'épanouir, avec des revues, des périodiques et les résultats des recherches sur les siècles précédents. De ce siècle-là nous retiendrons les noms du Chanoine Gazel, d'A. Despine, J.F. Ducros de Sixt, A. Constantin et la poétesse Amélie Gex, qui assura elle-même la traduction en français de ses oeuvres. Après la publication du *Dictionnaire Savoyard* par A. Constantin et J. Désormaux aux Editions Philologiques Savoisiennes[1] en 1902, n'oublions pas l'étude du linguiste André Martinet sur le parler de son village d'Hauteville (Savoie), la première description phonologique d'une langue romane (1939, 1ère publication).

Du point de vue dialectal, le savoyard comporte aussi le canton suisse de Genève, où malheureusement le patois, au milieu des langues

---

[1] Il y a un siècle, le mot *Savoyard* étant senti comme péjoratif, on recommandait le mot *Savoisien*.

internationales, n'a plus guère de place. C'est d'ailleurs Genève, avec Lyon, qui aurait pu imposer son parler comme langue de culture, mais très tôt elle s'est tournée vers le français, et est devenue une république séparée au moment de la Réforme. Et ce malgré la tentative malheureuse de l'Escalade par les Savoyards pour reprendre la ville pendant une nuit de 1602, que les Genevois fêtent encore aujourd'hui. Cependant cette petite République, essentiellement urbaine, a toujours eu besoin de sa voisine la Savoie, catholique redoutée mais avec laquelle il fallait bien composer.

En espérant qu'une telle publication ne puisse plus aujourd'hui envenimer le débat, nous donnons d'abord (I) un couplet de la célèbre *Escalade*, de 1602, avec (II) une réponse d'un Savoyard (début du XIXe s.). Puis un court extrait (III) de la Chanson du Duc de Savoie (1715).

Ensuite nous lirons un conte *le chat de la Savâde*, que le linguistique André Martinet a transcrit en phonologie.

Ntra Ouise et ntron Bigoret est une chanson parue dans la revue *le Cmaclie* dans les années 1920.

Le récit de la *Création* est une amusante recomposition de celui de la Genèse, par un patoisant de Saxel (Haute-Savoie).

Pierre Grasset nous a autorisé à publier le début de son livre *Arvillard, bel Arvillard*, qui a le grand mérite d'être un ouvrage bilingue et contemporain.

Nous terminerons cette région par Amélie Gex (1835-1883), poétesse féconde, très attachée à sa terre natale et à la nature. Ses oeuvres les plus intéressantes ont été publiées en savoyard, avec sa propre traduction française. A une époque où écrire quand on était une femme, et en patois de surcroît, n'était pas du tout dans l'air du temps, elle a su se monter à la fois sensible dans ses chansons (*Le long de l'an*), mordante dans son action politique républicaine (*Seblets*)[1], et excellente descriptrice de la vie savoyarde de son époque (*Reclans de Savoué, Contio de la Bova, Fables, lo Cent Ditons*). Son oeuvre a été rééditée avec une présentation de Louis Terreaux, président de l'Académie de Savoie.

---

[1] Elle devait signer ces oeuvres d'un pseudonyme masculin : Dian de la Jeânna, c.à.d. *Jean fils de Jeanne*.

La Savoie est aujourd'hui la région française où le francoprovençal est encore le plus vivace, et des publications de tout genre ne cessent de nos jours de paraître : romans, dictionnaires, descriptions linguistiques et ethnographiques font honneur à ses habitants. De plus, de fréquents contacts avec les régions voisines (Valais et Val d'Aoste en particulier) entretiennent la flamme, créent de profondes relations amicales et permettent de préserver ce qui risquait de tomber dans l'oubli.

Enfin, bien qu'il n'y ait pas de classes bilingues, on y trouve des enseignants qui apprennent à des élèves (volontaires) à écrire leur patois. Débuts timides mais prometteurs !

EXTRAITS
I (La chanson de l'Escalade)
Cé q'é lénô le métre dé batalie
Cél qu'est l'en-hôt le mêtre des batalyes,
Qe se moqe é se ri dé canalie
Que sè moque et sè rit des canalyes,
A bin fé vi per on dessande né
At ben fêt vêr' per un dessando nét
Q'él étive patron dé Jhenevwé.
Qu'il étéve patron des Genevouès.
II (Réponse d'un Savoyard)
Genevois, yé pré Santa
Genevouès, il est prod chantâ
La Sanson de l'Escalada
La chançon de l'Escalada,
Yé pré nos villepanda
Il est prod nos vilipandar
E no faré la nargada...
Et nos fâre la nargada...
III (La chanson du Duc de Savoie)
Nos avan pro fé la guàra
Nos avens prod fêt la guèrra
Repousan-no tan qu'à tan.
Repôsens-nos tant qu'a tant.
El antriron dan na sòla
Ils entréront dens na sala
Tapicha de matefaims.
Tapissiê de mata-fams.
U qatro coin de la trobla
Ux quatro couens de la trâbla
Lé bugnet' i von pandan.
Les bugnèts y vont pendants.
L'an meziron çoquion quinze
'Is ant megéront châcun quinze
É atan de matafan.
Et atant de mata-fams.

I
Celui qui est là-haut le maître des batailles,
  lénô : "là en haut", le h n'empêche pas la liaison
Qui se moque et se rit des canailles,

A bien fait voir par un samedi soir
  vi : forme moins fréquente
Qu'il était patron des Genevois.
  étive : < lat. STABAT, imparfait assez rare
II
Genevois, c'est assez chanté
  Santa : le S majuscule indique le [þ]
La chanson de l'Escalade

C'en est assez de nous vilipender
  pré : mot FP fréquent, cf. fr. 'peu ou prou'
Et de nous narguer...

III
Nous avons assez fait la guerre,
  avan : ici le **en** se prononce [ã]
Reposons-nous un instant.

Ils entrèrent dans une salle
  antriron : un cas de passé simple
Tapissée de matefains.
  matefaim : sorte de crêpe
Aux 4 coins de la table

Les beignets pendent.

Ils en mangèrent chacun quinze
  coquion : châque + yon
Et autant de matefaims.

Conte en parler d'Hauteville (Savoie), rapporté par André Martinet

/Le þa d la Sa'vâda.
Le chat de la Savada.
La Savâda abi'tòv a velòlamòr žüst ü dešü dü bue d
La Savada habitâve a Velâr-Lamâr, justo u dessus du bouèsc de Brãlé. L'avâ õ bió þa gri pe vėlé lu ra.
Branlyé. El avêt un biô chat gris por velyér los rats.
Èn ivér le þa se þar'fòve vé la þemenò, pué sor'tive pe la
En hivérn le chat sè charfâve vers la chemenâ, pués sortîve per la þa'tére d la purta p alò a la grãðe vėlé lu ra.
la chatiére de la pôrta por alar a la grange velyér los rats.
Õ ðor, õn a'viéve tuò l ka'iõ, é la Savâda étâ apré 'fére lu
Un jorn, on aviéve tuâ le cayon, et la Savada étêt aprés fére los dó̱ šü la 'tòbla, devã sõ 'pélo. Le þa ke se þar'fòve,
diôls sur la tâbla, devant son pèlo. Le chat que sè charfâve, gé'tòve dü flã d la 'tòbla, ése'iéve de mõtò šü l bã, è
gouètâve du fllanc de la tâbla, èssèyêve de montar sur le banc, et be'tòve sé 'pate ü kuẽ d la tòbla atre'ia pe l bõ ge d lu
betâve ses pates u couen de la tâbla atreyâ per le bon got de los dó̱; mé la Sa'vâda, avué l 'mãðo dü ke̱tó, ta'pòve šü sé
diôls; mas la Savada, avouéc le manjo du cutél, tapâve sur ses 'pate, è le þa retor'nòv ü fua.
pates, et le chat retornâve u fuè.
A õ momè, la Sa'vâda s é vre'ia pe betò d bue ü fua.
A un moment, la Savada s'est vreyê per betar de bouèsc u fuè.
Le þa 'söte šü la 'tòbla, atrape na 'grusa ðãðula, è s è'sóve
Le chat sote sur la tâbla, atrape una grôssa andiôla, et s'ensôve pe la þa'tére. É kor bò pe le þemẽ d Brãlé. Dè l
per la chatiére. Il cort bâs per le chemin de Branlyé. Dens le bue, é rãkõtr õ renò ke ḻü di : " 'vuto ke de
bouèsc, il rencontre un renârd que lui dit : "Vols-tu que je t é'dâso a portò šla 'grusa ðãðula ?" "ua", di le þa; è tó
t'édêsse a portar cela grôssa andiôla ?" "Ouè", dit le chat; et tôs du 'purtõ þòkõ d sõ flã.
doux pôrtont châcun de son fllanc.

162

transcription phonologique
l, n, t, d notent des consonnes palatalisées
            Le chat de la Savâde.
   Sa'vâda : surnom ou nom de famille
La Savâde habitait à Villard-Lamar, juste au-dessus du bois de
abi'tòv : élision de -e devant voyelle
Branlié. Elle avait un beau chat gris pour "veiller" les souris.
velé : "veiller", "surveiller"; ra : "rat, souris"
En hiver, le chat se chauffait près de la cheminée, puis sortait par
Èn ivér : liaison avec rétablissement du -n- ("en" se dit è)
la chatière de la porte pour aller à la grange "veiller" les souris.
p alò : élision courante en FP
Un jour, on avait tué le cochon, et la Savâde était en train de faire
a'viéve : imparfait différent de la 2e ligne; apré : "en train de"
les saucisses sur la table devant son poêle. Le chat qui se chauffait,
dó : du lat. INDUCTILE, comme plus loin ðãðula (irrégulier)
lorgnait du côté de la table, essayait de monter sur le banc, et met-
gé'tòve : "lorgnait, guettait"
tait ses pattes sur le coin de la table, attiré par la bonne odeur des
be'tòve : "mettait" mot typiquement FP; ge : odeur, goût
saucisses; mais la Savâde, avec le manche du couteau, lui frappait
'mãðo : "le manche" < MANICUS, 'mãðe : "la manche" < MANICA
sur les pattes, et le chat s'en retournait vers le feu.
fua : "feu" < FOCUS; cf. plus loin ua : "oui" < HOC
A un moment, la Savâde s'est tournée pour mettre du bois sur le feu.
vre'ia : "tourné(e)", les verbes pronom. sont ici conjugués avec être
Le chat saute sur la table, attrape une grosse andouille et s'enfuit
'söte : "il saute", la voyelle accent. devient [ø]; s è'sóve : "se sauve"
par la chatière; il descend en courant le chemin de Branlié. Dans le
kor bò : "il court bas, il descend en courant"
bois, il rencontre un renard qui lui dit : "Veux-tu que je
'vuto : "veux-tu" noter l'accentuation; de : "je"
t'aide à porter cette grosse andouille ?" "oui", dit le chat, et tous
é'dâso (var. é'diso) : subj. présent dérivant du subj. parfait latin
deux portent chacun de son côté.
flã : "côté, flanc".

Arevò ü fõ d Brãlé, le þa a'trape la ðã'ðula, 'mõte d'õ
Arrevâs u fond de Branlyé, le chat atrape la andiôla, monte d'un
só šü õn 'òbro, è s a'šéte šü la for'kuina.Le renò, k étâ
sôt sur un âbro, et s'assiète sur la forcouèna. Le renârd, qu'étêt
pò kõtè, lü di : " te poRò bè m è balé õ bo'kõ, to d
pas content, lui dit : "Te porrês ben m'en balyér un bocon, tot de
'mémo." Mé le þa, sè ré'põdre, fa'žéve l inosè. Le renò,
mémo." Mas le chat, sen rèpondre, fasiêve l'inocent. Le renârd,
è ko'léra, lü di : "atè to'tora kã te désèdré...de si
en colèra, lui dit : "Atend tot-hora quand te dèscendrés... je su
pe fòr ke tâ...t aré afér(e) a mâ". Le þa se regò'lòve toðor
ples fort que tè... t'arés aféree a mè." Le chat sè regalâve tojorn
avué la ðã'ðula. A la fẽ, él argéte dü flã d 'Kuéze, vé la
avouéc la andiôla. A la fin, il regouète du fllanc de Couèse, vers la
'rota, è di : "Ó ! iõ, du...
rota, et dit : "Oh ! yon, doux...
- Kâ ia tu ?
- **Que y at-o ?**
- Du, trâ, 'katro...
- **Doux, três, quatro...**
- Kâ ? Kâ ?
- **Què ? Què ?**
- K é nèn a ! sẽ, šé, 'sete !
- **Qu'il nen at ! cinq, sêx, sèpte !**
- 'Sete kâ ?
- **Sèpte què ?**
- Ó, ko iõ, 'uite ! ié 'uite lévreié ke 'korõ pe
- **Oh, 'cor yon, huéte ! Il est huéte lèvreyérs que coront por**
t atrapò. K é 'venõ 'vito !"
t'atrapar. Qu'ils vegnont vito !"
Le renò, sè a'tèdre pe lõtè, s è'sóve ü ga'lo dè l
Le renârd, sen atendre ples long-temps, s'ensôve u galop dens le
bue, è le þa redésè de sõn 'òbro è se leþè. É re'mõte
bouèsc, et le chat redèscend de son âbro en sè lechent. Il remonte
le þemẽ de Brãlé è revẽ þé la Sa'vâda./
le chemin de Branlyé et revint chiéz la Savada.

Arrivés au fond de Branlié, le chat attrape l'andouille, monte d'un
arevò: et non *aRevò < ARRIPATOS, évolut. due à la fréq. *du mot bond sur un arbre, et s'assied dans la fourche. Le renard, qui n'était* a'šéte : du lat. *ADSEDITARE
pas content, lui dit: "Tu pourrais bien m'en donner un morceau, tout poRò : le 'R' représente les deux 'rr' du français (< lat. -TR-) *de même." Mais le chat, sans répondre, faisait l'innocent. Le renard* sè, inosè : dénasalisation régulière dans ce parler, cf ci-après : atè *en colère lui dit: "Attends tout à l'heure quand tu descendras. Je suis* lü : lat. ILLUI, avec métathèse; de si *"moi, je suis"*
plus fort que toi, tu auras affaire à moi." Le chat se régalait toujours pe : "plus", évolution due à la fréquence, cf français "y en a pus" *avec l'andouille. A la fin, il regarde du côté de Coise, vers la* Kuéze : commune et bourg voisin
route, et dit : "Oh ! un, deux..."
iõ : cardinal (< lat. UNUS)
- *Qu'est-ce qu'il y a ?*
ia tu : "y a-t-il",
- *Deux, trois, quatre...*
nous avons ici la numération locale jusqu'à huit.
- *Quoi ? quoi ?*
kâ : nombreux cas dans ce texte de 'a' pour ORA -è, ê
- *Qu'il y en a : cinq, six, sept !*
sẽ : évolution in > [ɛ̃]; šé : même forme en gascon [ʃ-]
- *Sept quoi ?*

- *Oh, encore un, huit ! C'est huit lévriers qui courent pour* 'uite : 2 syllabe (sinon le -t serait muet et le mot trop court) *t'attraper. Qu'ils viennent vite !*

Le renard, sans attendre plus longtemps, s'enfuit au galop dans le sè a'tèdre : cas typ. FP d'absence de liaison là où elle se fait en fr. *bois, et le chat redescend de son arbre en se pourléchant. Il remonte* redésè, lebè : encore des cas de dénasalisation de "en"
le chemin de Branlié et retourne chez la Savâde.

NTRA OUISE ET NTRON BIGORET
NOUTRA LOUISE ET NOUTRON BIGORET
A Maîu CARTERON d'Ennecy

Tré bons partis sont v'nus sta nè
Três bons partis sont venus ceta nét
P' fréquentà la p' drôla des ptioutes
Por frèquentar la ples drôla des petiôtes
Qu'on pouisse trovà diè Corlionnè.
Qu'on pouésse trovar dens Corlionex.
P' la mariâ, u p'tou, coûte que coûte...
Per la mariar, ou pletout, côte que côte...
L'promi qu'est v'nu, y est n'tron jouèn' curé
Le premiér qu'est venu, il est noutron jouèn' curâ
Qu'a zha fait mariâ trè paroçhes :
Qu'at dja fêt mariar três paroches :
- Ma Ouise, c'est pour un vieil officier
Vertueux, et dame ! point trop moche !
- Monsieur l' Curé, je n'veux point m' marier
J'en aime mieux m'y faire réligieuse,
Dans un couvent, m'enfermer tout l'an
J'en serai Ouise la Bienhéreuse !
L' doujém qu'est v'nu... y est on grou froti
Le dousiémo qu'est venu... il est un grôs frutiér
Vouè sa pè d' tasson su l' z' épaules
Avouéc sa pèl de tasson sur les èpâles
Les fattes, as pliènes qu'on corti
Les fates, asse plênes qu'un cortiér
D' grous calpins, d'épais portafollies !
De grôs calepins, d'èpês portafolyes !
- Ma Ouise, on va, p' la Chand'leu, s' mariâ...
Ma Louise, on vat, por la Chandelor, se mariar...
D'ai r' n' auto, d'ai d' vellàs p' la vella.
J'é una otô, j'é des vilâs per la vela.
- Merci, froti, v'tron lafê chè mâ
- **Marci, frutiér, voutron lacllél sent mâl,**

NOTRE LOUISE ET NOTRE BIGORET
Parodie savoyarde du Noël d'Holmès
"Trois anges sont venus ce soir"

Trois bons partis sont venus ce soir
  <u>sta nè</u> : "cette nuit" ou "ce soir"
Pour rencontrer la plus drôle des petiotes
  <u>fréquentà</u> : sens galant dans tout le domaine gallo-roman
Qu'on puisse trouver dans Curnillex [hameau de Chilly]
  <u>Corlionnè</u> : forme locale intéressante (métathèse)
Pour la marier, ou plutôt, coûte que coûte...

Le premier qui est venu, c'est notre jeune curé
  <u>n'tron</u> : fréquent en savoyard
Qui a déjà fait se marier trois paroisses :
  <u>paroçhes</u> : plutôt 3 de la paroisse
- Ma Louise, c'est pour un vieil officier
Vertueux, et dame ! point trop moche !
- Monsieur le Curé, je ne veux point me marier,
J'aime mieux me faire religieuse,
Dans un couvent, m'enfermer toute l'année
Je serai ainsi Louise la Bienheureuse !
Le deuxième qui est venu... c'est un gros fromager
  <u>froti</u> : "fruitier" en français local
Avec sa peau de blaireau sur les épaules,
  <u>tasson</u> : "blaireau" aussi en ancien français
Les poches, aussi pleines qu'un courtier
  <u>plinès</u> : cas du 'l' palatalisé
De gros calepins, d'épais portefeuilles !
  <u>portafollies</u> : noter le -a, fréq. dans ce type de composé
- Ma Louise, on va, pour la Chandeleur, se marier...
  <u>Chand'leu</u> : 'ch-', '-eu', indiquent un emprunt au fr.
J'ai une auto, j'ai des villas dans la ville.
  <u>D'ai r' n' auto</u> : noter la liaison en -r-
- Merci, fromager, votre lait sent mauvais
  <u>lafê</u> : forme fréquente en Savoie

D'âm' bin mio restà pouvra fenna
J'âmo ben mielx restar pouvra fêna
Ma boille su l' cu, m' n' auto tapacu !
Ma buya sur le cul, mon otô tapa-cul !
Dé n' sari jamais faire la bella !
Je ne sâré jamés fére la bèla !
Faut pas gémi, vô zhi d' quet chouézi...
Fâlt pas gemir, vos éd de què ch.ouèsir...
Et manque pas dé ptioutes p' la vella !
Il manque pas de petiôtes per la vela !

L'trèjém qui est v'nu..., y est on bovéron
Le trêsiémo qu'il est venu... il est un bovèron
Beau bâtard, qu'avet fait la guerra.
Biô bâtard, qu'avêt fêt la guêrra.
- D'sai vnu, sta né... m'achtà, sè façon...
Je su venu, ceta nét... m'assiètar, sen façon...
Pé m' çharfà..., d' sai solet su terra !...
Por mè charfar..., je su solèt sur tèrra !...
Mais, quand d pouèt vni m'achtà, pouè vô vi
Mas, quand je pouè venir m'assiètar, pouè vos vêre
Faut rèt d' plié p' me bailli d'esconda.
Fâlt ren de ples por me balyér d'esconda.
L' Bon Diu, çta nê, z'est né, darri l' vê
Le Bon Diô, ceta nét, est nè, darrêt le vél
Et vaut bin lô frotis d' la Comba !
Et vâlt ben los frutiérs de la Comba.
- Mon Jean Bigoret, té n' vit plié solet
- Mon Jan Bigoret, te ne vis ples solèt
Diè mô brê, d' te prenié à la chouta
Dens mos brés, je tè pregno a la sota
Pouvres to dou, héreux c'me d' tourcous
Pouvros tôs doux, heros coment des tourcous
T' saré m'n' homme, mé d' sarè ta ptiouta.
Te sarés mon homo, mè je saré ta petiôta.

20 Octobre 1925. Le Ptiou de la Comba

J'aime bien mieux rester pauvre femme,

Ma lessive sur le cul, mon auto tapecul !
  boille : apparenté au mot fr. 'buée'
Je ne saurais jamais faire la belle !

Faut pas gémir, vous avez de quoi choisir...
  vô zhi : "vous avez", le 'h' n'a aucune signification
Et il ne manque pas de petites par la ville.

Le troisième qui est venu..., c'est un bouvier,
  trèjém : 'j' = {zj}; bovéron : mot très courant
Beau bâtard, qui avait fait la guerre.

- Je suis venu, ce soir... m'asseoir, sans façon...
  achtà : 'ch' = {sj}
Pour me chauffer..., je suis seul sur terre !...
  charfà : < lat. CALEFACERE
Mais, quand je peux venir m'asseoir, je peux vous voir,
  pouèt = pouè : "je peux, je puis"
Il ne faut rien de plus pour me donner de l'abri.
  esconda : lat. EXCONDERE "cacher, protéger"
Le Bon Dieu, cette nuit, est né, derrière le veau
  z'est né : noter la liaison en -z-
Et il vaut bien les fromagers de la Comba !
  noter : le au m. sg., lô au m. pl.
- Mon Jean Bigoret, tu ne vis plus tout seul,
  solet : "seulet", la forme simple "seul" est rare en FP
Dans mes bras, je te prends à l'abri,
  diè : très fréq. en savoy.; chouta : < lat. SUBSTARE
Pauvres tous deux, heureux comme des tourterelles,
  héreux : cf. supra en fr. local : Bienhéreuse
Tu seras mon mari, moi je serai ta petiote.
  m'n' homme : m'n, cf ntron : formes dues à la fréquence
      Paru dans "LE CMACLIE" (3 numéros 1920-30)

BLONDERIES DE MAI. Amélie GEX
BLONDERIES DE MÊ.
Rionda
Rionda
Air : *Nous n'irons plus au bois, etc.*

I.

Faut plus se marcorâ,
Fâlt ples sè marcorar,
Mai rêimplache l'Avri.
Mê remplace l'Avril.
Allin, Miette, u prâ,
Alens, Mièta, u prât,
Lo pommiers sont floris ;
Los pomiérs sont flloris ;
Biêntout diên tô lo bouéssons
Bentout dens tôs los bouèssons
Frônneront le cegâles,
Froneront les cigâles,
Méia, comme lo quinsons,
Mia, come los quinsons,
Ellardiên noutre-s-âles.
Èlargens noutres âles.

II.

Allin colli, solets,
Alens colyir, solèts,
U fond de le crâses,
U fond de les croses,
Diên lo p'tious violets,
Dens los petiôts vionèts,
Le promiéres frâses.
Les premiéres frâses.
Merle et galant, û prêintêim,
Mèrlo et galant, u printemps,
Ont leu boce décloûse,
Ont lor boche dècllosa,

170

AMOURETTES DE MAI.   graphie et traduction de l'auteur
  blonderie : "action de courtiser (les blondes)"
Ronde
  rionda : < lat. ROTUNDA

I.
Il ne faut plus se tourmenter,
  marcorar : "être chagriné" < lat. MALUS + COR "coeur"
Mai remplace l'Avril.
  rêimplache : 'êim' représente [ɛ̃ː]
Allons, Miette, au pré,
  Miette : "petite (a)mie" (l'auteur est censé être un homme)
Les pommiers sont fleuris ;

Bientôt dans tous les buissons
  bouésson : variante en FP : bosson
Bourdonneront les cigales,
  frônneront : mot présent très localement
Mie, comme les pinsons,
  quinsons : forme régul. de "pinson" en FP
Déployons nos ailes !
  ellardiên : littéral. "élargissons"
II.
Allons cueillir, seuls,
  colli : semble représenter [koʎi]
Au fond des ravins,
  crâses : même mot que fr. "creuses"
Dans les petits sentiers,
  violets : diminutif du lat. VIA, "voie"
Les premières fraises.

Merle et galant, au printemps,

Ont leur bouche déclose,

Miette, on arâ le teim
Mièta, on arat le temps
De dire bien de choûse !
De dére ben des chouses !
III.
Pe pogeai te contâ
Por povêr te contar
Ein long mon brevére,
En long mon breviéro,
On vera s'achetâ
On vera s'assiètar
U bord de la revière...
U bord de la reviére...
Lé-bas, zo l'sozo cavant
Lé-bâs, desot le sôjo cavant
Qu'a le brance plorantes,
Qu'at les branches plorantes,
Soluâi rit chù lo-s-avants
Solely rit sur los avancs
Et le-s-aigues corantes.
Et les égoues corantes.
IV.
A dêpoué l'an passâ,
A depoués l'an passâ,
Diên çaque besogne,
Dens châque besogne,
Tozor mê d'ai pêinsâ
Tojorn més j'é pensâ
U têim d'le-s-âlognes.
U temps de les alognes.
On étâit z'a bons amis,
On étêt ja bons amis,
Dis, mèia, t'êin sovêinte ?
Di, mia, t'en sovins-tu ?
Et y a sapt mâi et demi
Et y at sèpt mês et demi

Miette, on aura le temps
De dire bien des choses !

III.
Pour pouvoir te conter
   pogeai : une des nombreuses variantes
En long mon bréviaire,

On ira s'asseoir
   vera : < lat. VADERE (cf. 'je vais')
Au bord de la rivière...
   revière : ce mot ne se rencontre pas partout
Là-bas, sous le saule creux
   cavant : < lat. CAVUS "creux", mais par l'occitan
Qui a des branches pleurantes,
   brance : le 'c' est pour [þ]
Soleil rit sur les osiers
   avants : < gaulois *avanco-
Et les eaux courantes.
   le-s-aigues : noter le -s- devant 'aigues' avec -s

IV.
Depuis l'an passé,
   a dêpoué : rare avec préposition 'a'
Dans chaque besogne,
   çaque : le 'ç' indique [þ]
Toujours j'ai pensé
   mê : "davantage" < lat. MAGIS, mot très fréquent en FP
Au temps des noisettes.
   âlognes : < lat. ABELLANA
Nous étions déjà bons amis,
   z'a : note [ða]
Dis, mie, t'en souviens-tu ?
   sovêinte : corresp. à 'sovêin-te'
Et il y a sept mois et demi

Que ton galant pachêinte !...
Que ton galant paciente !...
   V.
Pe-r'étre tout d'accord
Per étre tot d'acord
Chù cê qu'on médite,
Sur cen qu'on mèdite,
Faut consortâ, d'abord
Fâlt consurtar, d'abord
Quôque marguerite :
Quârque marguerita :
La promiére a det : On pou...
La premiére a dét : Un pou...
Las ! On pou, n'est pas guére !
Lâs ! Un pou, n'est pas gouéro !
La sécond', oncor'on coup,
La seconda, oncora un coup,
Ne dit riên qu'onna vouére...
Ne dit ren qu'una gouére...
   VI.
Allin tant qu'à le trâi !
Alens tant qu'a le três !
Si l'ont pas mé d'émo,
S'els ont pas més d'èmo,
Méia, i no fadra drâi
Mia, il nos fâldra drêt
Dévenâ no-mêmo...
Dèvenar nos-mémo...
Et chô segret tant catia,
Et cél secrèt tant cachiê,
On l' sara sêin contesta !
On le sarat sen contesta !
La fleur n'êin dit que mêtia
La fllor n'en dit que mêtiât
Mais n'tro jù dion la resta !...
Mas noutros uelys diont la resta !...

Que ton amoureux patiente !
   pachêinte : 'ch' < [sj]
         V.
Pour être tôt d'accord
   tout : tôt (et to : tout)
Sur ce que l'on médite,

Il faut consulter d'abord,
   consortâ : passage 'l' > 'r'
Quelques marguerites :
   marguerite : influence du fr.
La première a dit : Un peu...

Las ! un peu n'est pas guère !
   las : comme en fr., las ou hélas
La seconde, encore une fois,
   sécond' : on trouve aussi segond en FP
Ne dit rien qu'un peu...
   vouére : apparenté au mot "guère"
         VI.
Allons jusqu'au trois,
   tant qu'à : jusqu'à
Si elles n'ont pas plus de bon sens,
   si l'ont = s'il ont, où il veut dire "elles"
Mie, il nous faudra vraiment
   drêt : emploi adverbial (cf. fr. 'tout droit')
Deviner nous-mêmes...

Et ce secret tant caché,
   segret : forme rare avec -g-
On le saura sans conteste !

La fleur n'en dit que moitié,

Mais nos yeux disent le reste !
   jù : une des nombreuses formes (= ziu)

Extraits des SEBLETS ("Sifflets")

LES PÊINSÉ DE DIAN CHU LE-S-ÉLECHON
LES PENSÂS DE JIAN SUR LES ÈLÈCCIONS
Refrain
Mâgré voutro discor et mâgré voutro prôno,
Mâlgrât voutros discôrs et mâlgrât voutros prônos,
Incorâ de Savoué,
Encurâs de Savouè,
Et vo, nôble-s-avoué,
Et vos, nôblos avouéc,
Le râi n'ira p'onco s'achetâ su son trôno
Le rê n'ira p'oncor s'assiètar sur son trôno
Si lu faut que ma voué, rien que ma voué !
S'il lui fâlt que ma vouèx, ren que ma vouèx !

LO GONGONNERIES DE LA SASSON
LES GONGONERIES DE LA SASSON

Noutra Sasson, qu'est 'na jarîqua,
Noutra Sasson, qu'est na jarîca,
Dêpoué trâis mâis fâ que limâ :
Depoués três mês fât que limar :
"Mon pourro Dian, ta Republiqua
Mon pouvro Jian, ta Rèpublica
A riên que l'air de vreyé mâ.
A ren que l'êr de veriér mâl.
A l'êin premier y étâit tot brâve,
A l'en premiér i' étêt tot brâvo,
Tô devont medié de pan blanc...
Tôs devant megiér de pan blanc...
...Qu'a-t-on medià, dis vâis ?.... De râve,
Qu'at-on megiê, di vêr ?... Des râves,
De râve avoué... avoué leu bons sêimblants.
Des râves avouéc... avouéc lors bons semblants.

Voici l'occasion d'apprécier l'audace et la verve d'Amélie Gex en politique. Il s'agit toujours du début de chaque texte, traduit par elle.

LES PENSÉES DE JEAN SUR LES ÉLECTIONS
  pêinsé : pl. de pêinsâ

Malgré vos discours et malgré vos prônes,
  voutro : indique un pl. (sg. voutron)
*   Curés de Savoie,*
      incorâ : forme FP
*   Et vous, nobles aussi,*
      avoué : "avec", ici "aussi", sens fréquent en FP
Le roi n'ira pas encore s'asseoir sur son trône
  p'onco : contraction dans de nombreux dialectes FP
S'il ne lui faut que ma voix, rien que ma voix.

LES BOUGONNERIES DE LA FRANÇOISE
  gongonneries : mot savoyard et lyonnais

Notre Françoise, qui est une bavarde,
  jarîqua : le mot patois est plutôt en ða-
Depuis trois mois ne fait que répéter :
  limâ : "limer, seriner" (cf 'une scie')
- Mon pauvre Jean, ta République
  Dian : ici 'di-' corresp. à j- (cf. infra medié)
N'a rien que l'air de tourner mal.
  vreyé : var. veri < lat. VIBRARE (fr. 'virer')
Au commencement, c'était tout beau,
  brâve : nombreuses significations
Tous devaient manger du pain blanc...
  medié : < lat. MANDUCARE
Qu'a-t-on mangé, dis voir ? ...Des raves,
  vâis : probablt. du lat. VERE (cf. fr. "voire")
Des raves avec... avec de bons semblants.
  râve : nourriture trop souvent mangée par les Savoyards !

QUÊ-T-OU QU'Y EST QU'ON PRESIDENT ?
QU'EST-O QU'IL EST QU'UN PRÈSIDENT ?
Air : *Cadet-Roussel*

D'ai rechu 'na lettre d'on monchu ;
J'é reciu na lètra d'un monsior ;
Y a de drôles de chouses dechu.
Y a de drôles de chouses dessus.
I no menache de la trica
Il nos menace de la trica
A no, qu'on est êin republica !
A nos, qu'on est en rèpublica !
Pisqu'on râi n'êin fâ tot atant,
Puésqu'un rê nen fât tot atant,
Quê-t-ou qu'y est qu'on president ?
Qu'est-o qu'il est qu'un prèsident ?

T'OU TOT DE BON ?
EST-O TOT DE BON ?
Air : *Cadet-Roussel*

Monchu, t'ou vrai, cê qu'i l'ont det,
Monsior, est-o veré, cen qu'ils ont dét,
Qu'hiar vo vo-s-étâ dédet ?
Qu'hiêr vos vos étâd dèdét ?
T'ou vrai qu'à noutra Republica
Est-o veré qu'a noutra Republica
Nion ne va plus fâre la nica,
Nion ne vat ples fâre la nica,
Ni Badinguet, ni lo Borbon,
Ni Badinguèt, ni los Borbons,
Monchu, monchu, t'ou tot de bon ?
Monsior, monsior, est-o tot de bon ?

QU'EST-CE QUE C'EST QU'UN PRÉSIDENT ?
quê-t-ou : quê "quoi", t "est", ou "cela"

J'ai reçu une lettre d'un monsieur ;
monchu : "monsieur" de la ville, important (souvent ironique)
Il y a de drôles de choses dessus.
apprécier la fausse naïveté du vers
Il nous menace de la trique

Nous qui sommes en République !
a no, qu'on est : en français la construction serait fautive
Puisqu'un roi en dit tout autant,
n'êin : l'apostrophe est de trop (pas de négation ici)
Qu'est-ce que c'est qu'un président ?

EST-CE TOUT DE BON ?
t'ou : t est la forme abrégée pour "est"

Monsieur, est-ce vrai ce que l'on a dit,
i l'ont det : littéral. "ils ont dit", tournure fréq. en FP et occitan
Qu'hier vous vous étiez dédit ?

Est-ce vrai qu'à notre République

Personne ne pourra plus faire la nique,
nion : < probablt lat. NEC UNUM
Ni Badinguet, ni les Bourbons.
Badinguet : surnom connu de Napoléon III
Monsieur, monsieur, est-ce tout de bon ?
encore un vers faussement naïf et ironique

LE BON DIO EST PREÛ CONTÊINT
LE BON DIÔ EST PROD CONTENT

N'tro n'êincorâ qu'est on malin
Noutron encurâ qu'est un malin
Dêpoué houi zor fâ son câlin.
Depoués huét jorns fât son câlin.
I dit : *"Votez, votez, mes frères,*
"J' me mêle pas de vos affaires,
"Mais si le bon Dieu n'est pas content,
"Il n'enverra pas le beau temps !"

LA ÇANSON DE LO TERRITÉRAUX
LA CHANÇON DE LOS TÈRRITERÂLS
Air : *Petit tambour revenant de la guerre.*

    Territéraux,
    Tèrriterâls,
Quetâ voutre z'écouelle,
Quitâd voutres ècuèles,
Zo lo drapeaux
D'sot los drapôs
La France vo r'appelle,
La France vos rapèle,
Ran plan, tambor battant.
Ran plan, tambour batant.

    Pourr' fantassins,
    Pour's fantassins,
Si v' zâ prinme semelle,
Se vos éd primes semèles,
V'tro-s-agacins
Voutros agacins
Vont n'êin sofri de belle,...
Vont nen sofrir de bales...

LE BON DIEU EST ASSEZ CONTENT

Notre curé qui est un malin
  n'tro n' : noter la graphie
Depuis huit jours fait son câlin.

Il dit : "....

(le reste est en français)

LA CHANSON DES TERRITORIAUX
territéraux : rare exemple d'adaptation en patois de ce mot

Territoriaux,

Quittez vos écuelles,

Sous les drapeaux
  drapeaux : ce mot désigne parfois aussi le "lange"
La France vous rappelle,
  France : forme régulière
Ran plan, tambour battant.

Pauvres fantassins,

Si vous avez minces semelles,
  prinme : < lat. PRIMUS, évolution de sens
Vos agacins
  agacins : cors aux pieds, de agace "pie"
Vont en souffrir de belles,...
  n'êin : l'apostrophe n'est pas justifiée

LA KRÉACHON
LA CRÈACION

Patois de Saxel (Haute-Savoie)

Brove zhan, zhe vé vo dire, me, se k y an-n-è, è man le bon
Brâves gens, je vé vos dére, mè, ço qu'il en est, et 'ment le bon
Dyeû a kreyo le monde. Ne vo drè po, mouz anfan, owe ètè le
Diô at crèâ le mondo. Ne vos diré pas, mos enfants, yô étêt le
bon Dyeû è se k é fassè devan la kréachon. Zhe n an sa ran du
bon Diô et ço qu'il fesêt devant la crèacion. Je n'en sé ren du
to ; mé on zheur k al tè to solè è k é s an-noyive a ne ran
tot ; mas un jorn qu'il étêt tot solèt et qu'il s'ennoyéve a ne ren
fore, é pre na lantérna è é se mète a almo tô sleû peti
fâre, il prét na lantèrna et il sè metét a alumar tot celor petits
krezouwa ke vo vèyi dyan le syèl è aprè é pre sa lantérna è
crosuéls que vos veyéd dens le cièl et aprés il prét sa lantèrna et
é fe la lena. È é trova tan brove to se k é venive de fore
il fit la lena. Et il trovat tant brâvo tot ço qu'il vegnîve de fâre
k é fe on gran fwa de dé, on gran fwa de la San
qu'il fit un grant fuè de délys, un grant fuè de la Sant-
Dyan è i fe le feleû.
Jian et il fit le solely.
È apré, é kreya lé bétye : lé vash, lou meûton, lé tyèvre,
Et aprés, il crèat les bétyes : les vaches, los motons, les chiévres,
lou kayon è lé polalye, é lyeû balya a tô a mezhi. É kreya
los cayons et les polalyes, et lor balyét a tôs a megiér. Il crèat
asbin lé peûzhe, lé pounéze è lou pyu mé él ubla de lyeû
asse-ben les puges, les punèses et los piôls mas il oublat de lor
balyi a mezhi. È sle poure bétye kreyovân la fan man dé
balyér a megiér. Et celes pouvres bétyes criâvont la fam 'ment des
bouza, è le bon Dyeû lyeû deze : zhe voz é ublo, poure bétye,
busards, et le bon Diô lor desét : je vos é oublâs, pouvres bétyes,
zh an sé bin an-noya, mé zhe vé vo fore kôkran de bon
j'en su ben ennoyê, mas je vé vos fâre quârque-ren de bon
ke vo fara plézi. È é pre on bokon de dyo è él an fe on-n-
que vos farat plèsir. Et il prét un bocon de jot et il en fit un

LA CREATION

graphie de Conflans

Braves gens, je vais vous dire, moi, ce qu'il en est, et comment le bon
zhan : ici **en** se réalise [ã]; man : plus fréquent que kman
Dieu a créé le monde. Je ne vous dirai pas, mes enfants, où était le
kreyo : le -y- est fréquent dans ce mot en FP; owe : < lat. UBI
bon Dieu et ce qu'il faisait avant la création. Je n'en sais rien du
devan : comme en anc. fr., signifie aussi "avant"
tout; mais un jour qu'il était tout seul et qu'il s'ennuyait à ne rien
al tè : fréquente chute de la voyelle initiale du verbe
faire, il prit une lanterne et il se mit à allumer toutes ces petites
mète : au passé simple, fréquente accentuation sur le radical
lampes que vous voyez dans le ciel et après il prit sa lanterne et
krezouwa : "lampe à huile", mot probablt apparenté avec fr. 'creuset'
il fit la lune. Et il trouva si beau tout ce qu'il venait de faire
brove : ici le -o final s'est confondu avec -e final, donnant [ə]
qu'il fit un grand feu de branches de sapin, un grand feu de la St-
dé : "rameau de sapin avec ses aiguilles"
Jean et il fit le soleil.
feleû : évolution savoy. rare du lat. SOLICULUM
Et après, il créa les bêtes : les vaches, les moutons, les chèvres,
vash : ici le -e final s'est totalement amuï
les cochons et les volailles, et leur donna à manger. Il créa
lyeû : pronom, différent de l'adj. leû (mais parf. confusion aussi)
aussi les puces, les punaises et les poux mais il oublia de leur
pounéze : il existe d'autres mots, même en Savoie (parianna...)
donner à manger. Et ces pauvres bêtes criaient la faim comme des
sle : fréquente accentuation oxytonique du démonstratif
buses, et le bon Dieu leur dit : je vous ai oubliées, pauvres bêtes,
ublo : nombreuses variantes en FP : oblëié, oubyå, essoubla...
j'en suis bien ennuyé, mais je vais vous faire quelque chose de bon
kôkran : littéral. "quelque rien (= chose)"
qui vous fera plaisir. Et il prit un morceau de glaise et il en fit un
dyo : terre glaise (prob. du celt. 'gaub-'), et andyoto "salir de boue"

183

om, è man é se frotove lé man pè d<u>ou</u>to le dyo k ètè

homo, et 'ment il sè frotâve les mans per dôtar le jot qu'étêt

résto dedyan, é fe na guelyeta è é la mète u bô mètan de

réstâ dedens, il fit na guilyèta et il la metét u biô méten de

l om ; è i fe la premire gelyeta. È é pre de la m<u>o</u>ssa pè

l'homo; et il fut la premiére guilyèta. Et il prét de la moça por

fourni de se pano è él an mète on pou u sanzhon de la t<u>é</u>ta de

fornir de sè panar et il en metét un pou u sonjon de la téta de

l om è an lacha tombo on pou pè che p<u>è</u>tye è é dze

l'homo et en lèssiét tombar un pou per-ce per-que et il desét

apré : sle poure b<u>è</u>tye n an po preû zu a mezhi ; i fô an

aprés : celes pouvres bétyes n'ant pas prod avu a megiér; il fâlt en

fore on-n-otre. È é fe na fem<u>a</u>la man al avè fé l om. É mète

fâre un otro. Et il fit na femala 'ment il avêt fêt l'homo. Il metét

bin de la mossa su le sanzhon de la téta de la fem<u>a</u>la, mé y

ben de la moça sur le sonjon de la téta de la femala, mas y

an-n-avè po preû. È man al tè u bè de s n ovrôzhe è

en avêt pas prod. Et 'ment il étêt u bèc de son ovrâjo et

k y ètè la dérire <u>u</u>vra de la kréachon, é dze : fô fore

qu'el étêt la dèrrére ôvra de la crèacion, il desét : fâlt fâre

man fan lu mafon, i fô planto le bokè, è é pre na

'ment fant los maçons, il fâlt plantar le boquèt, et il prét na

pounya de m<u>o</u>ssa è la mète u bô m<u>è</u>tan de la f<u>è</u>na, just <u>o</u>we él

pugnê de moça et la metét u biô méten de la fèna, justo yô il

avè mètu la gelyeta a l om e é mète on pou de m<u>o</u>ssa pè la

avêt metu la guelyèta a l'homo et il mètat un pou de moça por la

fourni. È pwé, awé na kok<u>ou</u>wa, é sofla u bè a tô

fornir. Et pués, avouéc na cocua, il sofllat u bèc a tôs

dou è é balya la vya. È y ètyan tèlaman kontan d étre an vya

doux et il balyét la via. Et ils étant tâlament contents d'étre en via

k i bat<u>i</u>ran louz antresha è le bokè a la f<u>è</u>na tomba ; mé

qu'ils batéront los entrechats et le boquèt a la fèna tombat : mas

la gelyeta tin bon. È le bon Dyeû lou pre pè la man è lou

la guelyèta tegnit bon. Et le bon Diô los prét per la man et los

mèna dyan on brove kurti è lyeû dze : mouz anfan, tlé dé

menat dens un brâvo cortil et lor desét : mos enfants, que-lé des

homme, et comme il se frottait les mains pour ôter la glaise qui était
douto : le d- se retrouve aussi en occitan (< lat. OBSTARE)
restée dedans, il fit une petite quille et il la mit au beau milieu de
guelyeta : "petite motte allongée (beurre), petite quille"
l'homme; et ce fut la première "quillette". Et il prit de la mousse pour
mossa : nombreuses variantes en savoy. morsa, mofa
finir de s'essuyer et il en mit un peu au sommet de la tête de
pano, sanzhon: mots très répandus en FP
l'homme et en laissa tomber un peu par ci par là et il dit
d(e)ze : "il dit" (passé simple)
après : ces pauvres bêtes n'ont pas assez eu à manger ; il faut en
zu : ce part. passé a de nombreuses formes en FP
faire un autre. Et il fit une femme comme il avait fait l'homme. Il mit
femala : ce mot est rarement péjoratif en FP
bien de la mousse sur le sommet de la tête de la femme, mais il n'y
sanzhon : souvent ici on a eu un passage on > an
en avait pas assez. Et comme il était au bout de son ouvrage et
bè : le mot "bec" a souvent aussi le sens de "bout"
qu'elle était la dernière oeuvre de la création, il dit : il faut faire
uvra : dans ce parler, ce mot désigne plus souvt le "vent" (< AURA)
comme font les maçons, il faut planter le bouquet, et il prit une
mafon : -f- est ici une évolution normale; bokè : surtout "fleur"
poignée de mousse et la mit au beau milieu de la femme, juste où il
just : ce mot (semi-savant) est, comme ici, souvent en [ʒ] en FP
avait mis la "quillette" à l'homme et il mit un peu de mousse pour la
mètu : là où on a **metre**, le partic. passé est souvent en -u
finir. Et puis, avec une (tige d')ombellifère, il souffla au bec à tous
fourni : variante fréq. en FP; kokouwa : "ciguë, berce..."
deux et il donna la vie. Et ils étaient tellement contents d'être en vie
vya : via < via < lat. VITA, évolution très fréq. en FP
qu'ils battirent les entrechats et le bouquet à la femme tomba : mais
batiran : passé simple
la "quillette" tint bon. Et le bon Dieu les prit par la main et les
tin : forme irrégulière, probabl. due à l'influence du fr.
mena dans un beau jardin et leur dit : mes enfants, voici des
tlé : ici le groupe 'cl-', même secondaire, a évolué vers 'tl'

pre, tlé dé pome, tlé dé grafyon, tlé dé tyu,
peréts, que-lé des pomes, que-lé des grafions, que-lé des chous,
dé rove è dé patn̠alye, vo povi mezhi de to è voz an
des râves et des patenalyes, vos povéd megiér de tot et vos en
regolo, mé mouz anfant, vo défande de toshi sl ôbre de
regalar, mas mos enfants, vos dèfendo de tochiér cél âbro de
pome rénète. Se voz an mezhi, vo fari trè de fôrse
pomes rênètes. Se vos en megiéd, vos faréd trop de fârces
dyan le monde. Zhe le gorde par me ; y è pè mon déssér.
dens le mondo. Je lo gouârdo por mè ; il est por mon dèssèrt.
La fèna dze : le bon Dyeû noz a fé man lyu, zhe wè mezhi
La fèna desét : le bon Diô nos at fêt 'ment lui, je vouè megiér
man lyu. È la sarpa ke se la vèlyive è ke fretelyive de la
'ment lui. Et la sarpent que sè la velyêve et que fretelyêve de la
ka̠wa an la vèyan veni lye dze : vin pi, y è bon, i vo fara
cova en la veyant venir lyé desét : vin pir, il est bon, il vos farat
plézi. È la fem̠ala an pran è an mezhe. È man l avè zha
plèsir. Et la femala en prend et en mege. Et 'ment el avêt ja
mezhya dé pre è dé pome l ètè tèlama kanfla ke le
megiê des peréts et des pomes el étêt tâlament conflla qu'el
se mète a pèto for. Ôdan que n avè jamé awi pèto se
sè mètat a petar fôrt. Adam que n'avêt jamés avoui petar sè
revire prèstaman déri lyu. È la fèna u tan vargo̠nye d'étre
revére prèstament dèrrér lu̠i. Et la fèna ut tant vèrgogne d'étre
k̠anfla ke l ala kri trè fo̠lye de tyu è awé on-n-avan,
conflla qu'el alat querir três folyes de chou et avouéc un avanc,
le s an fe on feûdor è i fe le premi feûdor. Alôr i se mi̠ran
el s'en fit un fordâr et il fut le premiér fordâr. Alôr ils se miront
a se kôrato apré dyan le kourti, i se wito̠van dyan lou pro è
a sè coratar aprés dens le cortil, ils sè vouitâvont dens los prâts et
shaplo̠van lou blo. Si byin que le gorde chanpétre lyeû fote dé
chaplâvont los blâts. Si ben que le gârde-champétro lor fotét des
gran kou de pi u ku. È kan i furan defeûr, Ôdan se
grants coups de piéd u cul. Et quand ils furont defor, Adam sè
lamantove, sanfoke le bon Dyeû ve̠nye... (Fanfwé de la Lo̠ta)
lamentâve, cen fât que le bon Diô vegnit... (Fanfouès de la Lota)

poires, voici des pommes, voici des cerises, voici des choux,
pre : masculin (< neutre latin); grafyon : "griotte, bigarreau"
des raves et des carottes, vous pouvez manger de tout et vous en
patnalye : un des nbreux noms FP de la carotte (< PASTINACA)
régaler, mais mes enfants, je vous défends de toucher cet arbre de
défande : la chute du -o maintient toutef. la particul. de la 1e p. sg
pommes reinettes. Si vous en mangez, vous ferez trop de farces dans

le monde. Je le garde pour moi ; il est pour mon dessert.
par : "par", mais "pour" devant un pronom personnel
La femme dit : le bon Dieu nous a faits comme lui, je veux manger
lyu : variante fréquente (à côté de li); wè : < vwè (évol. régulière ici)
comme lui. Et le serpent qui se la surveillait et qui frétillait de la
sarpa : le plus souvent fém. en FP, comme en latin; sè : intraduisible
queue en la voyant venir lui dit : viens donc, c'est bon, il vous fera
pi : se rencontre en FP dans le sens "donc, seulement"
plaisir. Et la femme en prend et en mange. Et comme elle avait déjà

mangé des poires et des pommes elle était tellement gonflée qu'elle
kanfla : adjectif verbal
se mit à péter fort. Adam qui n'avait jamais entendu péter se
awi : "ouïr, ouï", ce mot n'est pas senti comme vieilli partout
retourna prestement derrière lui. Et la femme eut si honte d'être
u : passé simple du verbe "avoir"
gonflée qu'elle alla chercher trois feuilles de chou et avec un osier,
kri : "quérir, aller chercher", on sait où l'objet se trouve
elle s'en fit un tablier et ce fut le premier tablier. Alors ils se mirent
feûdor : < germanique 'faldare'; miran : forme influencée par le fr.
à se courir après dans le jardin, ils se vautraient dans les prés et
kôrato : "courir çà et là"; se witovan : "s'ébrouaient, se roulaient"
abîmaient les blés. Si bien que le garde-champêtre leur flanqua des
shaplovan :"hachaient"; si byin que le gorde chanpétre : pur français
grands coups de pied au cul. Et quand ils furent dehors, Adam se
defeûr : < lat. DE FORIS, qui a donné le fr. 'dehors' (anc. fr. 'fors')
lamenta, alors le bon Dieu vint... (François de la Hotte)
sanfoke : "alors, ainsi, c'est pourquoi", littér. "ça fait que"

ARVELÂ, BÉL ARVELÂ...   Pierre GRASSET
ARVELÂR, BAL ARVELÂR...

U kminchmin y ava lou bouè.
U comencement y avêt lo bousc.

Lou vârnye vèr kevrivan teute le montanye, lou shâtnyé
Los vârgnos vèrds cuvrîvont totes les montagnes, los châtagnérs
vardachu, lou fayâ folyu rinplivan le konbe, le plan-ne é
vèrdassus, los foyards folyus remplîvont les combes, les planes et
lou molâ. Dzeu louz âbre tra fa yô ma orè, lou lo, louz eur
los molârds. Desot los âbros três fês hôts 'ment ora, los lops, los ors
se dévorâvan intre lo. Dyin lez ègue ron-nante de le rvyére,
sè dèvorâvont entre lor. Dens les égoues ronantes de les reviéres,
de passon monstre, de sarpin fabloulo sortivan de l ékemæ
des pèssons monstros, des sarpents fabulos sortîvont de l'ècuma
d le kaskâde, é dyin louz è, yo k volâvan louz églye é lou
de les cascâdes, et dens los êrs, yô que volâvont los aglles et los
korbé, de kaban volan fron-nâvan intre louz éluide ke
corbéls, des cabans volants fronâvont entre los èludes que
reuzhueuyévan.
rogeyévont.
U mintin d chô monde sarvazhe, de chorchére ke pourtan l mâ,
U méten de cél mondo sarvâjo, des sorciéres que pôrtont le mâl,
dez èspri malin, de trumô sorti dra fi de louz Infè
des èsprits malins, des trumâls sortis drêt fil de los Enfèrns
mènâvan lo snagôgæ, sin k le Bon Dye vnyis i betâ
menâvont lors senagôgues, sen que le Bon Diô vegnisse y betar
son nâ, é loz urle se débredâvan la nué dyin lou vin du
son nâs, et lors hurlos sè dèbredâvont la nét dens los vents du
krué tin é lou tounére ke brinâvan.
crouyo temps et los tonéros que brinâvont.
Mâleu a chô k se pardyéve dyin slou mouvé pâ ! Lou bouè
Mâlhor a cél que sè pèrdéve dens celos movés pâs ! Los bouscs
étan l payi du Dyâble, é l Dyâble éta parteu.
étant le payis du Diâblo, et le Diâblo êtêt partot.

ARVILLARD, BEL ARVILLARD
graphie de Conflans, la traduction est celle de l'auteur

Au commencement était la forêt.
  ava : forme fréquente de l'imparf. en Savoie

Les sapins verts couvraient toutes les montagnes, les châtaigniers
  vârnye : désigne un certain type de sapin
touffus, les fayards feuillus remplissaient les vallées, les plaines et
  fayâ : désigne le hêtre; plan-ne : corresp. à ['plãn(ə)]
les collines. Sous les arbres gigantesques, les loups, les ours
  molâ : mot régional très fréquent pour désigner une petite éminence
se dévoraient entre eux. Dans les eaux rugissantes des rivières,
  tra fa yô ma orè : "trois fois hauts comme aujourd'hui"
des poissons géants, des serpents fabuleux surgissaient de l'écume
  fabloulo : dérivé direct de fabla; ékemæ : -æ caractérist. locale
des cascades, et dans les airs, où volaient les aigles et les
  dyin : forme fréq. en Savoie
corbeaux, des dragons ailés jaillissaient au milieu du rougeoiement
  éluide : mot FP pour "éclair"
des éclairs.
  reuzhueuyévan : "rougeoyaient"
Au coeur de cet univers sauvage, des sorcières maléfiques,
  mintin : cf fr. 'mitan'; sarvazhe : la termin. -o tend aujourd. à s'amuïr
des esprits malins, des démons sortis tout droit des enfers
  dra fi : litt. "en droit fil"; trumô : prob. < ter u mô "attire au mal"
menaient leurs sabbats, sans que le Bon Dieu ne vienne y mettre
  snagôgæ : le mot 'synagogue' désigne un tumulte ou un 'sabbat'
son nez, et leurs hurlements se déchaînaient la nuit dans les vents de
  loz : "leurs" et non "les"; débredâvan : "débridaient"
tempêtes et les grondements du tonnerre.
  krué tin : "mauvais temps"
Malheur à celui qui s'égarait dans ces lieux maudits ! La forêt
  pardyéve : noter l'imparfait en -yéve
était le domaine du Diable, et le Diable était partout.
  éta, étan : imparf. local du verbe "être"

Y ava nyon nyonsin. Arvelâ éta pâ onko
Y avêt nion nion-sens. Arvelâr étêt pas oncor
Arvelâ. Y ava pâ la Shâ, y ava pâ l Molyé. Ni
**Arvelâr. Y avêt pas La Châl, y avêt pas le Molyèt. Ni
Pèzâ, ni Levè avan balyè lo non a lou do mon ke
Pezârd ni Levèt avant balyê lor nom a los doux monts que**
bounon Arvelâ orè. Préle ègzistâve pâ, la Tâblæ é le
**bôrnont Arvelâr ora. Prèle ègzistâve pas, la Tâbla et le
Varné pâ mé.
Vèrnely pas més.**
Slamin La Roshetæ, a l étra dyin on bokon d prâ bâ in bordeuræ
Solament La Rochèta, a l'ètrêt dens un bocon de prât bâs en bord la plan-næ, konyéve in grevolan kôke mézon dzeu le
dera de la plana, cognêve en grevolant quârques mèsons desot les
moraye du shâtyô k Ugon abitâve avoué sa fyènæ, l Odelinæ
muralyes du châtél qu'Hugon habitâve avouéc sa fèna, l'Odelina,
la felye du Kontye Èmon, souz éfan, é teut on-na palyachè d
la filye du Comte Èmon, sos enfants, et tota una palyasse de
Monchu, de paplyoule é de domstike.
Monsiors, de parpioles et de domesticos.

Légendes d'autrefois transcrites dans le dialecte savoyard d'aujourd'hui, nous avons là un précieux témoignage contemporain directement relié au passé : cette introduction nous plonge au coeur de ces récits où des personnages historiques se mêlent aux êtres surnaturels : le diable, les sorcières, les dragons, la vouivre... On savoure à la fois la poésie (coccinelle = belle dame) et l'ironie (paillasse = cour du seigneur).
De plus, avec la traduction d'origine en regard, nous avons le rare privilège de lire le même écrivain dans deux langues, en évitant tout risque de trahir sa pensée.

Il n'y avait personne nulle part. Arvillard n'était pas encore nionsin : littér."aucun sens"; Arvelâ : velâ < lat. VILLARE "domaine" *Arvillard. Il n'y avait pas La Chaz, il n'y avait pas le Molliet. Ni* la Shâ : < prélatin *calm- "hauteur" *Pezard, ni Levet n'avaient donné leur nom aux deux monts qui bornent Arvillard aujourd'hui. Presle n'existait pas, la Table et le* orè : forme locale de 'ora' *Verneil, pas davantage.*

Seule, La Rochette, à l'étroit dans une clairière en bordure bordeuræ : la termin. -æ résume bien les var. FP après -r- : -a / -e *de plaine, serrait frileusement quelques maisons sous les* koniéve: "serrait, tassait" (cf fr. 'cogner'); grevolan : "grelottant" *murailles du château, où Hugon demeurait avec sa femme Odeline,* fyènæ : 'fy-' palatalisation déjà rencontrée (pardyéve, dyin) *la fille du Comte Aymon, ainsi que ses enfants, et toute une cour de* palyachè : littér. "matelas de paille" ! *"Mossieux", de belles dames et de domestiques.* Monchu : ironique (sauf au curé); paplyoule : littér. "coccinelles"

FOREZ

La région historique du Forez ne coïncide pas exactement avec la région linguistique FP, plus restreinte. Le domaine FP englobe St-Etienne, Montbrison, Roanne (qui se trouve à la limite d'une zone où le FP se rapproche du français), mais ne dépasse pas vers l'Ouest le département de la Loire, les Monts du Forez représentant la frontière linguistique. Plus on se rapproche du domaine d'oc, moins la double évolution de la première conjugaison latine est présente. On ne trouve à l'Ouest plus que la conjugaison en -**ar**, comme en occitan. Plus vers l'Est, il est au contraire difficile de bien délimiter la frontière avec le dialecte lyonnais.

Le *Dictionnaire du Patois Forézien* de L.-Pierre Gras remonte à 1863, et en 1864, J.B. Onofrio publiait un *Essai d'un glossaire des patois de Lyonnais, Forez et Beaujolais*. Près de 10 ans avant Ascoli, Onofrio voyait déjà la parenté de dialectes de Savoie, de la Bresse et du Bugey et d'une partie du Dauphiné, formant une zone intermédiaire. En 1911 paraissait le *Dialecte de Saint-Etienne au XVIIe siècle* d'Eugène Veÿ. Tous ces ouvrages ont fait l'objet de rééditions. La littérature forézienne commence d'ailleurs à St-Etienne au XVIIe s., avec des poèmes, des noëls, des fables, etc.

Mais on ne saurait parler de la poésie de cette région sans faire une place à part au grand homme de Rive-de-Gier, Guillaume Roquille. Rimant aussi bien en patois qu'en français, il aurait peut-être pu connaître une renommée moins locale s'il n'avait été, de son propre aveu d'ailleurs, si souvent au cabaret, et s'il s'était montré moins anticlérical et anarchiste. Son poème *Breyou et so disciplo, poèmo burlesquo*, relatant à sa manière[1] l'émeute de Lyon en 1834, lui valut une poursuite correctionnelle. Revenu dans sa ville natale infirme et misérable, il finit concierge dans une usine en 1860. Son oeuvre vient d'être réédité par Anne-Marie Vurpas, sous le titre *le Carnaval des Gueux*, avec la traduction en français et l'ensemble des informations sur sa vie, ses idées et sa langue.

---

[1] Mais pour les historiens aujourd'hui, il semblerait que Roquille n'ait pas été si loin de la réalité : la provocation policière et les massacres relatés dans les détails ont été corroborés par d'autres documents.

Il est difficile de situer avec certitude son parler dans le dialecte du Forez ou dans celui de Lyon. Puitspelu dans son *Dictionnaire étymologique du Patois Lyonnais* le cite à chaque page. Mais Roquille a lui-même a revendiqué le titre de Forézien, c'est pourquoi, à la suite de L.P. Gras et d'A.M. Vurpas, nous le plaçons ici. Sa graphie, assez francisante mais bien particulière, ne nécessite que peu d'adaptation en ORA. Roquille ne négligeait pas la langue française, que l'on trouve entrelardée dans ses vers dialogués en patois, ou dans des oeuvres entièrement en français, comme *Un Dupeur dupé*, comédie en 3 actes.

Il est toujours difficile de juger un poète, mais incontestablement Guillaume Roquille fut un remarquable témoin de son temps, avec sa verve caustique et ses colères devant l'injustice et la misère de la classe ouvrière. De plus, il fut un excellent rimeur, dans les deux langues. Il a même poussé la description linguistique jusqu'à faire cohabiter dans un même poème le français *classique*, le *patois* de sa ville et un français *patoisé*, parlé par ceux dont il se sentait le plus proche, les gens du peuple. On en trouvera ci-dessous un exemple dans le poème "Lo Melon", tiré du recueil "Le Ganduaises" (1856).

La chanson "L'âne de Marion" est donnée ici dans le patois de Feurs, ancienne capitale du Forez à qui elle a donné également son appellation. On retrouve des variantes de cette chanson dans d'autres régions, en particulier en Bresse.

L'ANE DE MARION (patois de Feurs, ancienne capitale du Forez)

La Marion moudêve au moulin,	La Marion partait au moulin,
La Marion modâve u molin,	moudêve : du latin MOTARE
Père faire modre soun grain,	Pour faire moudre son grain,
Por fére modre son gran,	soun : désigne la réalisation [ū]
Avec soun petit anou	Avec son petit âne,
Avouéc son petit âno	anou : finale en -ou
Ei modêve au moulin.	Elle allait au moulin.
El modâve u molin.	
Pendant que le moulin moulët,	Pendant que le moulin moulait,
Pendent que le molin molêt,	
Le mouni la caressët,	Le meunier la caressait,
Le moniêr la caressêt,	mouni : ORA mon(i)êr
Le loup mingeave l'anou	Et le loup mangeait l'âne,
Le lop menjêve l'âno	mingeave : noter le -ge- (français)
A la porta dau moulin.	A la porte du moulin.
A la porta du molin.	dau : parallèle à 'au'
Mouni, mouni, vos avis tô	Meunier, meunier, vous avez tort
Moniêr, moniêr, vos avéd tôrt	tô : même le -r ne se prononce pas
De veire moun anou qu'est mô	De voir mon âne qui est mort,
De vêre mon âno qu'est mort	
Et le loup que le minge,	Et le loup qui le mange,
Et le lop que le menge,	
A la porta dau moulin.	A la porte du moulin.
A la porta du molin.	
J'ai dix écus dins moun gossët,	J'ai dix écus dans mon gousset,
J'é diéx ècus dens mon gossèt,	gossët : ë = [ə]
Prenis-n'en sept, laissis-n'en treis,	Prenez-en sept, laissez-m'en trois,
Prenéd-nen sèpt, lèssiéd-nen três,	
Père achetâ n'autre anou	Pour acheter un autre âne,
Por achetar n'otro âno	n' : article masculin singulier
Père revenî au moulin	Pour revenir au moulin.
Por revenir u molin.	

A MOZ AMIS DE VET VAR-DE-GI
A MOS AMIS DE VERS VAR-DE-GIÉR

Gorlanches de l'indrët onte ma vieilli mòre,
Gorlanchérs de l'endrêt onte ma viélye mâre
Me fit veire lo jour presinci de mon pòre,
Mè fit vêre le jorn, prèsence de mon pâre,
Vos seides, sins blagô, qu'ov est dués broves gins,
Vos sâde, sen blagar, qu'o est duves brâves gens,
Quoiqu'i ne seyant pòs revondzus dins l'argeint.
Quèqu'ils ne seyont pas revondus dens l'argent.
Enfin, qu'y fariant-ei ? La fortsuna volagi
Enfin, qu'y ferant-ils ? La fortuna volâge
N'a jamais yu l'invei de gnichi dins liou cagi,
N'at jamés (a)viu l'envie de nichiér dens lor câge.
Jamais aucun raccroc n'a pu los inrichi,
Jamés ôcun racrôc n'at pu los enrichir;
I n'ant yu qu'ïn garçon qu'a toujours gorlanchi;
Ils n'ant (a)viu qu'un garçon qu'at tojorn gorlanchiér.
Ov est de quou ménò, dont lo vacabonajo
O est de quél menât, dont le vacabonâjo
Est soveint lo sujët de quauqui bavardajo,
Est sovent le suj.èt de quârque bavardâjo,
Que voué dzire doux mots, portant, sin me choquò ;
Que vouè dire doux mots, portant, sen me chocar.
Au gny a pro par darrei que sant me provoquô,
O n'y at prod per dèrrér que sant me provocar,
De faisou d'imbarras, de têtes farigoles,
Des fèsors d'embarras, des tétes farigoles,
Que sont pòs dins le côs de dzictô dués paroles ;
Que sont pas dens le câs de dictar duvés paroles;
De noviaux parvegnus, que j'ai vus, dins ïn tsomps,
Des novéls parvegnus, que j'é vus, dens un temps,
Pouro comma de rats et sins reputation,
Pouvros coment de rats et sen rèputacion,

A MES AMIS DE RIVE-DE-GIER
on notera le nom local de cette ville

Vagabonds de l'endroit où ma vieille mère
  gorlanches : qui traîne ses "grolles", injure affectueuse
Me vit voir le jour en présence de mon père
  presinci : la terminaison -i indique le singulier
Vous savez, sans blaguer, que ce sont deux braves gens,
  seides (var. sêde): "savez"; dués : "deux" au féminin
Quoiqu'ils ne soient pas plongés dans l'argent.
  revondzus : noter le dz- devant -u
Enfin, qu'y feraient-ils ? La fortune volage
  fariant-ei : variante sariant é "seraient-ils"
N'a jamais eu l'envie de nicher dans leur cage.
  gnichi : gn- devant -i
Jamais aucun hasard n'a pu les enrichir.
  los inrichi : var. lo zinrichi
Ils n'ont eu qu'un fils qui a toujours flâné.
  toujours : var. toujour
C'est de cet enfant dont le vagabondage
  ov est (var. : o vêt) : c'est; dont : rare en FP
Est souvent le sujet de quelque bavardage
  soveint var. sovint; sujët var. suje; quauqui var. qôqui
Que je vais vous dire deux mots, pourtant, sans fausse honte.
  voué (sans sujet) : "je vais"
Il y en a assez, par derrière, qui savent me provoquer,
  o gny a : 2 syllabes; sant : "ils savent", local
Des faiseurs d'embarras, des têtes à l'envers,
  farigole : mot provençal "thym", et faribole "bêtise"
Qui ne sont pas dans le cas de dicter deux paroles;
  dzictô : dz- même dans les mots savants
De nouveaux parvenus, que j'ai vus, dans un temps,
  tomps : passage régulier de [ɛ̃] > [õ]
Pauvres comme des rats et sans réputation,
  Pouro : forme très fréquente (ici écrite sans -s du pl.)

Et qu'à l'hora d'ïnqueu vodriant sus ma conduitsi
Et qu'a l'hora d'enqu'houè vodrant sur ma conduite
Barfolî chôque jour et n'in reglô la suitsi.
Barfoliér châque jorn et nen règllar la suite.
Mais i sont trop bornô par me dzictô de luêt,
Mas ils sont trop bornâs por mè dictar des louès,
Surtout quant o s'agit d'écrire lo patuêt.
Surtot quand o s'ag.it d'ècrire lo patouès.
I pôssarian viengt ans à se creuzô la têta,
Ils passerant vengt ans a sè crosar la téta,
Que jamais d'ïn bon vâr i fariant la conquêtta.
Que jamés d'un bon vèrs ils ferant la conquèta.
I souriant mio que me distingô la boisson :
Ils sârant mielx que mè distingar la bêsson :
Véqua tot liou tôlant et tota liou passion.
Vê-qué tot lor talent et tota lor passion.
Dins ce que je dzo qui, ne faut pô se méprindre,
Dens cél que je dio qué, ne fâlt pas sè mèprendre,
Gorlanches, moz amis, volo pô yi comprindre
Gorlanchérs, mos amis, volo pas y comprendre
In grand nombro de gins qu'habitont dins l'indrêt,
Un grant nombro de gens qu'habitont dens l'endrèt,
Et que seriant fôchi de faire ïn possa-drêt.
Et que serant fâchiês de fére un pâssa-drêt.
N'attaquarai jamais de gins à caractèro,
N'ataqueré jamés de gens a caractèro
Que vant liou drët chamin ou que cognusso guèro.
Que vant lor drêt chemin ou que cognesso gouéro.
Mais par quelo pedants que creyont tot savé,
Mas por quelos pedants que creyont tot savêr,
Que sont par rezonnô plus sots que de pané,
Que sont por rèsonar ples sots que des panérs,
Quand lo tonar de Dzo viendri su ma carcaci
Quand lo tonèrro de Diô vindrêt sur ma carcasse
Brure et me menaci de m'ébolly la faci,
Brure et mè menaciér de m'èbolyir la face,

Et qui, à présent, voudraient sur ma conduite,
  à l'hora d'ïnqueu : "à l'heure d'aujourd'hui"
Bavarder chaque jour, et en régler le mouvement.
  barfolî : ± fr. "bafouiller" ; n'in : "en"
Mais ils sont trop bornés pour me dicter des lois,
  luêt : le 't' n'est pas étymologique et ne se prononce pas
Surtout quand il s'agit d'écrire le patois :

Ils passeraient vingt ans à se creuser la tête,
  pôssarian : terminaison en -ian
Que jamais d'un bon vers ils ne feraient la conquête.
  vâr : le "vers" en poésie
Ils sauraient mieux que moi reconnaître la boisson :
  boisson : forme influencé par le fr.
Voilà tout leur talent et toute leur passion.

Sur ce que je dis ici, il ne faut pas se méprendre,
  qui (= iqui) : "ici"
Flâneurs, mes amis, je ne veux pas inclure
  comprindre : "inclure", ce sens existe aussi en fr.
De nombreuses personnes qui habitent le pays,

Et qui seraient fâchées de donner lieu à une injustice.
  faire ïn possa-drêt : "faire un passe-droit"
Je n'attaquerai jamais des gens à caractère
  n'attaquarai : exemple de 1ère sg sans pronom sujet
Qui vont leur droit chemin ou que je ne connais guère
  cognusso : l'infinitif est ici cognutre
Mais au sujet de ces pédants qui croient tout savoir,

Qui sont pour raisonner plus sots que des paniers,
  rezonnô : "raisonner" (lat. *RATIONARE)
Quand le tonnerre de Dieu viendrait sur ma carcasse

Faire un grand bruit et menacer de m'écraser la face
  brure : cf. fr. 'bruire'; ébolly : cf. fr. 'éboulis'

Rin ne pora jamais arrêtô mon transpôrt,
Ren ne porrat jamés arrètar mon transport,
Durïn-jo par iquin être pugni de môrt.
Devrê-jo por iquen étre puni de mort.
O po don supportô de parellie magniére
On pot donc suportar de parèlye maniére
Quant o vé quelo viaux dins tote le charrére
Quand on vêt quelos véls dens totes les charréres
Vo tézô d'in âr fiar, faire met de varé
Vos têsar d'un êr fièr, fére més de varél
Que s'il etsant sortsi de la quouèssi d'ïn ré.
Que s'ils étant sortis de la couèsse d'un rê.
Mais q'o se plus parlô de tous queloz implôtro,
Mas qu'o sêt ples parlar de tôs quelos emplâtros,
De queloz arlequins qu'ant de tête de plôtro ;
De quelos arlequins qu'ant des tétes de plâtro ;
Que me tenant la paix, je liou dzire plus rin,
Que me tenont la pèx, je lor dirê ples ren,
Je n'ai pô l'intention de liou cassô lo rein,
Je n'é pas l'entencion de lor cassar los rens,
Gni ne prétindô pô liou faire de satsire :
Ni ne prètendo pas lor fére des satires :
Ov est par vos galô que j'essayo d'ecrire,
O est por vos galar que j'èssèyo d'ècrire.
Par la gorlanchari sus voutron général,
Por la gorlancherie su voutron g.ènèral.
Traitòs-me, so vo plait, de franc original ;
Trètâd-mè, s'o vos plét, de franc orig.inal ;
Dzites sins vos génô : "lo garçon chiz Roquilli,
Déte sen vos g.ènar : "lo garçon chiéz Roquilye
N'est qu'ïn grand folligat que traine la guenilli !"
N'est qu'un grant foligat que trêne la guenilye !"
Queles môtrues rézons n'arrachont pôs l'honneur,
Queles mâletrues rèsons n'arrachont pas l'honor.
J'amo miox rin avei que d'être ïn grand seigneur;
J'âmo mielx ren avèr que d'étre un grant sègnor,

Rien ne pourra jamais arrêter ma colère,
 transpôrt : sens littéraire ancien
Devrais-je pour cela être puni de mort.
 durïn : 1ère sg en '-in'; pugni : 'gn' devant 'i'
On peut donc supporter de pareilles manières
 o po : "on peut", remarquer la forme de "on"
Quand on voit ces veaux dans toutes les rues
 charrére : "voie charrière"
Vous toiser d'un air fier, faire plus de tapage
 varé: étymol. inconnue, mais mot présent en oc
Que s'ils étaient sortis de la cuisse d'un roi.
 quouèssi : lat. COXA "hanche"
Mais qu'il ne soit plus parlé de tous ces emplâtres,
 implôtro : injure très répandue
De ces arlequins qui ont des têtes de plâtres ;

Qu'ils me laissent la paix, je ne leur dirai plus rien,
 tenant : exemple de subj. prés. (3e pl.)
Je n'ai pas l'intention de leur casser les reins,

Ni ne prétends leur faire des critiques :
 satsire : évidemment le mot fr. "satire", adapté
C'est pour vous amuser que j'essaie d'écrire.
 galô : même racine que "gaillard", "galant"...
Pour la flânerie, je suis votre général.
 voutron : régulier; général = g.ènèral [3] partout
Traitez-moi, s'il vous plaît, de franc original;
 so vos plait : exactement "s'il vous plaît"
Dites, sans vous gêner : le garçon de chez Roquille
 Roquilli : la forme patoise de son propre nom
N'est qu'un grand fou qui traîne la guenille.
 ïn : forme locale de l'article indéfini "un"
Ces mauvaises raisons n'arrachent pas l'honneur.
 queles : "ces" féminin pluriel
J'aime mieux ne rien avoir que d'être un grand seigneur,
 miox, variante mio, ORA **mielx**

Mait que la brôvetò occupeise sa plôci :
Mas que la bravetât ocupése sa plâce :
Dins lo fond de mon coeur, véqua tota la grôci
Dens lo fond de mon cor, vê-qué tota la grâce
Que j'attindo de quou qu'a creyô l'ugnivârs.
Que j'atendo de quél qu'at crèâ l'univèrs.
Adzo, mos viox amis, je fignésso mos vârs.
Adiô, mos viélys amis, je finésso mos vèrs.

Guillaume Roquille
Ballon d'essai d'un jeune poète forézien

Pourvu que l'honnêteté occupe sa place
  occupeise : subjonctif présent (forme de l'imparfait)
Dans le fond de mon coeur; voici toute la grâce
  véqua : "voici", "voilà"
Que j'attends de celui qui créa l'univers.
  quou : celui
Adieux, mes vieux amis, je termine mes vers.
  fignésso : "je finis", forme inchoative

LE GANDUAISES (1856)
LES GANDOUÈSES.

Lo Melon.
Lo Melon.
Au vers 121, les gendarmes arrivent au milieu d'une bagarre.

Mais je veyo vegni deins noutron cabare
Mas je veyo vegnir dens noutron cabarèt
Tré geins qu'ant de chapiaux fôrma d'hòreing sore.
Três gens qu'ant des chapéls formâs d'hâreng sorèt.
- Eh ! bonjour mes amis, vous faut-il une escorte ?
Nous venons tout exprès pour vous prêter main forte.
Et posant bròvameint l'orpa su le cole
Et posant brâvament l'hârpa sur le colèt
Dou vigore Petou qu'est lo plu camborle,
Du vigoros Petou qu'est lo ples camborlèt,
Alor lo brigadzi, que pòrle mio qu'ïn ange :
Alôr lo brigadiér, que pârle mielx qu'un ange :
- Pardonne-moi, dzit-é, si ma main te dérange,
- Pardonne-moi, **dit-il**, si ma main te dérange,
Quel est ton nom ? - Petou. - Quelles sont vos raisons ?
Quel est ton nom ? - **Petou.** - Quelles sont vos raisons ?
- C'est pour un Ampouézet qui vendait des melons.
Rebreyi l'appelait un fromogeu d'étrable,
Moi n'ai dit que son chef sayé passer le râble,
N'ai dit que le pain blanc, l'ouvrier l'affanait,
Et que c'était toujours le gros qui le panait.
Rebreyi, là dessus, i m'a t-appelé peille,
Et c'est rien que pour ça, Monsieur, qu'on se sempeille.

<u>fromogeu</u> : "fumier", forme foréz.; <u>étrable</u> : on reconnaît le '-r' non étymologique du FP; <u>sayé</u> : forme loc. de "savait", passée en fr. local, <u>affanait</u> : "gagnait difficilement", anc. fr. 'ahaner'; <u>panait</u> : "nettoyait" > "mangeait"; <u>peille</u> (= <u>pelli</u>) : "guenille"; <u>sempeille</u> : "maltraite".

LES HISTOIRES DRÔLES

Le Melon

Mais je vois venir dans notre cabaret
  veyo : forme FP régulière "je vois"
Trois hommes qui ont des chapeaux hauts de forme.
  d'hòreing sore : "de harengs saurs", noter le 'h' non aspiré
- Eh ! bonjour mes amis, vous faut-il une escorte ?
Nous venons tout exprès pour vous prêter main forte.
Et posant avec force sa griffe sur la nuque
  orpa : "griffe", cf. fr. 'arpion'
Du vigoureux Petou qui est le plus cagneux,
  camborle : < lat. CAMBA "jambe", mais influence d'oc
Le brigadier, qui parle mieux qu'un ange :
  ce vers rime avec un vers presque entièrement en français
- Pardonne-moi, dit-il, si ma main te dérange,
  dzit-é : forme régulière
Quel est ton nom ? - Petou. - Quels sont vos sujets de dispute ?

- C'est pour un Ampuisais qui vendait des melons.
Rebreyer l'appelait un fumier d'étable,
Moi j'ai dit que son chef savait passer le râble,
J'ai dit que le pain blanc, l'ouvrier le gagnait avec peine,
Et que c'était toujours le plus gros qui le mangeait.
Rebreyer, là-dessus, il m'a appelé guenilleux,
Et c'est rien que pour ça, Monsieur, qu'on se déchire.

Remarquable exercice de style, que les lecteurs patoisants de la région ont dû savourer à sa juste valeur : une narration en patois, un dialogue en français, mais où les clients du cabaret parlent un français local très patoisé, dans lequel les mots FP sont simplement et habilement francisés.

Chanson à boire de St-Etienne

BETTA A BEIRE ET BEUS
BETA A BÊRE ET BÊS

Betta à beire
Beta a bêre
Et beus, cadet ;
Et bês, cadèt.
Que trïnque et beut de ron ne désespère ;
Qui trinque et bêt de ren ne dèsèspère ;
Betta à beire
Beta a bêre
Et beus, cadet ;
Et bês, cadèt.
L'espéronce a doux raisïns par tetet.
L'èspèrance at doux rèsims por tetèts.

Noutron cura prêche que sus la terra,
Noutron curâ prège que sur la tèrra,
Dzio nous a trat seulamont par patsî ;
Diô nos at trèt solament por patir ;
Si la via n'est qu'ün catza de misèra,
Se la via n'est qu'un catiê de misèra,
Un po de vïn nous aide à la coutsî.
Un pou de vin nos éde a la cotir.

Parque gremî, se minâ les çarvelles,
Porquè gremir, sè minar les cèrvales,
Sus l'aveni que pot nous désoulâ ?
Sur l'avenir que pot nos dèsolar ?
Tant qu'au ny aura de vondêmes nouvelles
Tant qu'o y arat des vendenges novales
De tout malheu vous pot se counsoulâ.
De tot malhor vos pot sè consolar.

VERSE A BOIRE ET BOIS
  betta : v. betar, 'donner (à manger, à boire)'

Verse à boire

Et bois, cadet ;

Qui trinque et boit de rien ne désespère.
  que : forme rare pour 'celui qui'
Verse à boire

Et bois, cadet ;

L'espérance a deux raisins pour mamelles.
  espéronce : 'on' pour 'an' typique de St-Etienne

Notre curé prêche que, sur la terre,
  prêche : 'ch' plus proche du français que du FP
Dieu nous a mis seulement pour pâtir.
  Dzio, patsî : assibilisations typiques de la région
Si la vie n'est qu'un "fromage sec" de misère,
  Si : forme lyonnaise et forézienne
Un peu de vin nous aide à l'avaler.
  vïn : i nasal

Pourquoi gémir, se creuser les cervelles ;

Sur l'avenir qui peut nous désoler ?

Tant qu'il y aura des vendanges nouvelles,
  ny : tendance à amalgamer 'y' et 'en'
De tout malheur on peut se consoler.

Beire on trïnquant, mêmou lou vïn de cochi,
Bêre en trincant, mémo lo vin de coche,
Miox qu'ün Feron neye la vanita ;
Mielx qu'un Feron neye la vanitât ;
Et lou plus fou, sans furâ sa cabochi,
Et lo ples fou, sen forar sa caboche,
Sus lous carrouns trove l'égalita.
Sur los carrons trove l'ègalitât.

Que l'ombitioux parvenu se gounfleise
Que l'ambicios parvenu sè gonflése
Sous sa bâteuri et ses reliques d'o ;
Sot sa bâture et ses reliques d'or ;
Dous deis de vïn, si boun marchi qu'au seise
Doux dêgts de vin, si bon marchiê qu'o sêse
Ant mai de prix que l'oncens dau bardo.
Ant més de prix que l'encens du bardot.

On bareulant dessus iquetta bula,
En barolant dessus iquèta bôla,
A lios visïns lous grans portont malheu,
A lors vesins los grants portont malhor.
Fauta d'amâ ce qu'ame la crapula,
Fôta d'amar cen qu'âme la crapula,
Soun Dzio, soun vïn, gardâ dou liards de coeu.
Son Diô, son vin, gardar doux liards de cor.

De tous lous lats, par omplire sa saqua,
De tôs los lâts, por emplire sa saca,
Pot-ou rognî couma lou pousseda ?
Pot-on rognér coment lo possèdâ ?
N'attendouns pas d'avé posa casaqua
N'atendons pas d'avêr posâ casaca
Par qu'ün ami trïnque à notra sanda.
Por qu'un ami trinque a noutra sandât.

208

Boire en trinquant, même le vin à crédit,
  trinquant : le mot fr. vient lui-même de l'allemand
Mieux que le Furens noie la vanité ;
  Feron : le Furens, rivière de St-Etienne
Et le plus fou, sans creuser sa caboche,
  furâ : lat. FORARE
Sur les carreaux trouve l'égalité.
  carrouns : mot FP pour "carreau"

Que l'ambitieux parvenu se gonfle
  ombitioux : passage régulier an > on
Sous son bât et ses reliques d'or ;
  o : l'r final s'est souvent perdu en FP
Deux doigts de vin, si bon marché qu'il soit
  seise : forme plutôt occidentale
Ont plus de prix que l'encens du baudet.
  bardo : ce mot existe en fr.

En roulant sur cette boule,
  bareulant : "dégringoler", de 'bas' et 'rouler'
A leurs voisins, les grands portent malheur,

Faute d'aimer ce qu'aime la crapule :

Son Dieu, son vin, et de garder deux liards de coeur.
  liards : monnaie d'origine dauphinoise très répandue en FP

De tous les côtés, pour emplir son sac,
  lats : latin LATUS, cf. fr. 'latéral', 'lé', 'lez'
Peut-on rogner comme un possédé ?
  lou pousseda : littér. "le p.", tournure aussi en anc. fr.
N'attendons pas d'avoir posé casaque
  casaqua : mot italien d'origine persane
Pour qu'un ami trinque à notre santé.
  sanda : variante locale de santât

Qui sat gardâ sa couscionci legéri
Qui sât gouardar sa conscience legiére
Pot marchî dreit, mêmou devan lou sort ;
Pot marchiér drêt, mémo devant lo sôrt ;
Et tau que n'est feublou qu'avouai la neiri,
Et tâl que n'est fêblo qu'avouéc la nêre,
Ne craint jamais ni la via ni la mort !
Ne crend jamés ni la via ni la môrt !

(Chansouns et Brands de Babochi, St-Etienne, 1853)

Qui sait garder sa conscience légère
  couscionci : évolution populaire plus qu'en français
Peut marcher droit, même devant le sort ;

Et tel qui n'est faible qu'avec la bouteille,
  neiri : littér. "la noire", très fréquent localement
Ne craint jamais ni la vie ni la mort !

(*Chansons et Branles (danses)* de Baboche, St-Etienne, 1853)

LES REPROCHES A CATHERINE
(en patois de la Côte-de-Renaison & de St-Haon, dans le Roannais)

Ton himeur est, Catherine,
Ton humor est, Caterine,
Plus aigre qu'un shenin vard ;
Ples égre qu'un chanin vèrd ;
On ne sat que te shagrine,
On ne sât què tè chagrine,
Ni que gagne ni que pard.
Ni què gagne ni que pèrd.
Qu'on saye sadze ou qu'on badine,
Qu'on sêye sâge ou qu'on badine,
Avè tei ou est sou pour sou,
Avouéc tè o est sou por sou,
Et coume in fagot d'épine,
Et come un fagot d'èpenes
Te piques par tus lus bouts.
Te piques per tôs los bôts.

Si ze parle, te t'offenses ;
Se je parle, te t'ofenses ;
Te grondes, si ze me tais ;
Te grondes, se je mè tês ;
Quand ze me plaigne, te danses ;
Quand je me plègne, te danses ;
Si ze riou, ze te déplais.
Se je rio, je te dèplês.
A toun oreille mâ faite,
A ton orelye mâl fête,
Mes shansons ne valont ren ;
Mes chançons ne valont ren ;
Et ma tant douce musette
Et ma tant doce musète
N'est qu'ine musique de shen.
N'est qu'une musique de chin.

Ton humeur est, Catherine,

Plus aigre qu'un fruit acide et vert ;
 shenin : littér. "canin"
On ne sait ce qui te chagrine,

Ni qui gagne ni qui perd.

Qu'on soit sage ou qu'on badine,
 saye : forme occidentale de 'sêt'
Avec toi c'est sou pour sou,

Et comme un fagot d'épines,

Tu piques par tous les bouts.

Si je te parle, tu t'offenses,
 ze : < dze, évolution due à la fréquence
Tu grondes, si je me tais ;
 tais : rare, en FP habituellement **quèsiér**
Quand je me plains, tu danses ;
 plaigne : reste de la forme en -o, différ. du fr.
Si je ris, je te déplais.
 riou : < riou < riou
A ton oreille mal faite,

Mes chansons ne valent rien ;
 valont : forme FP bien conservée
Et ma si douce musette

N'est qu'une musique de chien.

213

D'in pot plan de marzoulaine
D'un pot plan de marjolane
Quand ze te f'sis in présent,
Quand je te fesé un prèsent,
Aussitout, par moun etrenne,
Assetout, por mon ètrène,
Te l'as cassa, mei présent.
Te l'âs cassâ, mè prèsent.
Si z'avain cru moun couradze,
Se j'avê cru mon corâge,
Après iqueu biau grand marci,
Aprés iquel biô grant marci,
Ma man, dins iquele radze,
Ma man, dens iquele rage,
Te cassa la gule aussi.
Tè cassêt la gole assé.

L'autre zour, d'in air honnête,
L'otre jorn, d'un êr honéte,
Quand ze t'ôtis moun shapiau,
Quand je t'ôté mon chapél,
Plus vite qu'ine arbalête,
Ples vite qu'une arbalète,
Te le f'sis sauter dins l'ieau ;
Te lo fesés sôtar dens l'éoue ;
Et pus, d'in air d'arrogance,
Et pués, d'un êr d'arrogance,
Sans dire ni quoi ni qu'est,
Sen dére ni què ni qu'est,
Te me baillis l'ordonnance
Te me balyés l'odonance
De m'aprousher loin de tei.
Se m'aprochiér luen de tè.

Quand z'aime ine créature,
Quand j'âme une crèature,

D'un pot joli de marjolaine

Quand je te fis un présent,
   f'sis : passé simple
Aussitôt, pour mon étrenne,

Tu l'as cassé, moi présent.

Si j'avais cru mon courage,
   z'avain : 1ère sg en -in
Après ce beau grand merci,

Ma main, dans cette rage,
   man : forme FP
Te cassait la gueule aussi.

L'autre jour, d'un air honnête,
   in : noter la différence avec supra un
Quand je t'ôtai mon chapeau,

Plus vite qu'une arbalète,

Tu le fis sauter dans l'eau ;
   ieau : forme d'oïl
Et puis, d'un air d'arrogance,

Sans dire ni quoi ni qu'est,

Tu me donnas l'ordonnance
   baillis : passé simple
De m'approcher loin de toi.

Quand j'aime une créature,

Ah ! bourgne, ou est par tout de bon ;
Ah ! bourgne, o est por tot de bon ;
Sus pas malin de ma nature,
Su pas malin de ma nature,
Pas pus qu'in sheti muton.
Pas ples qu'un chètif moton.
Mais quand moun poure savei-faire
Mas quand mon poure savêr-fére
N'est paya que de rebut,
N'est payê que de rebut,
Nom d'in shen ! dins ma coulère,
Nom d'un chin ! dens ma colère,
Sus pis qu'in tourai cornu.
Su pir qu'un torél cornu.

Satredienn' ! veis-tu, Catherine,
Satredièn' ! vês-tu, Caterine,
Ze n'y pouyou pus tenî,
Je n'y poyo ples tenir,
Ze crêve dins ma bedaïne,
Je crève dens ma bedêne,
Ou faut shandzer ou finî.
O fâlt changiér ou finir.
Te me prins par ine bushe,
Te mè prends por une buche,
Parce que z'ai l'air tut bredin,
Porce que j'é l'êr tot bredin,
Mais, tant à l'ieau vê la crushe,
Mas, tant a l'éoue vat la cruche,
Qu'elle se casse à la fin.
Qu'el sè casse a la fin.

La transcription est en ORA, mais avec adaptation aux particularismes de ce dialecte, dépourvu de paroxytons.

Ah ! fichtre, c'est pour tout de bon,

Je ne suis pas malin de ma nature,

Pas plus qu'un chétif mouton.
   sheti : lat. CAPTIVUS

Mais quand mon pauvre savoir-faire

N'est payé que de rebut,

Nom d'un chien ! dans ma colère,

Je suis pire qu'un taureau cornu.
   tourai : < lat. TAURELLUS, comme le mot fr.

Sacrebleu ! vois-tu, Catherine,

Je n'y peux plus tenir,
   pouyou : reste de la conj. FP régulière
Je crève dans ma bedaine,

Il faut changer ou finir.

Tu me prends pour une bûche,

Parce que j'ai l'air tout niais,
   bredin : même origine que fr. 'bredouille'
Mais, tant à l'eau va la cruche,

Qu'elle se casse à la fin.

Cet exemple du patois du Roannais représente ce qu'on appelle du "francoprovençal francisé", c'est-à-dire ne représentant plus toutes ses caractéristiques (quasi-neutralisation des consonnes inaccentuées) par la forte influence des parlers d'oïl contigus et surtout du français.

LYON

La ville de Lyon et sa région ont eu une littérature patoise, mais qui n'a pas compté des représentants à la hauteur de sa richesse culturelle et de ses écrivains de langue française, de Louise Labbé à Henri Béraud. On peut le regretter : l'antique *Lugdunum* a été la capitale de la Gaule, et son site, autant que sa situation géographique, à mi-chemin entre Paris et Marseille, ne pouvait que lui donner un rôle de premier ordre dans la culture de la France. A la fin du Moyen Age, des archives ont été tenues en FP, mais très tôt Lyon s'est, comme Genève, tourné vers la langue française, et l'enrichissement qu'il a apporté à sa littérature s'est donc fait au détriment de son génie propre. Les oeuvres ci-dessous présentent donc davantage un intérêt linguistique, dialectologique, que véritablement littéraire.

Au Moyen Age, mentionnons les écrits de la moniale Marguerite d'Oingt, dont les *Méditations* ont été rédigées en francoprovençal à partir de 1286. Mais peu de ses contemporains et successeurs l'ont imitée.

Les premières oeuvres de quelque importance ne remontent guère au delà du XVIe siècle, pour s'éteindre au XIXe siècle, qui cependant est de loin le plus riche. On trouve, très souvent sans nom d'auteur, des noëls, des poèmes amusants ou tendres, des chants révolutionnaires, patriotiques, ou simplement d'actualité à côté de chansons populaires, et même une tragi-comédie un peu déconcertante, *la Bernarda-Buyandiri* (1627), dont nous présentons ici le monologue de l'acte I de la deuxième partie.

Pour commencer, nous donnons le seul poème d'amour trouvé à ce jour, un huitain de P. de Villiers, daté de 1541.
Nous étudierons également un passage de l' *Hymna a la Concorda oux fifros de Mornant*.
La *chanson des taffetatiers* expose bien les difficultés du travail des Canuts.
Les traductions sont de S. Escoffier et A.M. Vurpas (voir en fin de volume la bibliographie).

HUITAIN EN PATOIS LYONNAIS
Pierre de Villiers, 1541

Lo meissony, sur lo sey, se retire,
Lo mèssonér, sur lo sêr, sè retére,
Quant il a prou, tout lo jour, meissona,
Quand il at prod, tot lo jorn, mèssonâ,
Mes vostre amour, si fort, vers se, me tire,
Mas voutro amor, si fôrt, vers sè, mè tére,
Que ne vous puis james abandonna.
Que ne vos pouè jamés abandonar.

Veiquia lo guet que j'oyo marmona :
Vê-qué lo guèt que j'ouyo marmonar :
J'e paour qu'icy ne me viene cherchi.
J'é pouèr qu'icé ne me véne chèrchiér.
Bon sey, bon sey, meilleur qu'a mey, vous say dona.
Bon sêr, bon sêr, melyor qu'a mè, vos sêt donâ.
Cuchi m'en ves, mes maulgra mey, cuchi.
Cuchiér m'en vé, mas mâlgrât mè, cuchiér.

Le moissonneur, vers le soir, se retire,
  <u>ei</u>, <u>ey</u> désignent un 'è' plus ou moins long
Quand il a bien, tout le jour, moissonné,
  <u>prou</u> : "assez", cf. français 'peu ou prou'
Mais votre amour, si fort, vers lui m'attire,
  <u>vostre</u> : graphie ancienne; <u>si</u> : lyonnais, forézien seult
Que je ne puis jamais vous quitter.

Voici le guet, que j'entends murmurer,
  <u>oyo</u> : présent du verbe <u>ouy</u>, "ouïr"
J'ai peur qu'il ne vienne, jusqu'ici, me chercher.
  <u>viene</u> : subjonctif présent
Bon soir, bon soir, meilleur qu'à moi, vous soit donné.
  <u>dona</u> : rare, on trouve surtout <u>bailli</u>
Je vais me coucher, mais c'est bien malgré moi.
  <u>maulgra</u> : 'au' désigne le 'a' latin devenu 'o'

LA BERNARDA - BUYANDIRI   Henri PERRIN
LA BÈRNARDA - BUYANDÉRE   1658
Tragi-comedia
Tragi-comèdia
Segonda partia
Segonda partia

Un cuisinier entre, nommé la Jaille

Si celo qu'an l'honneur engrava su lou fron,
Se celos qu'ant l'honor engravâ sur lor front,
A qui on ne saret qu'à grand tort faire affront,
A qui on ne sârêt qu'a grant tort fére afront,
Que son exem de blamo et de tous vitupere,
Que sont egzempts de blâmo et de tôs vitupères,
Qu'an lo sen, lo coeur loyar et l'ama entiry,
Qu'ant lo sens, lo cor loyar et l'âma entére,
Voulon considera lou tem qu'e ja passa,
Volont considèrar lo temps qu'est ja passâ,
Comben sont-y que meingeon que n'an pas amassa,
Comben sont-ils que menjont que n'ant pas amassâ,
Comben faut a cét heura per vivre avey de peina,
Comben fâlt, a cet' hora, por vivre avouéc de pêna,
Meingy lo plus souvent en un jour sa semaina,
Mengiér lo ples sovent en un jorn sa semana,
Que de soin faut avey per ben s'entreteny,
Que de souen fâlt avêr por ben s'entretenir,
Que de peina et de besogny afin de perveny,
Que de pêna et de besogne afin de parvenir,
Y verran à-z-ieu clar on ma reizon se fonde,
Ils vèrront a[-s-]uélys cllârs ont ma rèson se fonde,
Que n'y a que tourmen et faschery u mondou,
Que n'y at que torment et fâcherie u mondo,
Qu'en suity du tourmen dey suivre lo leisy,
Qu'en suite du torment dêt siuvre lo lèsir,

La Bernarde - Lavandière
    buyandiri : de buya "lessive" (cf. fr. 'buée', 'buanderie')
tragi-comédie

seconde partie

Le cuisinier nommé La Jaille *entre.*

Si ceux qui ont l'honneur gravé sur le front,
    si : forme lyonnaise et forézienne
A qui on ne saurait qu'à grand tort faire affront,
    saret : "saurait" et non "serait"
Qui sont exempts de blâme et de tous reproches,
    vitupere : lat. VITUPERARE "faire des reproches"
Qui ont du bon sens, le coeur loyal et l'âme nette,
    loyar : noter la forme en -r < -l; ama : influence du fr.
Veulent considérer le temps déjà passé,

Combien il y en a qui mangent sans avoir épargné,
    meingeon : noter la graphie
Combien il faut, aujourd'hui, pour vivre avec peine,
    de peina : "de la peine"
Manger le plus souvent en un jour sa semaine,

Que de souci il faut avoir pour bien s'entretenir,

Que de peine et de travail pour se tirer d'affaire,
    besogny : accent sur o; perveny : accent sur y !
Ils verront clairement où mon discours se fonde,
    à-z-ieu : noter le 'z' (cf. fr. zieuter); on var. onte
Qu'il n'y a que tourment et que chagrin au monde,
    faschery : comparable à l'ancien fr. 'fascherie'
Qu'à la suite du tourment doit venir le loisir,

Et qu'apres una peina on a quoque plaisy ;
Et qu'aprés una pêna on at quârque plèsir ;
Tout ainsi qu'un biau tem s'éleve apres la ploivy,
Tot ensé qu'un biô temps s'èlève aprés la plove,
Ainsi trop de repou et [de] leisy ennoye.
Ensé trop de repôs et de lèsir ennoye.
Nous sont en grand regret depùy que Caramentran
Nos sens en grant regrèt depués que Carementrant
Nous vou abandonna, ce que nous ren ma contant.
Nos volt abandonar, ço que nos rend mâl contents.
Per mey, se je ne puy plus trouva de besogny,
Por mè, se je ne pouè ples trovar de besogne,
Je suy tout resolu d'alla en Catalogny,
Je su tot rèsolu d'alar en Catalogne,
Depuy que l'Espagnor y ét si degouta
Depués que l'Espagnol y est si dègôta
Qu'à fauta d'avey Salsat, Joccata l'a quitta...
Qu'a fôta d'avêr Salsar, Jocata l'at quitâ...

Et qu'après une peine on a quelque plaisir ;

Tout ainsi qu'un beau temps s'élève après la pluie,
  ploivy : rime approximative avec ennoye
Ainsi trop de repos et de loisir ennuie.

Nous sommes en grand regret depuis que Carnaval
  Caramentran : anc. fr. "Carême-entrant"
Nous veut abandonner, ce qui nous rend mécontents.

Pour moi, si je ne puis plus trouver de besogne,

Je suis tout résolu d'aller en Catalogne,

Depuis que l'Espagnol y est si mal goûté
  Espagnor : -r (évolution FP)
Que faute d'avoir Salsar, Jocate l'a quitté...

HYMNA A LA CONCORDA OUX FIFROS DE MORNANT
HIMNA A LA CONCORDA UX FIFROS DE MORNAND
E.C. Condamin (J.B. Gutton ?)

...
La musiqua toujors exite lo corajo,
La musica tojorn excite lo corâjo,
L'anime los vieillòrds et l'effant en bòs ajo ;
'l anime los viélyards et l'enfant en bâs âjo ;
L'electrise surtout los soudòrds ou combat ;
'l èlèctrise surtot los sodârds u combat :
A les solennitais le prayte son ecliat ;
A les solenitâts el prète son ècllat ;
Son langajo puissant va vos farfolliant l'òma,
Son langâjo possient vat vos farfolyant l'âma,
Que vos fat un effet qu'est tot je ne say comma.
Que vos fét un èfèt qu'est tot je ne sé come.
Par noutres Fête-Dieu, noutros endrets visins,
Por noutres Féta-Diô, noutros endrêts vesins,
Quirious de nos sogni, venont à pleins chamins.
Curios de nos souègnér, venont a plens chemins.
Un cuchon d'etranjis dont je ne say los chiffros
Un cuchon d'ètrangiér dont je ne sé los chifros
Disiant daririmen : "Les processions doux fifros
Disant dèrrérement : "Les procèssions des fifros
"Sont superbes, ma fion ! Cel'usajo novieau
"Sont supèrbes, ma fè ! Cél usâjo novél
"Les refat grandamen ! que çu coup d'oeil est bieau ! "
"Les refét grandament ! que cél coup d'uely est biô !"
Noutros predecesseurs vaillant bien de moneya,
Noutros prèdècèssors valant ben de monéya,
Mais, bròvos Mornandiauds, sons-jo pòs lou lineya ?
Mas, brâvos Mornadiôs, sons-jo pas lor legnê ?
Dens noutres venes court toujors lo mêmo sang ;
Dens noutres vênes cort tojorn lo mémo sang ;
Doux fifros renommòs je me sinto l'effant !...
Des fifros renomâs je me sento l'enfant !...

226

HYMNE A LA CONDORDE AUX FIFRES DE MORNANT
1846

...

La musique toujours excite le courage,
  exite : x = [ks]
Anime les vieillards et l'enfant en bas âge ;
  vieillòrds : mot rare en FP, emprunt au fr.
Elle électrise surtout les soldats au combat ;
  l' = le : "elle"; soudòrds : moins péjor. que fr. 'soudard'
Aux solennités elle prête son éclat ;
  ecliat : l 'mouillé'
Son langage puissant va vous fouillant l'âme,
  puissant, òma : emprunts au fr.
Vous faisant un effet qui est tout je ne sais comment.

Pour nos Fête-Dieu, les pays nos voisins,
  endrets : endroit, village, pays
Curieux de nous observer, viennent à pleins chemins.
  sogni : sens dérivé de 'soigner'
Un tas d'étrangers dont je ne sais le nombre
  cuchon : terme courant en milieu rural
Disaient dernièrement : "Les processions des fifres
  daririmen : adverbe dérivé de "dernier, derrière"
"Sont superbes, ma foi ! Cet usage nouveau
  ma fion : "ma foi", mais 'fion' peut être localt péjor.
"En rehausse bien l'éclat ! Que le coup d'oeil est beau !"
  refat : "refait"
Nos prédécesseurs valaient bien de l'argent,
  moneya : la terminaison en -a pour ce mot est générale en FP
Mais, braves Mornandiaux, ne sommes-nous pas de leur lignée ?
  sons-jo : 'jo' correspond à "nous" (fréquent à Lyon)
Dans nos veines court toujours le même sang ;

Des fifres renommés je me sens bien l'enfant !...
  sinto : toujours le pers. en -o

CHANSON DES TAFFETATIERS (début XVIIIe siècle ?)
anonyme

I

Ecoutta, grand et petit :
Acutâd, grants et petits :
La chanson du tafetatis
La chançon des tafetatérs
Vous apprend la misere
Vos aprend la misère
Que toujour les desespere
Que tojorn les dèsèspère.
Ainsy, ainsy,
Ensé, ensé,
Vous voires si je'n y ay menty.
Vos vèrréd se je n'y é menti.

Ecoutez, grands et petits :
   grand : donc pas de liaison
La chanson des tafetatiers

Vous apprend la misère

Qui toujours les désespère.
   que : forme régulière
   Ainsi, ainsi,
   ainsy : accent sur dernière syllabe
Vous verrez si je vous en ai menti.

II

La maitresse, le lundy,
La mêtrèssa, le londi,
S'y an va a la triperi
Se en vat a la triperie
Achetta deus ou trois tette
Achetar doux ou três tétes
De mouton et de ratelle
De moton et de ratèla
Et de levet,
Et de levèt
Avec de feigeu ma net.
Avouéc de fêjo mâl nèt.

La maîtresse, le lundi,
   lundy : et non 'delon'
S'en va à la triperie

Acheter deux ou trois têtes

De mouton et de la rate
   ratelle : simple diminutif
   Et du poumon,
   levet : "léger", id. en anc. provenç.
Avec du foie gâté.
   feigeu : < lat. FICATU

III

Le meilleur repas qu'il fant,
Le mèlyor repâs qu'ils fant,
Il est de fromage blant,
Il est de fromâjo blanc,
Quoque mourceaus de chiura,

Le meilleur repas qu'ils font,
   fant : < lat. FACIUNT
Il est de fromage blanc,

Quelques morceaux de "chèvre",

Quârques morcéls de chiévra,   chiura : noter la forme locale
Ou de bouquins pour mieus dire; Ou de bouc, pour mieux dire ;
Ou de boquin por mielx dére ;   bouquins : "bouc", forme répandue
   Il fant grand cas   Ils font grand cas
   Ils fant grant cas
De baire de vin tournas.   De boire du vin tourné.
De bêre de vin tornâ.   tournas :-s indique seult l'acc. sur a

IV
Il se levont de matain ;   Ils se lèvent de bon matin ;
Ils se lèvont de matin ;   de matain : aussi en anc. fr.
De dejeuna il n'y a point.   De déjeuner il n'y a point.
De dèjonar il n'y at pouent. noter les noms des 4 repas
Il dinon a neuf heure   Ils dînent à neuf heures ;
Ils dinont a nof hores
Et goutont a trois heure ;   Et goûtent à trois heures;
Et gôtont a três hores ;   trois : influence française
   Ils vont soupa   Ils vont souper
   Ils vont sopar
Quand la minuit a sona.   Quand la minuit a sonné.
Quand la mi-nét at sonâ.   minuit : influence française

V
Quand il vient a dina,   Quand il est l'heure de dîner,
Quand il vint a dinar
La maitresse fait les parts;   La maîtresse fait les parts ;
La mêtrèssa fét les parts ;
La maitresse coupe des laiche   La maîtresse coupe des tranches
La mêtrèssa cope des lèches laiche: tranche mince (= de roseau)
Qui ne sont pas trop epais[s]es, Qui ne sont pas trop épaisses,
Que ne sont pas trop èpèsses,
   Qui sont maingia   Qui sont mangées
   Que sont mengiês   maingia : aucun accord f. pl.
Dans una men viria.   En un tour de main.
Dens una men viriê.   viria : "tourné(e)"

VI

L'homme coupa donc la part
L'homo cope donc la part
De notron petit gailliard ;
De noutron petit galyard ;
Garda de n'en couppa guerre ;
Garde de n'en copar gouéro ;
    Il meingeroit
    Il mengerêt
La couas d'un harand sauret !
La cova d'un hareng sorèt !

L'homme coupe donc la part
De notre petit gaillard ;
noutron : forme FP
Il prend garde de n'en couper guère;

    Il mangerait
meingeroit : -oit influencé par le fr.
La queue d'un hareng saur !
couas : accent sur le 'a'

VII

Il pindont a leur fournios
Ils pendont a lor fornéls
Des pelure de navios,
Des pelures de navèts,
Avois des pelure de rave,
Avouéc des pelures de raves,
Dont il en font de fricas[s]e,
Dont ils en font de fricassiê,
    Lau vendredy
    Los vendredis
Qu'il n'an rien de quay mingit.
Qu'ils n'ant ren de què mengiér.

Ils suspendent à leurs fourneaux

Des épluchures de navets,
navios : fonctionne comme *navéls
Avec des épluchures de raves,

Dont ils font de la fricassée,
il en : liaison en -l-
Les vendredis
vendredy : et non 'devendro'
Qu'ils n'ont rien à manger.
rien de quay : "rien de quoi"

VIII

    Jo ne say qu'il mingeont tant !
    Jo ne sê qu'ils menjont tant !
Ils on le gout sy puyant
Ils ont le got si puant
D'yau de moluas et de merluche
D'égoua de morua et de mèrluche
Qu'y mettont dans leur soupa,
Qu'ils mètont dens lor sopa,
    Fautta de sa ;

Je ne sais ce qu'ils vont jusqu'à manger!
jo : "moi, je"
Ils ont l'haleine si puante

D'eau de morue et de merluche
yau : influence du français
Qu'ils mettent dans leur soupe,
mettont : influence du français
Faute de sel :

230

    Fôta de sâl :
Pour de beure n'y en a pas.   *Pour le beurre, il n'y en a pas.*
Por de burro, n'y en at pas.

    IX
Quand ils vont s'alla cucheir,   *Quand ils vont se coucher,*
Quand ils vont s'alar cuchiér,   tournure semblable en anc. fr.
Ils monttont sur le grabat.   *Ils montent sur le grabat.*
Ils montont sur le grabat.
Un dit:"Je vois pansa ma jamba, *L'un dit:"Je vais panser ma jambe,*
Yon dit:"Je vé pansar ma jamba, un : on rencontre plutôt yon
Dit, pretta moi una banda   *Dis, prête-moi une bande*
Di, prêta-mè una banda
Avec la boette de l'ongen   *Avec la boîte d'onguent,*
Avouéc la bouèta de l'onguent,   ongen : pour *onguen
Je te la randray demain".   *Je te la rendrai demain."*
Je tè la rendré deman."   randray, demain : infl. du fr.

    X
Quant il vien a se leva,   *Quand il vient à se lever,*
Quand il vint a sè levar,
Le maistre le vient appella :   *Le maître vient l'appeler :*
Le mètre le vint apelar :   tournure aussi en anc. fr.
"Compagnon, si tu ne te laive,   *"Compagnon, si tu ne te lèves,*
"Compagnon, se te ne tè lèves,
Je te vois trena par terra,   *Je vais te traîner par terre,*
Je tè vé trênar per tèrra,   vois : = vouès
   Il faut travaillie,   *Il faut travailler,*
   Il fâlt travalyér,
Il faut rendre samedy".   *Il faut rendre (l'ouvrage) samedi."*
Il fâlt rendre samedi."

    XI
Lais[s]y me un peut dormi,   *Laissez-moi un peu dormir,*
Lèssiêd-mè un po dormir,
J'ay reva toutta la nui   *J'ai rêvé toute la nuit*

J'é rèvâ tota la nét
Qu'un regiment de bardene
Qu'un règ.iment de bardanes
Se raing[e]avont en bataillie ;
Sè rengiêvont en batalye ;
Toutta la nuit
Tota la nét
Je n'ay rien pouveu dormy.
Je n'é ren povu dormir.

Qu'un régiment de punaises
bardene : "couleur bardane (noire)"
Se rangeaient en bataille ;

Toute la nuit

Je n'ai pas du tout pu dormir.
pouveu : forme répand. en oïl aussi

XII
Una bardena de trois ans
Una bardana de três ans
Qui est large comme una man,
Que est large come una man,
Et lo pieu qui la suivavant,
Et los piôls que la siuvâvont,
Qui toujour me mordavant
Que tojorn mè mordévont,
 Ainsy, ainsy,
 Ensé, ensé,
Vous voires si je'n y ay menty.
Vos vèrréd se je n'y é menti.

Une punaise de trois ans

Qui est large comme une main,

Et les poux qui la suivaient,
pieu : < lat. PEDICULUS
Qui toujours me mordaient,

Ainsi, ainsi,

Vous verrez si je vous ai menti.

XIII
J'aime bien piqua lo bou,
J'âmo ben picar los bofs,
Laboura, planta des chous,
Laborar, plantar les chous,
Que d'estro avec celo recheros,
Que d'étre avouéc celos ressèrrâs,
 Pendent cinq ans,
 Pendent cinq ans,
Souffrants de coupt, de soifs et de fains.
Sofrant de coups, de sêf et de fam.

J'aime bien manger les boeufs,
piqua: "manger", sens fréq. en FP
Labourer, planter les choux,

Que d'être avec ceux-là enfermés,
avec : forme française
Pendant cinq ans,

Souffrant de coups, de soif et de faim.

BRESSE et BUGEY

Le bressan, en particulier celui de Viriat que nous allons voir dans le texte des *Petites Vachères*, est un des parlers FP qui a le plus évolué, et il n'est pas toujours facile de repérer certaines formes. Nous rencontrons ici aussi les interdentales [þ] et [ð], correspondant aux graphèmes **ch** et **j**, mais aussi, pour la sonore, au **r** intervocalique, s'opposant au [r] intervocalique qui correspond au graphème **rr**. Ensuite, si nous avons bien le [ɛ̃], il correspond à **in**, tandis que **en** et souvent **an** se sont dénasalisés en [ɛ].

Le bressan de Viriat partage quelque peu avec le fribourgeois une particularité, le passage de [s] à [ʃ], mais seulement devant voyelle vélaire. Il en est de même pour le passage de [z] à [ʒ], y compris dans les liaisons, ce qui complique l'apprentissage du pluriel.

Quelques mots courants peuvent surprendre : <u>pi</u> "et", <u>don bin</u> "ou bien", transcrits **pués, donc ben**.

Le Bugey présente moins d'innovations et ses patois sont souvent plus faciles à appréhender. Certains parlers ont même été encore plus conservateurs que l'ensemble FP : le 'u' latin a gardé son timbre originel [u], phénomène rare dans les langues gallo-romanes où justement le passage à [y] sert de critère à des limites linguistiques (par exemple entre l'occitan et le catalan).

La Bresse et le Bugey ont connu une littérature populaire patoise non négligeable. Des poèmes de Bernardin Uchard ont été imprimés dès le début du XVIIe siècle. Des noëls, des fables et diverses poésies ont connu une importante publication durant tout le XIXe siècle. Mais nous devons faire une place à part à Prosper Convert, surnommé le *barde bressan*. Né en 1864, il n'a pas été épargné par les épreuves : après une déception sentimentale qui le conduit à rester célibataire, il a la lourde charge de ses cadets à la suite de la mort de son père. Représentant de commerce (il visitera ainsi toutes les agglomérations petites ou grandes de la région), il installe une gaufretterie à Viriat qui lui causera bien des déboires.
A côté de son "journal" où il note les coutumes et traditions de sa chère Bresse, il compose des poésies, des contes, s'intéresse à la

lexicographie. Il rencontrera ainsi Antonin Duraffour, le grand spécialiste de l'époque du francoprovençal. Et enfin il compose avec quelques amis "les Ebaudes" (1923), spectacle en trois tableaux (la Pastorale, la Veillée et la Noce), représenté, le plus souvent par des paysans dans leurs vêtements propres, sur les scènes de la région, mais aussi à Lyon, à Paris, à Liège. Reconnu et récompensé de plusieurs décorations, il meurt en 1933.

Son oeuvre se perpétue aujourd'hui à travers le Musée des Pays de l'Ain, à Bourg-en-Bresse, et l'Association active à Viriat "les Viriatis et le patois de Bresse", qui ont publié un ouvrage "Vie quotidienne en Bresse" avec de nombreux textes, un glossaire du patois bressan et une grammaire, ouvrage du plus haut intérêt, tant ethnologique et linguistique qu'humain, auquel ont contribué de nombreux patoisants de la région, ainsi que Gaston Tuaillon, l'universitaire français le plus actif et le plus engagé aujourd'hui dans la cause du francoprovençal.

Le premier texte est l'émouvante vie des petites *vachères* ou *bergères* en Bresse autrefois, à cette époque pas si lointaine où la vie était extrêmement rude pour des enfants ayant à peine l'âge de raison. Ensuite nous verrons un *noël* bressan de Prosper Convert, et nous finirons par une chanson bugiste composée en 1789 par Claude Bornarel, prêtre du canton de Champagne; elle s'intitule *Contre les gens de loi*, dans un des rares parlers gallo-romans où le 'u' latin est resté [u].

VYA DE LE VASHIZHE PI DE LE PETETE BONE
VIA DE LES VACHIERES PUES DE LES PETITES BONES
DÈ LE GREUCHE PLACHE
DENS LES GROSSES PLACES.

A si, chat'è, on alôve gardô le vashe. Che la fameye ézhe à
A sêx-sèpte ans, on alâve gouardar les vaches. Se la familye êre a
l'éjou, pô byè dez'éfè, i réchtôvon avoué lé pazhè, mé, u
l'éso, pas ben des enfants, ils restâvont avouéc les parents, mas, u
kontrézhou, s'éy'ave byè de gamin, é falive alô gônyë cha vya
contrèro, s'il y avêt ben de gamins, il faléve alâr gagnér sa via
cheteu k'on poujë. On nou plachôve kemè vashizhe dè le
sitout qu'on povêt. On nos placêve coment vachiéres dens les
freme déj'alètou. Du ma d'avri à la Sè-Martin, on gardôve
fèrmes des alentors. Du mês d'avril a la Sent-Martin, on gardâve
le vashe èn'eshèzhou de la neressyon, na pèzhe de kaboute, d'on
les vaches en èchanjo de la nurression, na pêra de cabotes, d'un
kezeni, a de ko, na peteta étrinna.
cusenér, et des coups, na petita ètrèna.
La zhournô kemèchôve a sij'ôzhe lou matin, la greucha voi du
La jornâ comencêve a sêx hores lo matin, la grôssa vouèx du
patron me réveyôve; Zhe chôtôva de mon lyè de fa, koincha ètremi
patron mè rèvelyêve. Je sotâvo de mon liét de fêr, couinçê entre-
lé lyè de beu de le bone, dè la grè méjon, tye k'on ne faje
mié les lits de les bônes, dens la grant méson, que qu'on ne fasêt
jamé de fouä. Lé vôlë kyushôvon dè n'ôtra shonbra, d'ôtrou
jamés de fuè. Les vâlèts cuchiêvont dens un'otra chambra, d'otros
amôvon myo kyushë a la buzhe. Lé patron ézhon u shô dè la
amâvont mielx cuchiér a la buge. Les patrons êront u chôd dens la
shonbra de pouélou, kashä pe lé redyô du seur de lyè. Arô, ey'
chambra de pêlo, cachiês per les ridiôs du cièr-de-liét. A ras, il y
ave la brèlizhe du deri fé.
avêt la brèlure du derêr-fêt.
Zhe ne me débarbouyôva pô tui lé zhou a shavon. On che lavôve è
Je ne me dèbarbolyêvo pas tôs les jorns a chavon. On sè lavâve en

VIE DES BERGERES ET DES PETITES BONNES

pi : "puis, et"; vashizhe [vaˈþiðə]: -r- intervoc. > ð.
DANS LES GRANDES PLACES.
greuche: "grosses"

A six ou sept ans, on allait garder les vaches. Si la famille était à chate : s > ʃ devant voy. vélaire; alôve, gardô : 'â' très vélarisé l'aise, ou peu nombreuse, on restait avec les parents, mais au pô byè : "pas bien, peu"; éfè, pazhè : 'en' dénasalisé en 'è' contraire s'il y avait beaucoup d'enfants,il fallait aller gagner sa vie gônyë : infinitif Ib en '-ë'; vya : exemple type de l'accent en finale aussitôt qu'on pouvait. On nous plaçait comme vachères dans les poujë : = posêt, forme locale de povêt
fermes des alentours. Du mois d'avril à la St-Martin, on gardait freme : métathèse fréquente
les vaches en échange de la nourriture, d'une paire de sabots, d'un neressyon : du lat. NUTRITIONEM (qui a donné 'nourrisson' en fr.) tablier, et parfois d'un petit cadeau.
  kezeni : tablier, à proprement parler, de cuisine
La journée commençait à six heures du matin, la grosse voix du sij' : liaison en -3- devant voy. vélaire; voi : = voua
patron me réveillait. Je sautais de mon lit de fer, coincé entre
  fa : même phénomène que pour 'ma' : ê > a; koincha : = kouincha
les lits des bonnes, dans la "maison", où l'on ne faisait
lyè : 'l mouillé'; méjon : pièce principale; tye : "là, où"
jamais de feu,les valets couchaient dans une autre chambre,d'autres jamé : infl.du français (j-); fouä : 'a' accentué; n' : na élidé devt voy. préféraient coucher à l'écurie. Les patrons étaient au chaud dans la kyushë : 'k' est palatalisé; buzhe : "étable, écurie", cf. fr. le "bouge"
"chambre du poêle", cachés par les rideaux du ciel-de-lit. A côté, il pouélou : souvent la "chambre"; seur : évolution l > r (lat. CAELUM)
y avait la planche à bercer du dernier-né.
  brèlizhe : berceau, planche fixée contre le lit, pour bercer
Je ne me débarbouillais pas tous les jours à fond. On se lavait "en tui : "tous"; shavon : sens divers, mot dérivé du lat. CAPUT (> chef)

plin la dimèshe, le fene dè on gré u shèbron.
plen la demenche, les fènes dens un gral u chambron.
Zhe me kontètôva de rekrevi mon lyè vitou fé. On dinnôve avoué
**Je mè contentâvo de recuvrir mon liét vito fêt. On dinâve avouéc
n'achetô de dinnô.**
un'assiètâ de dinâ.
Lou grè vôlë ave dezha grefô lé bouë pi neteya le buzhe, lou
Lo grant vâlèt avêt dejâ grefâ les bofs pués neteyê les buges, lo
chegon pi lou "kara" apré ava seurti lou femi tréjon le
segond pués lo "carrat", aprés avêr sorti lo femér, trésont les
vashe. Apré on le menôve è shon, ma, zhe deva le gardô,
vaches. Aprés on les menâve en champ; mè je devê les gouardar,
lou prô n'ézhe pô lyeu. Zhe le gardôva è trikoutè de shochon
lo prât n'êrè pas cllôs. Je les gouardâvo en tricotent des chossons
nè, k'on pourtôve dè le kaboute kouarte è byo, k'on
nêrs, qu'on portâve dens les cabotes cuvêrtes en biôl, qu'on
metôve de paye trecha pe ava byè shô.
metâve de palye tressiê por avêr ben chôd.
Rétrô a la frema, apré ava rétasha le vashe è fin de matenô,
Rentrâ a la fèrma, aprés avêr rètachiê les vaches en fin de matenâ,
zhe plemachôva le katrouye pe fôzhe la choupa avoué lej'arbe
je plomassâvo les catrolyes por fâre la sopa avouéc les hèrbes
pi le rassene du zhardin. La patrone, don bin la bone
pués les racenes du jardin. La patrona, donc ben la bône
prépazhôvon lou repô. A midi, apré la choupa, on mèzhôve on
prèparâvont lo repâs. A midi, aprés la sopa, on mengêve un
moussé de lä, na bena dôba de fafyeule u don bin de katrouye,
morcél de lârd, na bona dôba de fayôles ou donc ben de catrolyes,
pi on froumazhou blan, chalô, pavrô, avoué dej'arbe pe
pués un fromâjo blanc, salâ, pèvrâ, avouéc des hèrbes por
sètyë k'éy amôvon. U moumè de le frite, on ave de
cels-que qu'o amâvont. U moment de la fruita, on avêt de
marmelade.
marmelade.
Lou patron ch'akourdôve on moumè de repeu è bekalè su la
Lo patron s'acordâve un moment de repôs en becalent sur la

238

plein" le dimanche, les femmes dans un baquet, au "chambron".
   gré : cf. français "graal"; shèbron : pièce d'évier
Je me contentais de recouvrir mon lit en vitesse. On déjeunait avec
   rekrevi : métathèse courante; dinnôve : désigne ici le petit déjeuner !
une assiettée de soupe au lait et farine, avec haricots ou courge.
   dinnô : plat du matin, noter l'accent, comme dans d'autres mots ici.
Le grand valet avait déjà pansé les boeufs et nettoyé l'étable, le
   ave : noter l'accentuation
"second" et le "carat", après avoir sorti le fumier, trayaient les
   kara = **carrat** (avec 1 seul 'r' on aurait *kazha); seurti : accentuation
vaches. Après, on les menaient en champ. Moi, je devais les garder,
   menô è shon : mener (paître) aux champs, partout en FP
car le pré n'était pas clos. Je les gardais en tricotant des chaussons
   lyeu : traitement du 'cl-' lat. > [ʎ]; shochon : s > ʃ devant voy. vélaire
noirs, qu'on portait dans les sabots couverts en bouleau, où l'on
   nè : exemple de -r final non prononcé; kouarte: part. passé de 'kreve'
mettait aussi de la paille tressée pour avoir bien chaud.
   metôve : imparf. de 'metre', mais infl. de 'betar' : part.passé metô
Rentrée à la ferme après avoir rattaché les vaches en fin de matinée
   rétrô : le participe passé féminin sing. est ici identique au masculin
j'épluchais les pommes de terre, carottes, choux pour faire la soupe
   plemachôva : cf. fr. "plumer"; katrouye : une des variantes fréq.
et préparais la salade. La patronne ou la bonne s'occupaient
   patrone : forme influencée par le fr.
des préparatifs du repas. A midi, après la soupe, on mangeait un
   midi : forme influencée par le fr.
morceau de lard, une bonne daube avec des haricots ou des patates,
   moussé : le -r fin de syllabe s'est amuï
puis un fromage blanc avec sel, poivre et fines herbes pour
   arbe : e > a devant -r ('arbre' se dit abrou)
ceux qui le désiraient. A la période des fruits, on avait de la
   frite : < lat. FRUCTA "l'ensemble des fruits"
marmelade.

Le patron s'accordait un moment de repos en dormant sur la
   bekalè : "s'assoupissant"

trôbla. La véchala féte, zh'èpourtôva l'édye k'on apelôve lou
**trâbla. La vèssala fête, j'emportâvo l'égoua qu'on apèlâve lo
relavon dè on bashé rèpli de létyä.** É chervive, méyô avoué
relavon dens un bassen rempli de lêtiê. **Il servîve, mècllâ avouéc
le rôve don bin le katrouye, a abezho lé kayon.**
les râves donc ben les catrolyes, a abèvrar les cayons.
Touzhou préchô, è falive ramachô l'arba pe lé lapin,
Tojorn prèssâ, il faléve ramassar l'hèrba por les lapins,
chayô lé shemin du zhardin, ramachô le fouye de bèterôve
sarcllar les chemins du jardin, ramassar les folyes de bèterâves
k'on faje kouèzhe avoué de kerde, de katrouye, de
qu'on fasêt couére avouéc des curdes, des catrolyes, des
shorôve, pe fôzhe lé bazhe de le bète.
chous-râves, por fare les bêres de les bétes.
È me falive onkouzhe rètrô lou beu pe lou lèdemon, koupô na
Il mè faléve oncora rentrar lo bouèsc por lo lendeman, copar na
bracha de prin beu dè on fagou, pi fôzhe on tourshon de
braciê de prim bouèsc dens un fagot, pués fâre un torchon de
paye pezh'èprèdre lou fouä, preka lou papi ézhe rézhou. Vé mé
palye por emprendre lo fuè, per que lo papér êre raro. Vers mes
patron, a "katr'ozhe", on faje on bon repô. Tout lou mondou che
patrons, a quatro hores, on fasêt un bon repâs. Tot lo mondo se
retrouvôve latou de la trôbla per mèzhe na "fréjô" (de pon
retrovâve l'entorn de la trâbla por mengiér na frésâ (de pan
trèpô dè de lé fra), de sossisson don bin de lä, na chalada
trempâ dens de lat frêd), de socisson donc ben de lârd, na salada
a la krinma, pi de froumazhou de shevra che.
a la crâma, pués de fromâjo de chévra sèc.
Apré, zhe remenôva le vashe tink'u grè prô. Zhe ne
Aprés, je remenâvo les vaches tant qu'u grant prât. Je ne
reveniva k'a chelo rekondè. Lou chegon pi lou kara poujon
revenîvo qu'a solely recondent. Lo segond pués lo carrat povant
trèzhe le vashe, tèdi ke zhe retrôva lé pezhin pi le petete
trère les vaches, tandis que je rentrâvo les pugins pués les petites
kane pe lèz'i bayë on breyon fè avoué de fazhéna de panë
canes por les y balyér un bréyon fêt avouéc de farena de panèt

table. *La vaisselle faite, j'emportais l'eau de vaisselle (le*
   édye : noter la forme du mot "eau"
relavon) dans un baquet empli de petit lait. Ça servait, mélangé aux
   méyô : littéral. "mêlé"
raves ou pommes de terre, à donner à boire aux cochons.

Toujours pressée, il me fallait ramasser l'herbe pour les lapins,

sarcler les allées du jardin, cueillir les feuilles de betteraves
   chayô : < lat. SARCULARE, avec forte évolution, mais régulière
que l'on faisait cuire avec des courges, des pommes de terre, des
   kerde : < lat. CUCURBITA, anc. fr. cohourde ("courge" est irrégulier)
choux-raves, pour faire les "breuvages" des bêtes.
   bazhe : "boire" pour désigner la nourriture liquide de certaines bêtes
Il me fallait encore rentrer le bois pour le lendemain, couper une
   lèdemon : ici évolution (fréquente) an > on
brassée de petit bois dans un fagot et faire un "torchon" de
   tourshon : garde son sens premier de "objet tordu"
paille pour allumer le feu, parce que le papier était rare. Chez mes
   rézhou : < lat. RARUS, avec évolution a > e rare en FP
patrons, à quatre heures, on faisait un bon repas. Tout le monde se

retrouvait autour de la table pour manger une "fraisée" (du pain
   trôbla : le -r- est fréquent dans ce mot en FP
trempé dans du lait froid), du saucisson ou du lard, une salade
   lé : ce mot a dû subir une influence du fr.
à la crème, et du fromage de chèvre sec.
   krinma : évolution a > e > ɛ
Après, je reconduisais les vaches jusqu'au grand pré. Je ne

rentrais qu'au soleil couchant. Le second et le carat pouvaient
   rekondè : forme localement fréquente
traire les vaches, tandis que je rentrais les poussins et les petites
   trèzhe : en FP on rencontre souvent d'autres mots pour "traire"
canes pour leur donner la pâtée faite de farine de maïs
   breyon : "chose broyée"; panë : un des nombreux noms du maïs

pi de petë lé.
pués de petit lat.
On al_ô_ve che kyushe vra d_o_zha.
On alâve se cuchiér veré d'hora.
On ketôve l'éky_eu_la a d_ou_j'è, on nouj'afroum_ô_ve kemè bone
On quitâve l'ècoula a doze ans, on nos afermâve coment bônes dè na pl_a_che.
dens na place.
Mon travô dévin ôtramè ple pen_i_blou que ch_o_tyë de vash_i_zhe.
Mon travâly devint otrament ples peniblo que ço-que de vachére.

et de petit lait.

On allait le soir se coucher tôt.
vra dozha : littéral. "vrai d'heure" (cf. 'point d'heure' = "tard")
On quittait l'école à douze ans, et on nous louait comme bonnes
ékyeula : < *ékula < *ékoula < lat. SCHOLA
dans une place (grosse ferme).

Mon travail devint autrement plus pénible que celui de bergère.
peniblou : plus rare en FP que **penâblo**

NOUYÉ BRASSÈ
NOÈL BRÈSSAN

Lou tin de Nouyé venu
Lo temps de Noël venu,
È fô ke shékyon ch'aprète,
Il fâlt que châcun s'aprète,
Lé payijan, lé monssu,
Les payisans, les monsiors,
A li fôzhe de gré fète.
A lui fâre de grants fétes.
Pe dinyemè recheva
Por dignement recevêr
Che l'éfè, lou ra dé ra.
Cél enfant, lo rê des rês.
Ke shékyon pe cheti cha
Que châcun por ceti sêr
Li prepazhe kôke sheuja,
Lui prèpare quârque chousa,
Ke shékyon pe cheti cha
Que châcun por ceti sêr
Li apeurte ne cha ka.
Lui aporte ne sê què.

Lé Brassè apeurtezhon
Les Brèssans aporteront
Jo voulaye le ple grôche ;
Lors volalyes les ples grâsses.
Lé kavë du Revermont
Les Cavèts du Revèrmont
Lou meyo vin de jo kôve.
Los mèlyors vins de lors câves.
Sé de Bou li bayezhon
Céls de Bourg lui balyeront
On brôvou petë lyè blan ;
Un brâvo petit liét blanc ;

Prosper CONVERT
NOËL BRESSAN
  brassè : noter la forme locale
Le temps de Noël venu,
  Nouyé : < lat. NATALIS
Il faut que chacun s'apprête,

Les paysans, les messieurs,
  monssu : gens de la ville
A lui faire de grandes fêtes.
  gré : fém. identique au masc.
Pour dignement recevoir
  dinyemè : dénasalisation de 'en'
Cet enfant, le roi des rois.
  ra : ê > a fréquent (Bresse, Savoie)
Que chacun pour ce soir-là

Lui prépare quelque chose,
  li : forme fréq. de 'lui'
Que chacun pour ce soir-là

Lui apporte je ne sais quoi.
  ka : une des nbr. var. de 'què'

Les Bressans apporteront
  apeurtezhon : noter l'accent
Leurs volailles les plus grasses ;
  jo : cf. fr. 'eux'
Les "Cavets" du Revermont
  kavë: habitant vigneron (Revermont)
Les meilleurs vins de leurs caves.

Ceux de Bourg lui donneront
  Bou : noter la forme loc. du topon.
Un joli petit lit blanc ;

Lé Dombi̱strou on kôtron	*Les Dombistes un édredon*
Les Dombistros un cotron	Dombistrou : noter la forme locale
Rébourô de bou̱ra d'eu̱ya,	*Rembourré de duvet d'oie,*
Remborrâ de borra d'oye,	eu̱ya : évolution normale, sauf le -a
Pi de tui sé k'on d'arzhè,	*Puis de tous ceux qui ont de l'argent,*
Pués de tôs cels qu'ont d'argent,	tui : forme locale assez répandue
Vindron bin d'ô̱trou prezhè.	*Viendront bien d'autres présents.*
Vindront ben d'otros prèsents.	prezhè : le 'zh' n'est pas régulier
On ko shékyon arevô	*Une fois chacun arrivé*
Un coup châcun arrevâ	ko : "fois", sens le plus fréquent
Devè l'éfè de l'étô̱bla,	*Devant l'enfant de l'étable,*
Devant l'enfant de l'ètâbla,	éfè : double dénasalisation
Pi k'on azha prepazhô	*Après qu'on aura préparé*
Pués qu'on arat prèparâ	pi ke : littéral. "puis que"
Chon petë lyè pi cha trô̱bla,	*Son petit lit, puis sa table,*
Son petit liét pués sa trâbla,	pi : ici sens de "et"
Prosternin nou de tou kyeu,	*Prosternons-nous de tout coeur,*
Prosternens-nos de tot cor,	kyeu : fréq. palatalisation
È pyë de neutron sôveu,	*Aux pieds de notre Sauveur,*
Ux pieds de noutron Sôvor,	è : forme plus rare de **ux**
Espézhè k'i dényezha,	*Espérant qu'il daignera*
Èspèrent qu'il dègnerat	
Nou bayë pe rekompècha	*Nous donner pour récompense*
Nos balyér por rècompensa	bayë : noter la réalisation de -ér
De tui l'amô sè retou	*De tous l'aimer sans retour,*
De tôs l'amar sen retorn,	amô : noter la réalisation de -ar
Lou vra beneu pe touzhou.	*Le vrai bonheur pour toujours.*
Lo v(e)ré bonhor por tojorn.	

BUGEY

Vin te chéta, zonna barzire;	*Viens t'asseoir, jeune bergère,*
Vin tè siètar, jouèna bergiére;	zonna : 'z' représente [ð]
L'ombra s'étin su le gazon;	*L'ombre s'étend sur le gazon;*
L'ombra s'ètend sur le gazon;	
L'ar é se frié; l'àigua sepire;	*L'air est si frais, l'onde soupire,*
L'êr est si frès; l'égoua soupire;	àigua : noter la forme méridionale
Los igeau dion lo ple brâvé çanson.	*Les oiseaux disent les plus*
Los oséls diont les ples brâves chançons.	[*belles chansons.*

Vin te chéta; l'harba fleuria	*Viens t'asseoir; l'herbe fleurie*
Vin tè siètar, l'hèrba flloria	chéta : forme plus rare
E le telio quevar dé fleur,	*Et le tilleul couvert de fleurs,*
Et le tilyol cuvèrt de fllors,	
Le blan mogué, la fra joulia	*Le blanc muguet, la fraise jolie*
Le blanc muguèt, la frèya jolia	fra : se rencontre ailleurs aussi
Mandon parto leu soaves odeur.	*Envoient partout leurs suaves*
Mandont pèrtot lors souaves odors.	[*odeurs.*

Vin te chéta su la vardera;	*Viens t'asseoir sur la verdure;*
Vin tè siètar sur la vèrdura;	
U miaê du pra son to meuton.	*Au milieu du pré sont tes moutons.*
U mié du prât sont tos motons.	miaê : < lat. MEDIUS, fr. 'mi'
Veca dé fleur pé ta parera,	*Voici des fleurs pour ta parure,*
Vê-qué des fllors por ta parura,	
Pè cucé l'harb', pè rediau le boaësson.	*Pour couche l'herbe, pour*
Por cuche l'hèrb', por rediô le bouèsson.	[*rideau le buisson.*

Vin te chéta; de mé conseme,	*Viens t'asseoir; je me consume,*
Vin tè siètar; je mè conseme,	de : "je", provient de 'dze'
De vai meri t'aiman tozo.	*Je vais mourir t'aimant toujours.*
Je vé morir t'amant tojorn.	
I fa bin çau; déza ze dreme;	*Il fait bien chaud; déjà je dors;*
Il fét ben chôd; dèjâ je dreme,	

Intré mo bra, vin far'on senn' éto. *Entre mes bras, viens faire un*
Entre mos bras, vin fâr un son' atot.   *[somme aussi.*

D'ainse, Colin, su l'harbetta,   *Ainsi Colin, dessus l'herbette,*
D'ense, Colin, sur l'hèrbèta,
Dezév'; é bientou le barzi   *Disait; et bientôt le berger*
Diséve ; et bentout le bergiér
S'étan cucia, la barzèretta   *S'étant couché, la bergerette*
S'ètant cuchiê, la bergerèta   cucia : exemple de p.p. en '-ya'
Uprè de lui accoru sé dremi.   *Auprès de lui accourut pour dormir.*
Uprés de lui acorut sè dromir.   accoru : passé simple

Anthelme GREFFE

Contre les gens de loi (sur l'air : *Aussitôt que la lumière*)

Bravè dzin dè la campagne,
Braves gens de la campagne,
E fau toui vos accorda.
Il fâlt tôs vos acordar.
Se vos ama la tsecagne,
Se vos amâd la checagne,
Vo saré binto rouina.
Vos sarêd bentout ruinâs.
Lo moncho dè la jestice
Los monsiors de la justice
N'in volon qu'à votr'ardzin ;
N'en volont qu'a votr' argent ;
Se vo creydé lau malice,
Se vos crêde lor malice,
É ne vo laisserin rin.
Ils ne vos lèsseront ren.

Se vos àyé dè què farè,
Se vos avéd de què fâre,
Votre-n avoca vo di :
Voutron avocat vos dit :
Dze répon de te-n affaré,
Je rèpond de ton afâre,
Sey tranquillo, me-n ami.
Sê tranquilo, mon ami.
Tindi què le procé doure,
Tandis que le procès dure,
Toui lo mey é fau d'ardzin ;
Tôs los mês il fâlt d'argent ;
Oncor le parcourau dzoure
Oncor' le procuror jure
S'é n'arrivè dè presin.
S'il n'arrive des prèsents.

Braves gens de la campagne,
Il faut tous vous mettre d'accord.
toui : forme pl. répandue en FP
Si vous aimez la chicane,
tsecagne : mot bien adapté
Vous serez bientôt ruinés.
rouina : maintien du [u] latin
Les messieurs de la justice
jestice : e = [ə]
N'en veulent qu'à votre argent;
volon : maintien du [o] latin
Si vous croyez leur malice,
creydé : ey = [ej]
Ils ne vous laisseront rien.

Si vous avez de quoi faire,
àyé : forme assez rare
Votre avocat vous dit :
votre-n : cf te-n affaré
Je réponds de ton affaire,
te-n : cf votre-n avoca
Sois tranquille, mon ami.
me-n : cf les 2 vers précédents
Tandis que le procès dure,
doure : maintien du [u] latin
Tous les mois il faut de l'argent.
toui : forme assez répandue
Encore le procureur jure
dzoure : maintien du [u] latin
S'il n'arrive des présents.

Toui lo zor à votrè porté	*Tous les jours à vos portes*
Tôs los jorns a voutres portes	zor : on attendrait **dzor*
Vo vèdé, non sin trimbla,	*Vous voyez, non sans trembler,*
Vos vêde, non sen tremblar,	
On sardzin què vos apporté	*Un huissier qui vous apporte*
Un sèrgent que vos aporte	vos : indique la liaison
Dés écri in quantita.	*Des écrits en quantité.*
Des ècrits en quantitât.	dés : indique la liaison
Votrè fènnè sè laminton,	*Vos femmes se lamentent,*
Voutres fènes sè lamentont,	
Votres infan plaouron toui,	*Vos enfants pleurent tous,*
Voutros enfants ploront tôs,	votres : on attendrait **votros*
Lé pessire vo torminton ;	*Les soucis vous tourmentent ;*
Les penséres vos tormentont ;	
Vo né poédé rin dremi.	*Vous ne pouvez plus dormir.*
Vos ne pode ren dromir.	dremi : forme très répandue
Quan vos ètè bin pellià,	*Quand vous êtes bien pillés,*
Quand vos éte ben pilyês,	pellià : indique un [ʎ]
On dzeuzo vin gravamin	*Un juge vient gravement*
Un jujo vint gravament	dzeuzo : cf supra jestice
Vo condané sin pedià	*Vous condamner sans pitié*
Vos condanar sen pediât	pedià : < lat. pietate
A toui los frais é dépin.	*A tous les frais et dépens.*
A tôs los frès et dèpens.	
Alor gàra lé sàysié !	*Alors gare les saisies !*
Alôr gâra les sêsies !	sàysié : pluriel régulier
Tié vos sardzin é recor	*Chez vous huissiers et recors*
Chiéz vos sèrgents et recors	tié : < lat. CASAE
Venon to démenadzié	*Viennent tout déménager*
Venont tot dèmènagiér	démenadzié : -dzié FP régulier
Se vo nè pàydé d'abor.	*Si vous ne payez d'abord.*
Se vos ne payêde d'abôrd.	pàydé : probt. pour **payidé*

Se vos alla poué vo plindrè,
Se vos alâd pués vos plendre,
Los avoca vo derin :
Los avocats vos deront :
Sor d'ice sin ple-s attindrè ;
Sort d'ice sen ples atendre ;
Pey-mé, coquin, é va-t-in !
Paye-mè, coquin, et va-t'en !
Vèyca quemin vo consòlon
Vê-qué coment vos consolont
Apré vos avèy seci ;
Aprés vos avêr suciês ;
É de l'ardzin qu'é vo vòlon
Et de l'argent qu'ils vos vôlont
É se von bin dévarti.
Ils sè vont ben divèrtir.

Puis, si vous allez vous plaindre,

Les avocats vous diront :

Sors d'ici, sans plus attendre,
ple-s : indique la liaison
Paie-moi, coquin, et va-t'en !
pey : pour *peyi
Voilà comme ils vous consolent
consòlon: "consolent", accent noté
Après vous avoir sucés ;
seci : cf jestice, dzeuzo
Et de l'argent qu'ils vous volent,
vòlon : francisme pour robar
Ils vont bien se divertir.
é se von : idem en ancien français

Claude BORNAREL, 1789

FRIBOURG

Le canton de Fribourg, comme le Valais, est divisé en deux domaines linguistiques : à l'Est, le domaine alémanique, à l'Ouest, le domaine romand. C'est une rivière, la Sarine, qui marque la frontière linguistique, au point même que l'on parle de la "Suisse outre-Sarine" pour la Suisse germanophone. Mais si là-bas le dialecte alémanique jouit depuis toujours d'une bienveillance dans toutes les circonstances de la conversation et de la communication orale, au point que l'allemand, langue écrite officielle, est peu en usage hors de l'écrit, il n'en va pas de même du *patois* utilisé dans la partie romande. Le mot francoprovençal y est pratiquement inconnu, et une interdiction de le parler dans les écoles remonte à 1886, avec forte amende pour les parents. La situation du canton de Fribourg est complexe : premier canton en partie romand entré dans la Confédération en 1481, tandis que les autres cantons romands ne devenaient suisses (ou autonomes) qu'entre 1803 et 1815, les Fribourgeois occidentaux ont eu à lutter contre la germanisation de leurs institutions. Mais la langue française a pu jouir de l'admiration des Suisses alémaniques, qui incitaient eux-mêmes les Romands à abandonner leurs *patois*.

De nos jours, le canton de Fribourg est avec le Valais celui où le FP est encore le plus vivace. De plus, le dialecte fribourgeois peut s'enorgueillir de la tenue d'archives dès le Moyen Age, ainsi que de connaître l'édition depuis le XVIIIe siècle et ce jusqu'à aujourd'hui.
Un courageux avocat né à Arconciel en 1744, Jean-Pierre Python, commence à publier en 1788 la traduction en dialecte fribourgeois des *Bucoliques* de Virgile. Si la grammaire et la tournure des vers peuvent sembler un peu artificielles, ou tout du moins trop proches du français, Python a su élever son parler au rang de langue nationale, tandis que le sujet se prêtait parfaitement à l'utilisation des mots de son idiome natal. La publication durera jusqu'en 1792 avec la sixième des dix Eglogues, et c'est probablement sa disparition, à une date inconnue, qui laissera son oeuvre inachevée.

Claude-Louis Bornet (1818-1880) est resté l'immortel auteur d'une poésie patoise bien connue, *les Chevriers*, et d'un *Manuel d'instruction civique* (en français) admiré et récompensé jusqu'en France.

Plus près de nous, Jean Risse publiait en 1932 *la Langue Paysanne*, comportant une grammaire et une cinquantaine d'historiettes savoureuses. Les attaques contre le patois ont été si violentes que l'auteur est obligé d'invoquer des origines grecques et les oeuvres de Rabelais pour justifier son intérêt pour ce que certains voulaient à tout prix faire disparaître.
En 1992, un jeune lecteur de textes fribourgeois, Christophe Currat, publiait, à la suite de Léon L'Homme, un *Dictionnaire Patois-Français et Français-Patois du Sud-Fribourgeois*, premier ouvrage du genre, de plus de 600 pages, avec une graphie normalisée cohérente, même si elle insiste beaucoup sur les différences avec les autres dialectes FP.

Le dialecte fribourgeois comporte lui-même trois sous-dialectes : le *gruvérin* ou *gruyérien* (approximativement l'ancien Comté de Gruyère); le *quetzo, couètzou* ou *kuètzo* (partie moyenne, au sud-ouest du canton, dénommée 'Quoetz'), et enfin le *broyard* ou *broyao* (district de la Broye, près du lac de Neuchâtel). Les chauvinismes locaux considèrent généralement le *gruvérin* comme le plus doux, et n'ont pas de mots assez durs pour décrire le *quetzo* : rude, lourd, traînant, grossier, éreintant les oreilles... Quand au *broyard*, fluide et preste, il est malheureusement comme son voisin de Neuchâtel, agonisant.

C'est dans ce canton que l'on trouve l'évolution : lat. -st- > þ/x, c'est-à-dire th ou h. Dans une grande partie du canton, tous les 's' sont chuintés, et l'évolution de â divise les habitants, la prononciation ao étant considérée par une partie des locuteurs comme incorrecte dans certains cas mais juste dans d'autres. Le quetzo a un peu tendance à fermer les voyelles médianes (o > ou, è > i).

Voici en différents parlers la phrase :

"Tu as soif ? prends ton temps pour boire un verre de vin".

gruvérin : T'ao chê ? Prin ton tin po bêre on vêro dè vin.
quetzo :   T'ao châ ? Pran ton tin pouo bâre on vârou dè vin.
broyard : T'ao sao ? Pran ton tin pouo baore on vaorou dè vin.
lacois :   T'ao sâ ? Pran ton tin po bâre on varou dè vin.
veveysan : T'ao châ ? Prin ton tin po bâre on vârou dè vin.

ORA : T'âs sêf ? Prend ton temps por bêre un vêrro de vin.

1ère églogue de Virgile (Bucoliques) 1788+
traduit par Jean-Pierre Python (Arconciel 1744-1792 ?)

Mélibé.
Mèlibè :

A l'ombro d'on fohí co sur plauma assetà,
A l'ombra d'un fothél com(e) sur ploma assetâ,
Quen geoûyo què le tio, quena félicitá !
Quint jouyo que le tio, quinta fèlicitât !
Dè-mîmo què derreir on rediô de fenîhra
De mémo que derrêr un rediô de fenéthra
Te meinès, ô Tityre, et ta musa tçampîhra
Te mènes, ô Titire, et ta musa champéthra
Rend dus-desos tès deigts deis accouards ravessents ;
Rend dês desot tes dêgts des acords ravissents;
Te meinès, les èchos rèpèton lès accents.
Te mènes, les ècos rèpètont les accents.
Mâs nos (tolla est d'au souart l'ingiusta barbaria !)
Mas nos (tâla est du sort l'enjusta barbaria !)
Nos quihims à regrèt noûhra tchíra patria,
Nos quithens a regrets nouthra chiéra patria,
Acculleits por allar dau mondo ne scés yô
Acolyis por alar du mondo ne sé yô
Lès humains effreïr d'intendre noûhres mols ;
Les humans èfreyér d'entendre nouthros mâls ;
Tandis què reposènt sur le lys, la gottrausa,
Tandis que reposent sur le lis, la gotrosa,
Dins tès suttièls tçanhons te ventès ta grahiausa ;
Dens tes subtils chançons te vantes ta graciosa;
Per sès tçermos pussents staus boûs sont imbèlis,
Per ses charmos possients çtos bouscs sont embèlis,
Tot réhraunè per-ce dau nom d'Amaryllis.
Tot rèthrone per-ce du nom d'Amarilis.

Nous donnons la graphie d'origine

Mélibée.

A l'ombre d'un hêtre, comme sur plume assis,
   fohí : ici on a un diminutif
Quelle joie que la tienne, quelle félicité !
   quena : forme féminine sans -t- (**quinta**)
De même que derrière un rideau de fenêtre
   mîmo : ici é > i; fenîhra : [fə'nixra] < lat. FENESTRA
Tu joues, ô Tityre, et ta muse champêtre
   meinès : "tu joues (d'un instrument)"
Rends de dessous tes doigts des accords ravissants.
   accouards : évolution locale du -r > -a
Tu joues, les échos répètent tes accents.
   èchos : impossible en ORA de garder cette graphie
Mais nous, telle est du sort l'injuste barbarie,
   d'au : curieuse graphie
Nous quittons à regret notre chère patrie,
   quihims : < *QUISTAMUS; tchíra : tchi = tsyé-
Chassés pour aller du monde je ne sais où
   scés : savoir < lat. SAPERE et non SCIRE
Effrayer les humains d'entendre nos maux ;

Tandis que reposant sur le lis, le narcisse
   gottrausa : "goitreuse" c.à.d. "narcisse"
Dans tes habiles chansons tu vantes ta gracieuse ;
   grahiausa : mot populaire et non précieux de 'l'amie'
Par ses charmes puissants ces bois sont embellis,

Tout résonne par ici du nom d'Amaryllis.
   réhraunè : < *RESTONAT

Tityre :
Titire :
On Diû (car dè ci nom quen mortel est ples digno ?)
Un Diô (câr de cél nom quint mortèl est ples digno ?)
On Diû saulo est l'oteur dè ci benfeit insigno.
Un Diô solo est l'ôtor de cél benfêt ensigno.
Deis immortels au rang mâs dus-ora bêta,
Des imortèls u rang mas dês-ora betâ,
Cil Héros mè verret, bergír, sur sès aurtás,
Cél Hèros me verrat, bergiér, sur ses ourtâls,
Por rendre à mès souhaits son déismo propiho,
Por rendre a mes souèts son dèismo propicio,
Aufrir d'on tendre aigní le sanglent sacrifihio.
Ofrir d'un tendro agnél le sangllent sacrificio.

Te ne quihèrís pas staus prás addís hloris,
Te ne quitherés pas çtos prâts adés flloris,
Yo tès tendrès tçanhons intçantont lès esprits ;
Yô tes tendres chançons enchantont les esprits ;
Tès mutons attentifs eis sons dè ta hlottetta,
Tes motons atentifs ux sons de ta fllotèta,
Vindront danhïr in folla au-touar dè ta houletta...
Vindront danciér en fola utorn de ta houlèta,...
Tandis qu'on tçerrotton dè l'ècourgia pressent
Tandis qu'un charroton de l'ècorgia pressent
On mogean que trûp plan va son sillon tracent,
Un mojon que trop plan vat son selyon tracent,
Por calmar soun humaur neire et mèlancholica,
Por calmar son humor nêre et mèlancolica,
Mèhlèret sès tçanhons ais sons dè ta musica.
Mècllerat ses chançons ux sons de ta musica.

Tityre.

Un Dieu (car de ce nom quel mortel est plus digne ?)

Un Dieu seul est l'auteur de ce bienfait insigne.
   saulo, oteur : incohérences étymologiques
Des immortels au rang mais dès à présent mis,

Ce héros me verra, berger, sur ses autels,
   aurtás : < lat. ALTARE
Pour rendre à mes souhaits son déisme propice,
   propiho : aujourd'hui propitho
Offrir d'un tendre agneau le sanglant sacrifice.
   tendre : graphie en fonction de l'élision (auj. tindro)

Tu ne quitteras pas ces prés toujours fleuris
   hloris : hl = [çl] ou [ç]
Où tes tendres chansons enchantent les esprits :
   tçanhons : de telles formes justifient le ç en ORA
Tes moutons attentifs aux sons de ta petite flûte
   eis : forme semblable ailleurs (Bresse...)
Viendront danser en foule autour de ta houlette...
   danhïr : ici h représente [ç]
Tandis qu'un charretier du fouet pressant
   ècorgia : cette termin. en -gia (et non -ge) n'est pas régulière
Un bouvillon qui trop lentement va son sillon traçant,
   plan : "lentement", cf. italien 'piano'
Pour calmer son humeur noire et mélancolique,
   mèlancholica : le 'ch' étymologique n'est pas utilisable en ORA
Mêlera ses chansons au son de ta musique.
   mèhlèret : hl = [çl] ou [ç], donc confusion de 'cl' et de 'fl'

ON GALÉ VOYAODZO.
UN GALÈS VOYÂJO.

Nouthron velaodzo dé Taraban ché travé on fiai tro lyin dé tot.
Nouthron velâjo de Taraban sè trove un fièr trot luen de tot.
Ou lyin laordzo à l'intoua, l'y a rintié di bou, di graobo, di
U luen lârjo a l'entorn, il y at ren que des bouscs, des grâbos, des
djithé; on pouro piti l'indrai, quemin vo vaidé. Po chalyi, l'y a
githes. Un pouvro petit l'endrêt, coment vos vêde. Por salir, il y at
di tzariretté, di chindolet, di tzemené que van haut et bao,
des charrérètes, des sendolèts, des cheminèts que vant hôt et bâs,
to dé travai, dou lon di chai. Ache, quand no faut modao ou bin
tot de travèrs, du long des sêps. Asse, quand nos fâlt modar ou ben
allao apri le maidzo et la bouna féna, lé to t'on trayin.
alar aprés le mêjo et la bôna-fèna, il est tot un trayent.
L'ôtri, m'a falliu mé betao in tzemin, pè la mô qu'incremaovan
L'otr'hiêr, m'at falyu mè betar en chemin, per l'amôr qu'encre-
à Chorin, yô on de mé bouébo l'é mariao. Po pao tru
mâvont à Sorens, yô un de mes bouèbos il est mariâ. Por pas trop
impacotao mé botté navé, chu jelao amon vai Tobi po li dre
empacotar mes botes noves, sus alâ amont vers Tobi por lui dére
dé vini mé menao lévà avui chon piti tzai.
de venir mè menar lé-vers avouéc son petit char.
Tobi l'é totavi pré à rindre charcucho. L'a fai né on né dou.
Tobi l'est totavés prést a rendre sarvicio. Il at fêt ni un ni doux.
L'a apyiéyi l'éga, l'a betao ouna pugna dé fin ou ku dou tzai et
Il at aplèyê l'èga, il at betâ une pugnâ de fen u cul du char et
inke no lavi.
inque nos lé-vers.
Davau dou mohyi, Tobi mé dit :
D'avâl du mothiér, Tobi mè dit :
- No volin allao bao tantié ou déchu de la koutha, ma poura
- Nos volens alar bâs tant que u-dèssus de la coutha, ma pouvra
bithe l'é mafite, l'a la golaire, mé faut la tzouyi on bokenet.
béthe est mâlfête, el at la golère, mè fâlt la chaouyér un boconèt.

UN AMUSANT VOYAGE.

nous avons conservé la graphie d'origine

Notre village de Taraban est situé à l'écart du monde.
velaodzo : 'ao' typique de certains parlers fribourgeois
L'horizon, tout autour, est fermé par des bois, des ravins, des
ou lyin : le passage u > y > i s'est fait pour **luen** mais pas pour **u**
pâturages. Une pauvre localité, comme vous voyez. Pour sortir, il
chalyi : même mot que fr. 'saillir'
n'y a que des petites charrières, sentiers et chemins, qui montent et
chindolet : même origine que fr. 'sentier'
descendent et font des détours au long des haies. Aussi pour partir
ache : le 's' est toujours chuinté dans certains parlers fribourgeois
ou chercher le médecin ou la sage-femme, c'est toute une histoire.
maidzo : < lat. MEDICUS, ici "médecin", ailleurs "sorcier" !
L'autre jour, j'ai dû me mettre en chemin parce qu'on célébrait la
pè la mô : "pour l'amour", aussi en occ.; incremao : litt."enchrêmer"
confirmation à Sorens, où l'un de mes fils est établi. Pour ne pas
bouébo : "garçon", ici "fils", de l'alémanique Buob "garçon"
trop tacher de boue mes souliers neufs, je suis allé chez Tobie pour
chu jelao : la liaison en -j- (= z) est agglutinée à ce participe
le prier de venir me conduire avec sa voiture.
tzai : 'tz' rappelle l'allemand, mais aussi la sonore 'dz'
Tobie est toujours prêt à rendre service. Il n'a pas hésité un instant.
totavi : littér. "toute fois"
Il a attelé la jument, mis une poignée de foin au fond du char et
éga : < lat. EQUA
nous voilà en route.
lavi : var. lèvi
En-dessous de l'église, Tobie me dit :
mohyi : < MONASTERIUM, mot surtout fribourgeois et vaudois
- Nous voulons mettre pied à terre jusqu'au haut de la montée, ma
no volin : "nous allons" est la bonne traduction
pauvre bête est fatiguée, elle tousse, je dois la ménager quelque peu.
mafite : littér. "mal faite"; tzouyi : < lat. CAVICARE, fr. 'choyer'

Quand no chin jou ou déchu de la koutha, l'é ré volu allao chu le
Quand nos sens aviu u-dèssus de la coutha, [l]é rè-volu alar sur le tzai. Ma Tobi m'a de :
char. Mas Tobi m'a dét :
- Fao vai pao la bithe, le tzemin l'é crouyo, te porré vèchao ou
- **Fâ vêr pas la béthe, le chemin est crouyo, te porrês vèrsar u** contoua, l'affére déchin poutamin. Tié fére ? Chu jelao à pi contorn, l'afére dèscend poutament. Què fére ? Sus alâ a piéd tantié ou fon de la pindia, ouna boun'hara dé tin.
tant que u fond de la penda, una bôn' hora de temps.
Chu chin, no j'arrouvin chu on plyan, l'y avai di bi tzemin. Tobi
Sur cen, nos arrevens sur un plan, il y avêt de bél chemin. Tobi mé dit :
mè dit :
- Chu me n'aorma che no van pao oncora on tro à pi, po
- **Sur mon ârma, se nos vans pas oncora un trot a piéd, por** gugao à nouthron liji chtou bi prao et hou ballé méjon.
gugar a nouthron lésir cetor béls prâts et celor bales mèsons.
Ma, que li dio, che te mé léché pao allao déchu iô monté, pagni
- **Mas, que lui dio, se te mè lésses pas alar dèssus yô monte, pas ni** quand déchin et oncora pao quand l'é plya, chebaya quand
quand dèscend et oncora pas quand il est plat, se balye quand porri m'achetao chu le tzai ?
porrê m'assétar sur le char ?
- Attin ouna vuairbetta, m'a de Tobi. L'y a on cabaret on
- **Atend una vouèrbèta, m'a dét Tobi. Il y a un cabarèt un** tro plye lyin. T'oudri chu le tzai dutin qu'abraivéri
trot ples luen. T'odrés sur le char du temps qu'abèvreré l'éga.
l'èga.

En graphie normalisée d'aujourd'hui, on aurait :
Nouthron velådzo dé Taraban ché trâvé on fyê tro lyin dé to. Ou lyin lårdzo a l'intoua, l'i a rintyè di bou, di gråbo, di djithé ; on pouro piti l'indrê, kemin vo vêde. Po chayi, l'y a di tsêrirètè, di chindolè, di tsemenè que van hô é bå, to dè travê, dou lon di chê...

La côte gravie, je me suis proposé de remonter en voiture.
jou : < *(av)iou "eu"; ré volu : littér. "revoulu"
Mais Tobie m'a dit :

- Ne fais donc pas l'idiot, le chemin est mauvais, tu pourrais
vai : mot courant, "donc", probt du lat. VERE; bithe : < lat. BESTIA
culbuter au contour, la descente est raide. Que faire ? Je vais à pied

jusqu'au fond de la pente, pendant plus d'une heure.
pindia : variante en -d-; hara : ici le 'o' n'est pas passé à [œ]
Là-dessus, nous arrivons en plaine, la route est bonne. Tobie
chin : probablement du lat. *ECCE INDE
m'a dit :

- Sur mon âme, si l'on continuait encore à cheminer à pied pour
aorma : < lat. ANIMA, évolution régulière
contempler à notre aise ces belles prairies et ces belles maisons !
gugao : de l'alémanique 'gugge', "regarder"; hou : pluriel épicène
- Mais, lui dis-je, si tu ne me laisses sur le char ni aux montées, ni
que li dio : "que je lui dis";
aux descentes, ni en plaine, quand est-ce que
chebaya : renforce une interrogation, "donc"
je pourrai y prendre place ?

- Attends un petit instant, m'a dit Tobie. Il se trouve une auberge un
vuairbetta : dimin. de vuèrba "temps resté à labourer sans dételer"
peu plus loin. Tu iras sur le char pendant que je ferai boire la
abraivéri : j'abreuverai
jument.

Texte recueilli par Jean RISSE, de la bouche d'un vieux rémouleur du nom de "FACHON", et publié en 1932 avec 52 autres dans la deuxième partie de son livre *La langue paysanne*, intitulée *Hou dé Taraban* ("Ceux de Taraban", hameau en Basse-Gruyère).

Prière à Notre-Dame pour les mères
tirée de la *Messe en Patois* du Curé Armand PERRIN

Nouthra Dona tota grahyâja,
Nouthra Dona tota graciosa,
Di fèmalè la pye bènirâja,
Des females la ples benherosa,
E bènirâ Vouthron Fe, le Fe dè Dyu ;
Et benheros Vouthron Fily, le Fily de Diô ;
Nouthra Dona dou Bon Dyu,
Nouthra Dona du Bon Diô,
Préyîdè por no, pourè dzin ke no chin,
Preyéde por nos, poures gens que nos sens,
Ora, è kan dè modao vindrè le momin.
Ora, et quand de modar vindrat le moment.

Préyîdè achebin, in chta demondze chuto,
Preyéde asse-ben, en ceta demenge surtot,
Po ha dona - dona kemin Vo -
Por cela dona - dona coment Vos -
Ke no-j-a bayi la ya, a no ;
Que nos at balyê la via, a nos ;
Ha, k'avui chon pî
Cela, qu'avouéc son pied
Brinaovè le bri
Brenâve le brés
Po no-j-indremi ;
Por nos endromir ;
Ha ke no prinyê din chè bré ;
Cela que nos pregnêt dens ses brès ;
Ke vèyîvè chu no dzo-r-è-nè ;
Que velyéve sur nos jorn et nét ;
Ke no charaovè chu chon kâ,
Que nos sarrâve sur son cor,
To dâ, to dâ,
Tot dox, tot dox...

Notre Dame toute gracieuse,
  Dona : forme en concurrence FP avec Dama
Des femmes la plus heureuse,
  fèmalè : désigne les "femmes", sans connotation péjorative
Et heureux Votre Fils, le Fils de Dieu ;
  bènirâ : "heureux" au sens spirituel
Notre-Dame du Bon Dieu,
  nouthra : < lat. NOSTRA, avec passage -st- > -þ-
Priez pour nous, pauvres gens que nous sommes,
  préyîdè : noter la terminaison en -îdè
Maintenant, et quand de partir viendra le moment.
  c'est presque l'Ave-Maria

Priez aussi, ce dimanche surtout,
  demondze : < lat. DOMINICA
Pour cette mère - mère comme Vous -
  ha : < sla; dona : ici "mère" (< lat. DOMINA)
Qui nous a donné la vie, à nous ;
  ya : < vya < via < lat. VITA
Celle qui, avec son pied

Balançait le berceau
  brinaovè : littéral. "branlait"; bri < gaul. BERTIUM
Pour nous endormir ;
  no-j-indremi : noter la liaison en -j-
Celle qui nous prenait dans ses bras ;

Qui veillait sur nous jour et nuit ;
  dzo-r-è-nè : en liaison, le -r- se prononce
Qui nous serrait sur son coeur,
  kâ : passage de o > â (et non œ)
Tout doux, tout doux,...
  dâ : < lat. DULCIS

LE PATOIS : UN TRESOR NATIONAL
M. François MAURON, président du "Triolè", raconte sa jeunesse.

I chu viniè ou mondo le trinta dè décembre mil neuf cent-chate.
Ye su vegnu u mondo le trenta de dècembro mile nof cent sèpt.
Mon chènia irè ouvrè tsapouèt ; bin chur i l'avè totè chouartè dè
Mon segnor ére ovrér chapouès ; ben sûr il avêt totes sôrtes de
badyè : di rabo, di tzètè, di kranpon, di martalè, di
bagues : des rabots, des chètes, des crampons, des martelèts, des
j'étenâyè, di réchètè, totè chouartè dè hyou, di gran è di
ètenâlyes, des ressètes, totes sôrtes de cllous, des grants et des
kour. I parè k'iro on bouébo galéjamin déboubenâ, kemin
côrts. Il parêt qu'êro un bouèbo galèsament dèboubenâ, coment
on di ? Kan i l'avé katro a thin k'an, mon chènia i mè
on dit ? Quand ye [l']avêt quatro a cinq ans, mon segnor il me
bayîvè on martalè è di hyou è on bokon dè lantzè po mè
balyêve un martelèt et des cllous et un bocon des lanchèts por me
démora, kotiè kou i ne tapavo pâ chu lè yiou, ma chu
demorar, quârques coups ye ne tapâvo pas sur les cllous, mas sur
lè dè, è i alâvo pliorâ vè la dona ke mè dejè ti rintiè
les dêgts, et y'alâvo plorar vers la dona que me desêt t'és ren que
on krapô dè bouébo. I parè ke lé achebin piantâ di
on crapôd de bouèbo. Il parêt que [l']é asse-ben plantâ des
hyou din le tronc a tsapiâ le bou è mon chènia, bin chur, i
cllous dens le tronc a chaplar le bousc et mon segnor, ben sûr, il
mè dépuchtavè. I lé keminhyi l'ékoula in mil nâ cent quatouardzè
me disputâve. Ye [l']é comenciê l'ècoula en mile nof cent quatôrze
è adon i ne chavé pâ on mot dè franché ; mâ i lè rin jelâ
et adonc ye ne savê pas un mot de francès ; mas il est ren (s-)alâ
grantin i chu chayiè le premi de l'ékoula.
grant-temps je su salyi le premér de l'ècoula.

Je suis venu au monde le 30 décembre 1904.
  viniè : forme locale; neuf : francisme
Mon père était ouvrier charpentier; bien sûr il avait toutes sortes d'
  chènia : < lat. SENIORE, avec sens "ancien" > "père"
outils : des rabots, des haches, des crampons, des marteaux, des
  badyè : < germ. bagga "butin"
tenailles, des scies, toutes sortes de clous, des grands et des
  étenâyè : ce é- prosthétique est fréquent en FP; hyou : [çu]
courts. Il paraît que j'étais un garçon joliment débrouillard, comme
  galéjamin : mot local très usité; déboubenâ : "sorti de l'enfance"
on dit. Quand j'ai eu quatre à cinq ans, mon père me
  thin k'an : en liaison le -k- réapparaît (influence prob. du français)
donna un martelet et des clous et un peu de planchettes pour me
  lantzè : diminutif de lan "planche"
divertir, parfois je ne tapais pas sur les clous, mais sur
  démora : mot courant pour "amuser"
les doigts, et j'allais pleurer chez ma mère qui me disait tu n'es rien
  dona : "mère" < lat. DOMINA (parallèle à chènia < lat. SENIORE)
qu'un espiègle de gamin. Il paraît que j'ai aussi planté des
  krapô : surnom fréquent (aussi krapôda f.)
clous dans le tronc à débiter le bois et mon père, bien sûr, il
  tsapyâ : "couper, hacher menu, débiter"
me disputait. J'ai commencé l'école en 1914
  nâ : ici le mot est patois; quatouardzè : localt terminaison en -dze
et donc je ne savais pas un mot de français; mais il n'est pas allé
  jelâ : ce participe passé a le -j- de terminaison dans tous les cas
longtemps que je suis sorti le premier de l'école.
  grantin : forme locale assez répandue

NEUCHATEL

Le canton de Neuchâtel forme la frontière Nord-Est du FP. C'est ce qui explique probablement l'archaïsme [tʃ] pour **ch-** et [dʒ] pour **j-**, mais pas dans le canton entier, comme le montrent les formes patoises du mot **Chalende** "Noël" : tchèlèdə (districts de Neuchâtel, Val-de-Ruz et Boudry), tchàlàdè (districts de la Chaux-de-Fonds et du Locle), tsàlēdə (La Béroche). Ce n'est pas un canton où le patois est resté très vivace, il semble même s'être éteint dans certaines parties dès le courant du XIXe siècle, et bien sûr dans la ville chef-lieu.
Les textes suivants sont d'autant plus précieux. On constate certaines particularités proches des autres cantons romands (**ye** pour "je"), et même du savoyard et du bressan (dénasalisation de **en** et même parfois **an**).
Notons également que les réalisations [tʃ] et [dʒ] se retrouvent dans les dialectes francs-comtois (oïl) du canton suisse du Jura, et ici encore c'est l'accent tonique avec paroxyton qui est le meilleur critère pour tracer la frontière entre le francoprovençal et les parles d'oïl.

C'est à Neuchâtel que se trouve l'institution du *Glossaire des Patois de la Suisse Romande* (voir coordonnées à la bibliographie en fin de volume), qui a pour mission de recueillir et de diffuser toutes les informations concernant les parlers de la partie romande de la Suisse, qu'ils soient francoprovençaux ou d'oïl. Il existe une institution semblable pour la Suisse alémanique, dont l'oeuvre est bien connue sous le nom d'*Idiotikon*.

LES FEMMES ET LE SECRET

Rè ne peze tan qu'on scret.
Ren ne pese tant qu'un secrèt.
Le gardâ lontaein è malaisïe è damè,
Le gouardar long-temps est mâl-ésiê ux dames,
Et, dsu çtu pouè,
Et, dessus ceto pouent,
Y sè bon nombre d'ome que son fènè.
Ye sé bon nombro d'homos que sont fènes.
Por éprovâ la sionna, én'ome cria,
Por èprovar la sina, un homo criat,
La nè, coûtchi prè de lyïe : "Aïe !... qu'è-cè ?
La nét, cuchiê prés de lyé : " Aye ! qu'est-cen ?
Y n'è pu pieû, on me décire ;
Ye n'en pouè ples, on mè dècire ;
Y acoutche d'én eu. Oaïe ! le velaik, boûtâ ;
Y'acuche d'un of. Ouè ! le vê-lé, boutâd ;
El è ancora to tchau. Gardâ-vo baï de le dire ;
Il est oncora tot chôd. Gouardâd-vos ben de le dére ;
On m'apèlerai djenoeille".
On m'apèlerê genelye".
La fèna, neûva sû le ca,
La fèna, nova sur le cas,
Cré l'afaire et promè de n'è rè dire.
Crêt l'aféreet promèt de n'en ren dére.
Le lédeman, dè la pointe du djor,
Le lendema, dês la pouenta du jorn,
El cor tchïe sa vezenâ,
El côrt chiéz sa vesena,
Et lyï di : "On ca é arivâ,
Et lyé dit : "Un cas est arrevâ,
Mé n'en ditè ré, vo me féri rollié :
Mas n'en dite ren, vos mè ferâd rolyér :

NEUCHATEL, milieu du XIXe siècle
graphie d'origine

Rien ne pèse tant qu'un secret.
　rè : dénasalisation ici; scret : est aussi prononcé ainsi en fr.
Le garder longtemps est difficile aux dames,
　malaisïe : très utilisé en FP
Et, sur ce point,
　dsu : littéral. "dessus", remplace souvent "sur" en FP
Je sais bon nombre d'hommes qui sont femmes.
　y : = ye, réduit à [i] dans plusieurs dialectes
Pour éprouver la sienne, un mari cria,
　sionna : "sienne"
La nuit, couché près d'elle : "Aïe, qu'est-ce ?
　coûtchi : bon exemple du tch-
Je n'en puis plus, on me déchire ;
　décire : semble un emprunt au fr.
J'accouche d'un oeuf. Oui, le voilà, regardez ;
　oaïe : "oui"; boûtâ : mot peu répandu (= **betar** ?)
Il est encore tout chaud ; gardez-vous bien de le dire ;
　el : "il" ou "elle"; baï : ici diphtongue (dans tout le canton)
On m'appellerait poule".
　djenoeille : < *ganillia < lat. GALLINA, noter le dj
La femme, neuve sur le cas,
　fèna : "épouse" plus que "femme" en général
Croit la chose et promet de se taire.
　afaire : mot fréquent dans tout le domaine gallo-roman
Le lendemain, dès la pointe du jour,
　pointe : emprunt ou influence du fr.
Elle court chez sa voisine,
　vezenâ : accentuation perturbée par un 'e' instable
et lui dit : "Un cas est arrivé,
　é arivâ : aucune liaison
Mais n'en dites rien, vous me feriez battre :
　rollié : littéral. "pleuvoir fortement"

Mén' ome vaï de faire én'eu grô kemè quatre ;
Mon home vint de fére un of grôs coment quatro ;
Mé n'è ditè rè.
Mas n'en dite ren.
- Ne craitè rè, di l'autre, y ne cheu pa babillârda.
- Ne crente ren, dit l'otra, ye ne su pas babilyârda".
Egalamè, el boerle d'è contâ la novala
Ègalament, el borle d'en contar la novala
Et va la repèdre a pieû de die z-édrè.
Et vat la repandre a ples de diéx endrêts.
A piace d'én eu, el è di trai.
A place d'un of, el en dit três.
En' autre, dzo le scret, di quatre,
Un' otra, desot le secrèt, dit quatro,
Et, à la faeï du djor,
Et, à la fin du jorn,
El y an avain pieû de cent.
Il y en avêt ples de cent.

Mon mari vient de faire un oeuf gros comme quatre,
  ome, quatre : le -o final tend ici à disparaître
Mais silence !
  Mé n'è ditè rè : "mais n'en dites rien"
- Ne craignez rien, dit l'autre, je ne suis pas babillarde".
  craitè : dénasalisation, et terminaison en -te
Cependant elle brûle d'en conter la nouvelle,
  boerle : "brûle", un quasi-homonyme signifie "crier"
Et va la répandre en plus de dix endroits.
  repèdre : dénasalisation de 'an'
Au lieu d'un oeuf, elle en dit trois.
  piace : passage de pl- > pj-
Une autre, sous le sceau du secret, dit quatre,
  dzo : "dessous", "sous"
Et, à la fin du jour,
  faeï : dénasalisation et diphtongaison
Il y en avait plus de cent.
  avain : désinence nasalisée

                                          D'après La Fontaine

LA BARUÈTA QUE PRAÎDGE.
LA BEROUÈTA QUE PRÈGE.

Patois de La Sagne

On de sté z-être que n'fasaî ra que vaille, ana tcharvoûta que
Un de cetis étres que ne fesêt ren que valye, una charvôta que
lassîve sa fana s'tuâ à l'ovraîdge et sè z-afan crevâ de fan,
lèssêve sa fèna sè tuar a l'ovrâjo et ses enfants crevar de fam,
avai vou, on djeu, ana bala tètcha de boû, darie l'hotau d'on vesin.
avêt vu un jorn une bala tèche de bousc, dèrrér l'hotâl d'un vesin.
Sa fana, que gaignive tota la via du m'naidge à fasan la boua
Sa fèna, que gagnêve tota la via du menâjo en fèsant la buya
po lè dja, n'avai pieu ra d'boû po colâ son lindge : quan
por les gens, n'avêt ples ren de bousc por colar son lenjo : quand
on prâ adé, le tchavon vin on viaidge !
on prend adés, le chavon vint un viâjo !
- Mâ, po l'alâ gaignîe â me baillan du mau, va t'faire à
- Mas, por l'alar gagnér en mè balyent du mâl, va tè fére a
fotre ! - c'est d'inse que prâidgive noûtra quenai-llhe - i l'a fau alâ
fotre ! - c'est d'ense que prègêve noutra canalye - il lo fâlt alar
robâ, on poûe ci, on poûe linque ; on n'y veû ra vet.
robar, un pou cé, un pou l'inque ; on n'y volt ren vêre.
Adon, ana neî qu'i faset nîr qu'ma da on for, i s'a va to
Adonc, una nét qu'il fasêt nêr coment dens un forn, il s'en vat tot
pian a chan de l'hotau d'on grandgie, lly "amprontâ sa baruèta".
plan a chant de l'hotâl d'un grangiér, lui 'emprontar sa berouèta'.
Mâ, ma fet, c'étai ana vîllia baruèta, que bracaillivè, que
Mas, ma fè, c'étêt una viélye berouèta, que bracalyêve, que
grincive, pocha qu'on n'la frayîve pâ tot lè djeu, vo peutet
grencêve, porce qu'on ne la freyêve pas tôs les jorns, vos potéd
me crère.
mè crêre.
Il apougne la baruèta, s'a va po qu'ri son boû ; ma sta
Il empugne la berouèta, s'en vat por querir son bousc : mas ceta
bougressa subiâve, grincîve, que ça lly baillîve la venèta. Il avet
bougrèssa sublâve, grencêve, que cen lui balyêve la venèta. Il avêt

LA BROUETTE QUI PARLE.
baruèta : lat. birota; praîdge : lat. PRAEDICARE

Un de ces êtres qui ne faisait rien qui vaille, une charogne qui
ra : noter la dénasalisation; tcharvoûta : terme plutôt local
laissait sa femme se tuer à l'ouvrage et ses enfants périr de faim,
fana : forme locale; ovraîdge : noter la réalisation [dʒ]
avait vu un jour un beau tas de bois, derrière la maison d'un voisin.
vou : forme archaïque; ana : forme locale; hotau : corresp. à 'hôtel'
Sa femme, qui gagnait toute la vie du ménage en faisant la lessive
boua : lessive, mot apparenté au fr. 'buée', 'buanderie'
pour les gens, n'avait plus de bois pour "couler" son linge : quand
pieu : palatalisation de 'pl-'; colâ son lindge : faire la lessive
on prend toujours, le bout vient une fois !
tchavon : < lat. CAPUT, avec suffixe -on; viaidge : ici 'fois'
Mais pour l'aller gagner en me donnant de la peine, va te faire
po l'alâ gaignîe : tournure fréquente en ancien français
foutre! - c'est ainsi que parlait notre canaille - il le faut aller
quenai-llhe : [kəˈnɛʎə], mot d'emprunt (français, occitan ou italien)
voler, un peu ici, un peu là ; on n'y verra rien.
veû : 'veut', mais ici sert à former le futur, comme souvent en FP
Donc, une nuit qu'il faisait noir comme dans un four, il s'en va tout
adon : existait en ancien français
doucement à côté de la maison d'un fermier lui 'emprunter sa
chan : "côté", ce mot existe en fr. techn.   [brouette'.
Mais, ma foi, c'était une vieille brouette, qui marchait en
vîllia : le -a n'est pas très régulier après palatale
grinçant, parce qu'on ne la graissait pas tous les jours, vous pouvez
frayîve : "frottait, graissait" (lat. FRICARE, fr. frayer);
me croire.
peutet : < lat. POTESTIS, forme régulière mais rare
Il prend la brouette, s'en va pour quérir son bois ; mais cette
apougne : = fr. "empoigne"; qu'ri : < lat. QUAERERE "aller chercher"
bougresse sifflait, grinçait, que cela lui donnait la venette. Il avait
subiâve : ly > y; venèta : "trouille", mot assez local

bei alâ tot pian, tot pian, c'étai adé le même afaire. I sabiait
bal alar tot plan, tot plan, c'étêt adés le mémo aféra. Il semblêt
que ç'ta casseroude lli disait : "On no veût vet ! On no veût vet !"
que ceta casserôde lui disêt : 'On nos volt vêr ! On nos volt vêr !'
I grulâve da sè tchaussè ; mâ i faliet alâ d'l'avant.
Il grolâve dens ses chôsses ; mas il falyêt alar de l'avant.
Arvâ tchie lo vesin, i pra son coraîdge a do man, tchardge
Arrevâ chiéz lo vesin, il prend son corâjo a doux mans, charge
son boû. Nion ne l'avet vou. I retrace contre l'hotau
son bousc. Nion ne l'avêt vu. Il retrace contra l'hotâl
da la sâre nei, adé tot pian, tot pian, po ne pâ se faire à l'ohyî.
dens la sâre nét, adés tot plan, por ne pas se fére a l'avouir.
Mâ, sta poûson d'baruèta, anondret qu'el est tchardgie, rêle
Mas, ceta poson de berouèta, orendrêt qu'el est chârgiê, rèle
encouo pieu fouâu : "On no veût vet ! On no veût vet !"
oncor ples fôrt : 'On nos volt vêr ! On no volt vêr !'
La dégueuille le pra, i sa va adé pieu liama ; mâ c'è encouo
La dègolye le prend, il s'en vat adés ples liament ; mas c'est oncor
pîe, ce r'è bin à n'autra tchanson. C'è : "On no z-a vou, i t'
pir, cen r-est ben una ôtra chançon. C'est : 'On nos at vus, ye tè
l'ai bin det ! On no z-a vou, i t'lai bin det !"
l'é ben dét ! 'On nos at vus, ye tè l'é ben dét !'
Djama i n'avai tan suâ de sa vie de gouape ; il avai s'poeü qu'i
Jamés il n'avêt tant suâ de sa via de gouapa ; il avêt si pouèr qu'il
restâve su piace et grulâve de s'rémodâ. I n'osâve pieu boudgie.
rèstâve sur place et grolâve de sè remodar. Il n'osâve ples bugiér.
A la fin dé fin, y pra son parti, fâ dè brassée de boû et fo
A la fin des fins, il prend son parti, fêt des braciês de bousc et fot
lo can avoué, djanqu'à l'hotau; poui i s'a va repouotâ su
lo camp avouéc, janqu'a l'hotâl ; pués il s'en vat reportar sur
son doûe, sta baruèta de malheû, à sa piace.
son dos, ceta berouèta de malhor, a sa place.
Et vlinque qu'ma ana villia baruèta a pou praîdgie et remouâ
Et vê l'inque coment une viélye berouèta a pu prègiér et remuar
la conchace d'on lâr, qui l'â n'étai, ma fet, tot terbî.
la conscience d'un lârro, qu'il en étêt, ma fê, tot torbi.

beau aller lentement, c'était toujours la même chose. Il semblait
   adé : "encore, toujours",< lat. AD IPSUM (TEMPUS) "en même temps"
que cette sorcière lui disait : 'On va nous voir ! On va nous voir !'
   on no veût vet : veût : futur proche, noter l'ordre des mots
Il tremblait dans ses culottes ; mais il fallait aller de l'avant.
   tchaussè : c'est le mot fr. "chausses"
Arrivé chez le voisin, il prend son courage à deux mains, charge
   tchardge : forme résumant bien les particularités neuchâteloises
son bois. Personne ne l'avait vu. Il revient du côté de la maison
   retrace : mot régional assez répandu
dans la nuit noire, toujours lentement pour ne pas se faire entendre.
   sâre nei : "nuit noire, nuit close"; ohyî : "ouïr", encore usité çà et là
Mais cette "poison" de brouette, à présent qu'elle était chargée, crie
   anondret : plus. var. à partir du mot "endroit" (anc.fr. 'orendroit')
encore plus fort : "On va nous voir ! On va nous voir !"
   fouâu : vocalisation du 'r'
La frayeur le prend, il s'en va toujours plus vite ; mais c'est encore
   liama : "d'une manière coulante", < lat. LAETUS "joyeux, abondant"
pis, c'est bien une autre chanson. C'est : "On nous a vus, je te
   r'è : re- "de nouveau", è "est"
l'ai bien dit ! On nous a vus, je te l'ai bien dit !"

Jamais il n'avait tant sué de sa vie de chenapan;il avait si peur qu'il
   gouape : "buveur, vaurien" mot toujours péjoratif
restait sur place et tremblait de repartir. Il n'osait plus bouger.
   boudgie : < lat. *BULLICARE "bouillonner", comme le mot fr.
A la fin des fins, il prend son parti, fait des brassées de bois et fout
   fo lo can : moins vulgaire qu'en fr. standard
le camp avec, jusqu'à la maison; puis il s'en va reporter sur
   djanqu'à : semble être un croisement entre 'jusqu'à' et 'tant qu'à'
son dos, cette brouette de malheur, à sa place.
   doue : mot rare en FP
Et voilà comment une vieille brouette a pu parler et remuer

la conscience d'un voleur, qu'il en était, ma foi, tout terrifié.
   lâr : < lat. LATRO

VAUD

Le pays de Vaud, comme le canton de Neuchâtel, a très tôt adopté le français, si bien qu'aujourd'hui le nombre de patoisants y est extrêmement faible, sauf dans certaines régions un peu isolées, ou proches du Valais. Mais c'est un Vaudois, le doyen Philippe Sirice Bridel (1757-1845) qui le premier a travaillé sur les patois de toute la Suisse Romande, et a recueilli les éléments d'un glossaire que L. Favrat publiera en 1866.

Le texte ci-dessous est une traduction de 1787, en patois du Pays de Vaud, d'un morceau du *Roman du Ministre de Wakefield*, célèbre roman "sensible" d'Olivier Goldsmith, paru en 1766, tome I, page 7.

Ne servetrai rin det catsi la dzouye qu'avé, quand
Ne sèrvitrêt ren de cachiér la jouye qu'avê, quand
vayé mets petits daiveron met : ma la dzouye det ma féna étai, faut te
veyê mes petits d'enveron mè : mas la jouye de ma fèna étêt, fâlt-il
deret, encora pllie granta quiè la minna, quand lets dzins que veniont
dére, oncora ples granta que la mina, quand les gens que vegnant
nos trova set mettiont à deret : "Certa, Tanta Primmarousa,
nos trovar sè metiant a dére : "Certa, Tanta Primarousa,
vo ai lets pllie biaux infans det tot lo pa-i". "Medai ! vesin,
vos éd les ples biôs enfants de tot lo payis". "Medê ! vesin,
se le desai, sont comin lo bonDieu lets a fé ; prao biaux, se
ço el desêt, sont coment lo bon Diô les at fêts ; prod biôs, se
sont prao bons ; car biau est, que bin fa". Adon, le
sont prod bons; câr biô est, que ben fêt". Adonc, el
desai a noutrets felliés det set teni draités ; & por
desêt a noutres filyes de sè tenir drêtes; et por
deret la verata, l'étiont, sin l'autro, bin galéses.
dére la veretât, els étiant, sen l'otro, ben galèses.

graphie d'origine

La traduction française est le texte de l'époque, aussi ne s'étonnera-t-on pas des formes françaises *enfans, tems*, et du fort décalage entre le mot-à-mot et les tournures retenues ici. Cette traduction en patois vaudois n'a pas d'équivalent dans les productions francoprovençale et occitane du temps.

Il serait inutile de dissimuler la satisfaction que j'avais, quand je
   servetrai : on retrouve ailleurs ce -t- ; det : notation pour 'dè'
voyais mes petits autour de moi : mais celle de ma femme était, pour
   féna : "épouse" et non femme en général
ainsi dire, encore plus grande que la mienne, quand ceux qui nous
   pllie : lli = [ʎ]
faisaient visite, venaient à dire : "En vérité, Madame Primrose,
   deret : pour derè; Tanta : terme de politesse
vous avez les plus beaux enfans de tout le pays !". "Ah ! voisin,
   medai : signifie habituellement "pourvu que", "eh bien"
répondait-elle, ils sont comme Dieu les a faits ; assez beaux, s'ils
   se le desai : "cela elle disait", tournure courante en vaudois
sont assez bons ; car beau est, qui bien fait". En même tems, elle

disait à ses filles de tenir leur tête droite ; &, pour ne rien

dissimuler, elles étaient effectivement fort jolies."
   sin l'autro : l'expression existe aussi en fr.

Patois de Leysin (Vaud)

DJUA DÈ TSALANDÈ
JOUÈS DE CHALANDE.

La vèðə dè Tsaland' a itó dè tò tä la mèðœu né dè tò
La velye de Chalande at étâ de tot temps la mèlyor nét de tot
l'an pòr sè férə drè, u bin po͜ʳ värə son sò:r. El ə pòr sä kə
l'an por se fére dére, ou ben por vêre son sôrt. Il est por cen que
lə fémạlè sèrzâivon tòdzò þa né įntyè pòr savâi sə ðə sè
les females cèrdiêvont tojorn cela nét inque por savêr se celes sè
maryèran, aoué kó, è kəmä luär o̱mò sarè. Don, þa vèðə
marièrant, avouéc qui, et coment lor homo sarêt. Donc, cela velye
dè Tsaland', è faðâi fəlâ òna kouətâirya̱ dè fi du tä kə lə
de Chalande, il falyêt felar una coturiê de fil du temps que le
rètré chənâ̱vè, è poui alâ ðètâ þa kouətâirya a katson è a
retrèt sonâve, et pués alar gllètar cela coturiê a cachon et a
nòvèyon ä-n-ənа krouâija dè tsəmin. Lə prəmi kə pasâ̱vè è
nan-vèyon a una crouèsiê des chemins. Le premiér que passâve et
kə rontâi lə fi îrè sé kə ðə maryèran. Asəbin, pò͜ʳ savâi
que rontêt le fil êre cél que lyés marièrant. Asse-ben, por savêr
sə l'ò̱mò sarè bé u pouə, bon u krou̱yò, è faðâi alâ, u kou
se l'homo sarêt bal ou pout, bon ou crouyo, il falyêt alar, u coup
dè la miné, təri òn'ətạla a la tįtsè. Sə l'ətạla îrè bala drậitè,
de la mi-nét, teriér una ètala a la téche. Se l'ètala êre bala drêta,
l'ò̱mò dèvâi étr͜ᵉ bin fé è binvənyä. Sə l' ətạla îrè mələkòrba u
l'homo devêt étre ben fêt et benvegnu. Se l'ètala êre mâlecorba ou
bin rònyœuza, l'ò̱mò dèvâi étr pouə-t-è krou̱ŷò. Kan l'ətạla îrè
bin rognosa, l'homo devêt étre pout et crouyo. Quand l'ètala êre
tərya, on-n-alâ̱vè bouəsi a la pòrta du bouatson. Sə lə kayon nə
terié, on alâve boussiér a la porta du bouèton. Se le cayon ne
dəzâi rä, l'ò̱mò dèvâi é:tr͜ᵉ dè bon kəman è pâ pyò̱:rnò. Sə lə
desêt ren, l'homo devêt étre de bon comand et pas plôrno. Se le

ce texte est la transcription phonétique d'une texte parlé

JEUX DE NOËL

Tsalandè : < lat. CALENDAE "premier jour du mois"

La veille de Noël a été de tout temps la meilleure nuit de tout
vèðə, mèðœu : noter l'évolution (rare) de [ʎ] > [ð]
l'an pour se faire dire, ou bien pour voir son sort. C'est pour ça que
drè : forme fréq. en Suisse; ə : parfois même amuï dans cert. parlers
les femmes choisissaient toujours cette nuit-là pour savoir si elles se
sèrzâivon : < lat. CERNERE ; ba : < sla
marieraient, avec qui, et comment leur mari serait. Donc cette veille
kó : une des nbreuses var. de ce mot; kəmä : ä désigne [æ] (dénasal.)
de Noël, il fallait filer une aiguillée de fil pendant que les cloches
faðâi : noter la diphtongue [-ɑj]; kouətâirya : littéral. "couturée"
sonnaient, puis aller attacher cette aiguillée, en cachette et sans
ðètâ : ici le [ð-] < [gl-]; a katson, a nòvèyon : cf . fr. 'à reculons'
lumière à une croisée des chemins. Le premier qui passait et
krouâija : < *krouâizia
rompait le fil était celui qu'elles épouseraient. Aussi, pour savoir si
rontâi : le lat. RUMPERE a donné **rontre** (avec sens divers)
le mari serait beau ou laid, bon ou mauvais, il fallait allait au coup
pouə, krouyò : deux mots bien présents en FP
de minuit tirer une bûche au tas de bois.Si la bûche était bien droite
ətala : < *ASTELLA "éclat de bois"; titsè : mot FP courant pour "tas"
le mari devait être bien fait et avenant. Si la bûche était tordue ou
binvənyä : noter la terminaison, vaudoise, en -gna au lieu de -gnu
rugueuse, le mari devait être laid et mauvais. Quand la bûche était
îrè : < lat. ERAT "était", forme régulière, disparue en fr.
tirée, on allait frapper à la porte de l'étable à porcs. Si le cochon ne
bouatson : souvent un compartiment dans l'étable
disait rien, le mari devait être facile à mener et pas grincheux. Si le
pyò:mò : adjectif verbal du verbe 'pleurnicher'

kayon ronn<u>a</u>vè, l'òmò nə sarè tyè on ronnèr<u>é</u> tòdzò dè
**cayon ronâve, l'homo ne sarêt que un ronèrér tojorn de
pouəta trafyon.** E fó bin drè kə la bouən' äpartya du tä, lə
pouta trafion. Il fâlt ben dére que la bôna partia du temps, les
fèmalè sè vèð<u>i</u>von dè nə pâ bouəsi troua f<u>è</u>rmò è lə pourò
females sè velyêvont de ne pas boussiér trop fèrmo et le pouvro
kayon nə sè rèvèðivè pa pi. U dzò^r dè ouâi, tui þœu djua dè
cayon ne sè revelyêve pas pir. U jorn d'houê, tôs celor jouès de
Tsaland^è son abouəli, ubin yä-n-a épai di mârka ä djua kə
Chalende sont abolis, ou ben y en at èpès de mârca en jouè que
f<u>o</u>ndon lou pþon pòr pasâ lə tä é-z-äfan.
fondont los plombs por passar le temps ux enfants.

*cochon grognait, le mari ne serait qu'un grondeur, toujours de
mauvaise humeur. Il faut bien dire que la plupart du temps, les
femmes veillaient à ne pas frapper trop fort et le pauvre
cochon ne se réveillait pas même. Aujourd'hui, tous ces jeux de
Noël sont abolis, ou bien il y en a peut-être encore de temps en
temps qui fondent les plombs pour passer le temps aux enfants.*

tyè : < kʲe < ke
trafion : prob. de trafi : "commerce, relation"
sè vèðivon : emploi pronominal fréquent en FP
pi : "donc, seulement", aussi dans d'autres régions
épai di mârka ä djua : littér. "épais de marque en jeu"
pþon : évolution très localisée de pl- > pþ

VAL D'AOSTE

Les premiers habitants du Val d'Aoste étaient les Salasses, mais ce sont les Romains qui fondèrent *Augusta Praetoria* en 25 avant J.C. En 575, la Région est soumise aux Francs et non pas aux Lombards, ce qui détermine son destin linguistique. Longtemps le Val d'Aoste a dépendu de la Savoie, aussi le français y est aussi présent que le FP. Si les Valdôtains se sont battus pour l'indépendance italienne et pour faire partie en loyaux sujets de l'Italie, ils sont profondément attachés à leurs deux langues. C'est même la région où le francoprovençal est le plus vivace : on estime les locuteurs à 50.000, soit la moitié de la population. Dans les villages de montagnes même les enfants parlent le *dzen patoué*, et Aoste est probablement la seule ville où cette langue est encore utilisée. L'enseignement scolaire y est fait en français, grâce à un statut d'autonomie obtenu après la dernière guerre. Cela tranche nettement avec les manoeuvres de l'époque fasciste, où de nombreux habitants d'autres régions de l'Italie y avaient été transplantés, diminuant sensiblement la proportion de Patoisants.

Si le FP n'est pas véritablement enseigné à l'école, les élèves y apprennent au moins à l'écrire ! Des concours de poésie sont organisés régulièrement, et il existe un très vivant Centre d'Etudes francoprovençales "René Willien" à St-Nicolas, le village dont était originaire l'Abbé Jean-Baptiste Cerlogne, incontestable créateur de la littérature et de l'orthographe valdôtaine, et homme remarquable à tous points de vue.

Né en 1826, il est berger de chèvres dès l'âge de six ans, mais est obligé de s'expatrier à onze ans pour aller gagner sa vie. Après avoir mendié son pain en chemin, il arrive à Marseille, où il devient ramoneur, puis à quinze ans garçon de cuisine dans un hôtel.

Il revient dans sa patrie à dix-huit ans, se bat courageusement pendant la guerre de l'indépendance italienne en 1848-49, puis on le retrouve cuisinier au Séminaire d'Aoste, où il commence à écrire ses poésies, en français et en patois. Il est ordonné prêtre à l'âge de trente-huit ans.

C'est en arrivant, comme vicaire, à Pont Bozet en 1867 qu'éclate une épidémie de choléra. Il se transforme alors en infirmier et en croque-mort, assumant même les fonctions de syndic. Il semble même qu'il ait été atteint de la maladie, mais en guérit très vite. Malgré sa propre pauvreté, il arrive encore à venir en aide aux miséreux. Pour construire une chapelle, il se fait maçon, puis se met à défricher la terre pour planter des vignes. Il a une petite imprimerie portative pour imprimer ses ouvrages, réalisant ainsi d'importantes économies. Pendant cinq ans, il doit s'occuper de son père et de son frère, puis à partir de 1881, des quatre orphelins que ce dernier a laissé. C'est pendant cette période qu'il commence à rédiger son dictionnaire de patois. Il devient ainsi le créateur de l'orthographe de son idiome.
Il termine une vie de quatre-vingt-quatre années bien remplies dans son village natal, en 1910.

Depuis, le Val d'Aoste n'a cessé d'être fidèle tant au souvenir de l'Abbé Cerlogne qu'à sa langue. De nombreux poètes sont apparus à sa suite : Marius Thomasset, l'abbé Joseph-Marie Henry, Désiré Lucat, Eugénie Martinet, Anaïs Ronc Désaymonet, Joseph Cassano, et tant d'autres plus récents, qui vivent encore. Le théâtre est représenté par René Willien (fondateur du Musée Cerlogne et du Centre d'Etudes francoprovençales) et Pierre Vietti.
Eugénie Martinet, comme Anaïs Ronc Désaymonet, ont donc leur place ici, ainsi que Marco Gal qui, comme de nombreux Valdôtains, n'a pas de difficultés à parler et composer en trois langues : francoprovençal, italien et français.

Comme on dit dans cette vallée : lo fransé é lo patoué son le lènve di Valdotèn, "le français et le patois sont les langues des Valdôtains". Belle leçon de courage et de volonté de la part de patoisants FP en Italie ! Mais attention, l'Abbé Jean-Baptiste Cerlogne a aussi fait cette sinistre prédiction : *Quand s'en ira le patois, le français le suivra de près.*

LA VALDOTEINA   Abbé CERLOGNE
LA VALDOTÊNA

Nò, peuple di montagne, i coutsen d'Italie
Nos, poplo des montagnes, u cuchent d'Italie
N'en passà de bò dzor de péce et de bonneur.
N'ens passâ de biôs jorns de pèx et de bonhor.
Jamë no quetteren noutr' ancheina patrie ;
Jamés nos quiterens noutr' anciana patria ;
L'amour di tsandzemen l'est pa din noutro coeur.
L'amôr des changements 'l est pas dens noutro cor.
De noutre devantë n'en avu p'eretadzo
De noutros devantérs n'ens avu p'héretâjo
De coeur fran, genereu, fidèlo a noutra loè ;
Des cors francs, g.ènèros, fidèlos à noutra louè ;
De mëmo n'en reçu de leur ci dzen lingadzo,
De mémo n'ens reçu de lor cél gent lengâjo,
Que l'est cognu pertot, su lo non de *français*.
Que 'l est cognu pèrtot sot le nom de *français*.

Nà, nà, no volen pa p'euna lenga etrandzëre
Nan, nan, nos volens pas p'una lengoua ètangiére
Renié de plein dzor cella que no prèdzen :
Reniar de plen jorn cela que nos prègens :
A Cormeyaou pitou torneret noutra Dzouëre,
A Cort-Mayor pletout tornerêt noutra Duère,
Et guegné come un meut, pitou no preferen.
Et guegnér com' un mut, pletout nos prèfèrens.
Ni l'or ni croé d'onneur, noutro coeur ren lo gagne ;
Ni l'or ni crouèx d'honor, noutro cor ren lo gagne ;
Car lo coeur valdotain sat mioù fére son choè :
Câr lo cor valdoten sât mielx fére son ch.ouèx :
A coutë de la France, i meiten di montagne
A coutâ de la France, u méten des montagnes
No s-en todzor prèdzà, nos prèdzeren *français*.
Nos ens tojorn prêgiê, nos prègerens *français*...

LA VALDÔTAINE

Nous, peuple montagnard (placé) au couchant de l'Italie,
  peuple : var. peuplo; i : "au" ORA 'u'
nous avons passé de beaux jours de paix et de bonheur.
  n'en : "nous avons"; péce : "paix" forme valdôtaine
Jamais nous ne quitterons notre ancienne patrie ;
  no quetteren "nous quitterons"
l'amour des changements n'est pas dans notre coeur.
  l'est : = il est; noutro : et non 'noutron'
De nos devanciers nous avons reçu l'héritage
  noutre : pluriel 2 genres; p' : "pour", ORA 'por'
des coeurs francs, généreux, fidèles à notre loi ;
  de coeur franc, genereu, fidèlo : tout est au pluriel
de même nous avons reçu d'eux ce beau langage,
  leur : "eux", ci : "ce", ORA 'cél'
qui est connu partout sous le nom de français.
  français : graphie en italique, insistant sur l'origine.

Non, non, nous ne voulons pas pour une langue étrangère
  lenga etrandzëre : "l'italien"
renier en plein jour celle que nous parlons :
  prèdzen : "parlons", lat. PRAEDICARE
à Courmayeur plutôt retournera notre Doire,
  Cormeyaou, Dzouëre : formes locales intéressantes
Et nous préférerons parler par des signes, comme un muet.
  guegné : litt. "guigner", mais sens divers en FP
Ni or ni croix d'honneur, rien ne gagne notre coeur ;

car le coeur valdôtain sait mieux faire son choix :
  choè : emprunt au français, d'où ORA **ch.ouèx**
à côté de la France, au milieu des montagnes
  meiten : fr. "mitan", vx
nous avons toujours parlé, nous parlerons français...

VO-S-ATRE LE CANON
VOS OTROS LES CANONS

Eugénie MARTINET

Vo-s-atre le canon, no le sirène,
Vos otros les canons, nos les sirènes,
é eun urlemèn de tsasse se detsèine
et un hurlement de chace se dèchêne
pe le reuve é tsantë, lé tanque i bor
per les rues et chantéls, lé tant que u bord
di bouque, iaou le-s-abro son d'accor
du bousc, yô les âbros sont d'acord
avouë no-s-atre, é l'ombra que no mèine
avouéc nos otres, et l'ombra que nos mène

a marqué noutra tâna atot le trèine
at marcâ noutra tâna atot les trênes
de san. Traverson le petsoude nèine,
de sang. Travèrsont les petiôdes nênes,
le rago i cou, le jeu voélà de mor,
les ragos u cou, les uélys vouélâs de mort,
    vo-s-atre
    vos otros

é le canon. Vèi pa tsouà le sirène,
et les canons. V'éd pas tuâ les sirènes,
é lo sicllio perchèn den voutre veine
et lo cicllo pèrcient dens voutres vênes
come eun fouèt d'euna queuva se retor,
come un fouèt d'una cova sè retôrd,
sifle sèntence : s'effondrent eun dzor
siflle sentence : s'efondreront un jorn
la pouëre affreusa, lo martë di pèine,
la pouère afrosa, lo martél des pênes,
    vo-s-atre.
    vos otros

VOUS AUTRES LES CANONS
rondeau

Vous autres les canons, nous les sirènes,
  sirène : pluriel en -e (régulier)
et un hurlement de chasse se déchaîne
  eun : article indéfini masc. sing.
par les rues et les hauteurs, là jusqu'au bord
  reuve : évolution locale régulière
du bois, où les arbres sont d'accord
  bouque : justifie le -c de ORA bousc
avec nous autres, et l'ombre qui nous mène
  mèine : diphtongue fréq. et régulière en vald.

a marqué notre gîte avec les traînées
  tâna : littér. "tanière"
de sang. Elles traversent les petites femmes,
  nèine : mot d'enfant, aussi "marraine"
les enfants au cou, les yeux voilés de mort,
  rago : cf. italien 'ragazzo'
     vous autres
       (reprise du début, typique du rondeau)

et les canons. Vous n'avez pas tué les sirènes,
  vèi : "vous avez"; tsouà : rare en vald.
et le cri perçant dans vos veines
  sicllio : < *CISCULARE, aussi occitan, espagnol, etc.
comme le fouet d'une queue se retord,
  queuva : < lat. CAUDA, avec évolution régulière ici
la sentence siffle : ils s'effondreront un jour
  sifle : moins fréquent en FP que sa var. seublé
la peur affreuse, le marteau des peines,
  martë : ë < lat. -ELLUS
     vous autres.
       (reprise du début, typique du rondeau)

Ce texte, dit par l'auteur dans un précieux enregistrement, part d'un incident banal, mais va au-delà, dans une poésie où l'imagination décrit parfaitement le désordre mental dans lequel on peut se trouver.

LA CLLIÀ
LA CLLÂF

Ivri an porta é passé semble facilo,
Uvrir na porta et passar semble facilo,
tzertzé deun lo tiren o la credence,
chèrchiér dens lo terent ou la crèdence,
më on trouve pà la cllià, lo ten utilo
mas on trove pas la cllâf, lo temps utilo
passe é on dei fère longa penitence.
passe et on dêt fére longa pènitence.

"Verria la cllià, pren-là, beta-là i carro".
"Vérie la cllâf, prend-la, beta-la u cârro".
Më iaou ? La tëta l'è pleina de gnoule.
Mas yô ? La téta 'l est plêna de niôles.
Fat sarré, sarra bien, é mè dze sarro,
Fâlt sarrar, sarra ben, et mè je sarro,
é poue me fat tzertzé, de baggue foule.
Et pués me fâlt chèrchiér, des bagues foules.

Lo mëtzo verrie entor, come eun moleun,
Le mecho verie entorn, come un molin,
avouë totte le niche é le catzette,
avouéc totes les nices et les cachètes,
é l'espoèr saoute inque é lé dedeun
et l'èspouèr sote inque et lé dedens
craquèn lo fouà follet di-s-alleumette.
Craquent lo fuè-folèt des alumètes.

LA CLÉ

Ouvrir une porte et passer semble facile,
   ivri : en FP l'initiale de ce mot est i-, u-, ou-
chercher dans le tiroir ou dans l'armoire,
   credence : mot assez local, surtout dans ce sens
mais on ne trouve pas la clé, le temps utile
   më : le 'ë' se prononce souvent [i]
passe et on doit faire longue pénitence.
   dei : diphtongue (vx fr. 'deit')

"Tourne la clé, prends-la, mets-la au coin".
   verria : impératif en -a; carro : "coin (caché)"
Mais où ? la tête est pleine de nuages.
   l'è : forme avec pronom sujet très courante en FP
Il faut fermer, ferme bien, et moi je ferme,
   sarré : "fermer", français régional 'serrer'
et puis je dois chercher, des choses à rendre fou.
   baggue : "choses", dérivé du sens premier "butin"

Le logis tourne tout autour, comme un moulin,
   mëtzo : mot local (aussi en savoyard)
avec toutes les niches et toutes les cachettes,
   niche : "niche" ou "recoin"
et l'espoir saute çà et là dedans
   inque é lé "ici et là, çà et là"
faisant jaillir le feu-follet des allumettes.
   craqué : "se rompre, faire crac, jaillir"

Më rèn é todzor rèn, le cllià son foura
Mas ren et tojorn ren, les cllâfs sont fora
di mondo, son partie totte reide,
du mondo, sont parties totes rêdes,
devan le grousse é aprë le peigne, é l'oura
devant les grôsses et aprés les pêgnes, et l'ôra
respecte ci passadzo, vo la vèìde
rèspècte cél passâjo, vos la vêde

fëre eun détor de grâce.Fat adë
fére un dètorn de grâce. Fâlt adés
devan l'artze fremaie é lo guetzèt
devant l'arche fremâye et lo guechèt
attendre avouë pachence. Ci fourië
atendre avouéc pacience. Cél forél
tornon poue le gardienne di secrèt.
tornont pués les gardiènes des secrèts.

Mais rien et toujours rien, les clés sont en dehors
  foura : "dehors", anc. fr. "fors"
du monde, elles sont parties toutes raides,
  partie : participe passé féminin pluriel
d'abord les grosses et ensuite les petites, et le vent
  devan : "avant, devant, d'abord"; peigne : mot local
respecte ce passage, vous le voyez
  la : désigne 'oura', "vent" (lat. AURA)

faire un détour de grâce. Il faut maintenant
  adë : "désormais, encore, maintenant"
devant le coffre fermé et le guichet
  artze : "coffre, arche"; guetzèt : mot local
attendre avec patience. Au printemps
  fourië : le mot "printemps" a de nbreuses variantes
reviendront les gardiennes des secrets.
  poue : "puis", remplace le futur en valdôtain

UN POMMÉ DZALÀ
UN POMÉR JALÂ

Jouli petsou pommé
Joli petiôt pomér
Plantá din lo verzé
Plantâ dens lo vèrgiér
Su qui lo bon Dzeu pose
Sur qui lo bon Diô pose
De fleur couleur di rose
De fllor color des rouses
Dei d'aoura d'éforié,
Dês d'hora de forél,
Dze t'aperceivo, voué,
Je t'apèrcêvo, ouè,
Tot couet et ravadzá
Tot couét et ravagiê
D'una beurta dzalá.
D'una berta jalâ.
Te fleur i sont sètsaye.
Tes fllors els sont sèchiês
Te dzemme bresataye.
Tes germes bresatâyes.
Ton grou, jouli bosquet,
Ton grôs, joli boquèt,
Flourì à Tsambarlet,
Fllori a Chambarlèt,
Que perfemave ator,
Que pèrfumâve atorn,
L'at vu passé la mor.
'l at vu passar la mort.

UN POMMIER GELÉ

Joli petit pommier,
  jouli : mot rare en FP
Planté dans le verger,

Sur qui le bon Dieu pose
  Dzeu : < *Dyeu < lat. DEUS
Des fleurs couleur des roses

Dès tôt au printemps,
  éforié : é- fréquent en FP
Je t'aperçois, oui,
  voué : var. en vald. oy
Tout cuit et ravagé

Par une vilaine gelée.
  dzalá : nom f. différent de l'adj. f.
Tes fleurs sont séchées.
  sètsaye : f. pl. du participe passé
Tes bourgeons sont grillés.
  bresataye : cf. fr. 'braise'
Ton gros, joli bouquet,
  bosquet : le -s- est valdôtain
Fleuri à Chambarlet,

Qui parfumait autour,

A vu passer la mort.
  passé : infinitif toujours en -é

Mé la beurta tampéta
Mas la berta tempéta
Tséseuva su ta téta,
Chèsua sur la téta,
'Na fleur l'at épargnà :
Na fllor 'l at èpargnê :
La fleur de ta bontà.
La fllor de ta bontât.
Te sa pa que lèi fére
Te sâs pas que lyé fére
Se lo fret l'at fé mouére
Se lo frêd 'l at fêt morir
Lo frui dedin ta fleur.
Lo fruit dedens ta fllor.
Lo frui de ton bon coeur.
Lo fruit de ton bon cor.

Mais la vilaine tempête
   tampéta : influence du français
Tombée sur ta tête,
   tséseuva : corresp. à "chue"
A épargné une fleur :

La fleur de ta bonté.

Tu ne sais pas que lui faire
   lèi : même forme en italien
Si le froid a fait mourir
   mouére : var. mouri
Le fruit dans ta fleur.

Le fruit de ton bon coeur.
   coeur : évolution locale régulière

Veulla, lo 10 avril 1950

        Anaïs RONC DÉSAYMONET dite **Tanta Neïsse**
                                 (1890-1955)

VALET DI TEN
VÂLÈT DU TEMPS

Marco GAL

T'a rèison de pa crèye
T'âs rèson de pas crêre
que lo solei se léveye
que lo solely sè leveye
euncò deman su ton fron
oncor deman sur ton front
que cougnit renque lo solei di travaille,
que cognèt ren que lo solely du travâly,
lo solei ner que pése
lo solely nêr que pèse
et beurle et fét chouéye
et borle et fêt suar
de jouéce pesante,
des jouyes pesantes,
maatséye comme de rèice
mâchiêyes come des rêces
d'orgalisse améye.
de règalisses amâres.
Pe de siécle t'a roudjà
Per des sièccllos t'âs rongiê
la saveur di deman
la savor du deman
eun caèssen tcheut le moublo
en carèssent tôs les môblos
atot la tsaleur de te man.
atot la chalor de tes mans.
Pe de siécle te ti pléyà
Per des sièccllos te t'és plèyê
su la téra tcheut le dzor
sur la tèrra tot le jorn
tanque ti entrou-lèi dedeun
tant que t'és entrâ lyé dedens
pe todzor.
per tojorn.

SERVITEUR DU TEMPS   patois de Gressan
   <u>valet</u> : mot plus usuel (et rarement péjoratif) en FP qu'en français
Tu as raison de ne pas croire
   <u>crèye</u> : le -r- intervocalique s'est amuï ici dans de nbreux cas
que le soleil se lève
   <u>solei</u> : noter le -i final; <u>léveye</u> : subj. prés. valdôtain
encore demain sur ton front
   <u>euncò</u> : noter l'évolution (régulière) on- > œn-
qui connaît seulement le soleil du travail,
   <u>di</u> : "du", parallèle à <u>i</u> : "au"
le soleil noir qui pèse

et brûle et fait suer
   <u>chouéye</u> : la chuintante est fréq. en FP pour ce mot
des joies lourdes,
   <u>jouéce</u> : le mot valdôtain est plus souvent <u>joé</u>
mâchées comme des racines
   <u>rèice</u> : forme locale, en FP on a surtout **racena**
de réglisses amères.
   <u>orgalisse</u> : < LIQUIRITIA, évolut. irrég. dans ttes les langues romanes
Pendant des siècles tu as rongé
   <u>siécle</u> : c'est le mot français (d'usage religieux)
la saveur du lendemain
   <u>deman</u> : "demain", ici "lendemain"
en caressant tous les outils
   <u>caèssen</u> : -r- intervoc. amuï ; <u>moublo</u> : sens local
de la chaleur de tes mains.
   <u>atot</u> : ce mot se rencontre ailleurs en FP
Pendant des siècles tu t'es courbé
   <u>pléyà</u> : littéral. "plié"
sur la terre tous les jours
   <u>tcheut</u> : < *tyot
jusqu'à lui entrer dedans
   <u>lèi</u> : "lui" au régime indirect
pour toujours.

                        graphie d'origine, traduction de l'auteur

AUTRES VALLEES ITALIENNES

Les autres vallées FP en Italie sont : Val Soan, Val d'Orco, Val Grande, Val d'Ala, Val di Viù, Val Cenischia, Val Susa, Val Sangone.

Nous donnons ici quelques courts textes, voire de simples phrases d'une région où les parlers sont très différenciés, tout en étant inclus dans le domaine FP.

Val d'Ala

Coume mai ës matin lou soulej ou luvëjet parej smort !
Come jamés cél matin lo solely il luise parely èsmort !
Che aria gilà i soufiet antouorn !
Que êr jalâ il soflle entorn !
Beiga lou sambus coume trivolet ;
Veye lo samvuc come trebeye ;
ma che matinà drola g'en ancaminà.
mas que matinâ drôla j'ens encheminâ.

E, co ch'ou voles... E vindrat par nous l'invern.
Èh, què que vos voléd... Il vindrat por nos l'hivèrn.

Les mots et les tournures grammaticales paraîtront un peu déroutants, tant ils peuvent être influencés par l'italien et le piémontais tout proches.

Il s'agit donc d'un intérêt avant tout linguistique. Les rares publications sur la littérature de cette région se font surtout en langue italienne. La graphie est souvent influencée par celle de cette dernière.

Comme jamais ce matin le soleil luit-il si pâle ?
  smort : italien 'smorto'
Quel air gelé souffle autour !
  aria : mot plus proche de l'italien
Regarde le sureau comme il tremble ;
  sambus : 'am' se rencontre quelquefois en FP
mais quelle drôle de matinée nous avons commencée.
  ancaminà : pas de palatalisation de 'k' devant 'a'

Eh ! que voulez-vous... l'hiver viendra [bien] pour nous.
  invern : encore un mot proche de l'italien

Val Sangone, quelques proverbes et devinette :

La piovi d d'amùm i fač alè suta ai büsun, la piovi
La plove de d'amont el fét alar sot ux bossons, la plove
d davàl i fač alè suta au bënal.
de d'avâl el fét alar sot u benal.

Se le kukùk u čentat pa li 15 d'avrì, o u ést mort, o u ést
Se le coucouc il chante pas le 15 d'avril, ou il est mort, ou il est
ferì o a iet la guerra a son paì.
feri ou y at la guêrra a son payis.

devinette :
Lu pàre u est pa nkù na ké lu fyi u est ǧë sü la lusà.
Lo pâre il est p'oncor nâ que lo fily il est ja sur la losâ.

℅

Val Soana

AVE MARIA DE L'ALBA, prière

Maria de l'alba, fiorì mé la palma, la palma i at fiorì,
Maria de l'ârba, flloria 'ment la pârma, la pârma el at fllori,
Maria i at partorì, con gran sacrament con l'òr e l'antchens.
Maria el at parturi, con grant sacrement con l'or et l'encens.
Qui qui la sat et qui qui la dit ô vagneret lo Paradis.
Quél qui lo sât et quél qui lo dit il gâgnerat lo Paradis.
Qui qui 'ô l'at mai sentìa dirè,
Quél qui l'at jamés sentia dére,
ô saret pentì lo djer del djudifi.
il serat penti lo jorn du judice.

La pluie (qui vient) d'amont fait aller sous les buissons, la pluie
  fač : č = [tʃ]; suta : du lat. SUBTA et non SUBTUS; au : au, ai : aux
(qui vient) d'aval fait aller sous la toiture.
  büsun : le ü se prononce [y]; bënal : dérivé du celt. BENA 'auvent'

Si le coucou ne chante pas le 15 avril, ou il est mort, ou il est
  čentat : noter la terminaison -at; kukùk : le 'u' se prononce [u]
blessé ou il y a la guerre dans son pays.
  ferì : cf. fr. 'férir, féru' < lat. FERIRE "frapper"

Le père n'est pas encore né que le fils est déjà sur le toit. (la fumée)
  ǧ = [dʒ]; lusà : littéral. "pourvu de lauzes"

ℭ

JE VOUS SALUE, MARIE DE L'AUBE

Marie de l'aube, fleurie comme la palme, la palme a fleuri,
  alba, palma : ici le -l s'est maintenu; fiorì : fl- > fj
Marie a enfanté, avec grand sacrement avec l'or et l'encens.
  partorì : mot surtout italien; antchens : influence de l'italien
Celui qui le sait et celui qui le dit gagnera le Paradis.
  vagneret : ici le 'w' german. a abouti à 'v' (mais italien 'guadagnare')
Celui qui ne l'a jamais entendue dire,
  sentìa : sens le plus fréquent en italien
s'en repentira le jour du jugement.
  djudifi : on retrouve ici certaines évolutions FP

Val di Viù

In bot è y avèt un k'ou yi dizon Jouan Batìsta Jorjis, ou y
Un bot est y avêt un qu'ils lui disant Jouan Baptista Jorgis, il y
éri döou Fòrn.
ère du Forn.
Ina noit ou avèt sounjîa kè s'ou fusi alâ jû a Lan-h, ilai söou Pount
Una nét il avêt songiê que s'il fusse alâ desot a Lans, lé sur lo Pont
dou Diaou, ou y arìt trouvâ la fourteuna.
du Diâblo, il y arêt trovâ la fortuna.
Aou matin, ou s'ëst ënkaminâ jû, è ou s'ëst butâ ilai soou Pount dou
U matin, il s'est encheminâ desot, et s'est betâ lé sur lo Pont du
Diaou è ou y à ëspitâ kè ruvasi la fourteuna.
Diâblo et il y at èspètâ que arrivésse la fortuna.
A la fin è vinèt jà tantö noit, è la fourteuna ou la trouvavi ënkò
A la fin il venét ja tantout nét, et la fortuna il la trovâve oncor
nhin, ou y êri jà kaizi amanâ d'alasnën.
nan, il y ére ja quâsi amenâ d'alar-sè-nen.
Kol d'in moumënt è y aruvvi un, k'ou l'avèt viû ilai tò lò
Quâl d'un moment il y arrevat un, qu'il l'avêt viu lé tot lo
jòrn k' l'ëspitavi :
jorn qu'il èspètâve :
- O, boun omm, k' fazé-vò ? K'ëspita-vò ? È y a to
- Oh, bon homo, que faséd-vos ? Qu'èspètâd-vos ? Il y at tot
io jorn ki vo véyyou inì.
yon jorn que vos veyo inque.
- Ou seuissiâ, hitta noit ij'ai sounjîa kè si fusou vunû jû aou Pount
- Vos savéssêd, ceta nét j'é songiê que se fusso venu desot u Pont
dou Diaou, è ij'euissou ëspitâ, ij'arit trouvâ la fourteuna.
du Diâblo, et j'usso èspètâ, j'arê trovâ la fortuna.
- O, boun omm, kréyéé nhin a yi sounjou ; mè ko, in bot
-Oh, bon homo, crèyêd nan a les sonjos ; mè 'cor, un bot
ij'ai sounjîa kè si fussou alâ sû iliaou sòt aou Pount dou Fòrn, è
j'é songiê que se fusso alâ sur-lé desot u Pont du Forn, et
ij'euissou ësgatâ ilai ënt hò post ilai, ij'arit trouvà d' soldi.
j'usso èsgatâ lé en cél posto-lé, j'arê trovâ des sous.

Il y avait une fois un homme qui s'appelait Jean-Baptiste Giorgis, il
  in bot è y avèt : "il est un bout (de temps) il y avait"
était originaire de Forno di Lemie.
  döou : < lat. DE ILLU; Fòrn : justifie la graphie ORA **forn**
Une nuit il avait rêvé que s'il fût allé à Lanzo, là sur le Pont du
  Lan-h : noter la forme locale de ce toponyme
Diable, il aurait trouvé la fortune.
  Diaou : évolution plus avancée qu'ailleurs
Au matin, il s'est mis en chemin, et s'est mis là sur le Pont du
  ënkaminâ : ici pas de palatalisation de 'k' devant 'a' pour ce mot
Diable et il y a attendu qu'arrive la fortune.
  ëspitâ : < EXSPECTARE, rare en FP; ruvasi : évolution très avancée
A la fin il fut bientôt nuit, et la fortune il ne la trouvait toujours
  noit : < lat. NOCTEM
pas, il était déjà presque amené de s'en aller.
  alasnën : construction identique en italien : 'andar-se-ne' (en un mot)
A un certain moment est arrivé quelqu'un, qui l'avait vu là tout le
  aruvvi : encore une forme très particulière, avec le groupe -vv-
jour en train d'attendre.

- Oh, brave homme, que faites-vous ? Qu'attendez-vous ? Il y a tout

un jour que je vous vois ici.
  véyyou : noter le redoublt -yy-; inì : forme un peu différenciée
- Vous savez, cette nuit j'ai rêvé que si je fusse venu dessous au Pont
  hitta : < cetta; ij'ai : noter la forme de "je"
du Diable, et j'eusse attendu, j'aurais trouvé la fortune.
  ij'euissou : subj. imparfait, même usage ici qu'en italien
- Oh, brave homme, ne croyez pas aux songes ; moi aussi, une fois,
  nhin : en FP, on met ne devant, ou pas derrière le verbe à l'impératif
j'ai rêvé que si je fusse allé vers là-dessous au Pont du Four, et

j'eusse creusé là, dans ce lieu, j'aurais trouvé des sous.
  soldi : mot italien

DAUPHINÉ

Le département de l'Isère n'est pas entièrement FP. Une petite partie située au Sud-Est du département est déjà du domaine provençal alpin (vivaro-alpin), tandis que quelques communes des Hautes-Alpes (au Nord de Briançon) et de la Drôme (au Nord-Est de Valence) appartiennent à notre domaine.

Le rattachement précoce du Dauphiné à la France (1349) a probablement empêché que le FP, à travers le parler de Grenoble, ne puisse se développer comme langue administrative. Nous possédons ici en effet parmi les plus anciens textes en FP : les *Comptes Consulaires de Grenoble*. L'historique en est intéressant : les premiers comptes en *latin* commencent en 1335. Nous trouvons ensuite, pour les années 1338 - 1340, des comptes dits en *langue vulgaire*, c'est-à-dire le francoprovençal. La suite est perdue. Les textes administratifs postérieurs continuent à être rédigés en latin, et souvent en *français*.

Ces comptes, longue énumération d'achats, de dépenses, de dus, ne représentent pas un grand intérêt littéraire. Mais au recto, puis au verso du folio 35, nous trouvons le début des comptes de 1339 avec un assez long texte, que nous reproduisons ici.

La Matheysine, et en particulier la commune de la Mure qui est la commune FP la plus méridionale, ont été particulièrement étudiées. On trouvera aussi un texte de La Motte-d'Aveillans, ainsi que la *parabole de l'enfant prodigue* dans un parler de l'Oysans.

Grenoble peut aussi s'enorgueillir de Jean Millet, qui a écrit, vers le milieu du XVIIe siècle, cinq comédies en vers dans sa langue maternelle, et de Blanc-la-Goutte, auteur du chef-d'oeuvre le *Grenoblou malhérou* (première moitié du XVIIIe siècle).

COMPTES CONSULAIRES DE GRENOBLE
Comptes de 1338; folio 35.

Le contios de Martin Ranout, Guillermon de Bagnouz,
Les comptios de Martin Ranout, Guilyèrmon de Bagnous,
Armandon del Pont et Hugon Motet, cossous de Graynovol.
Armandon du Pont et Hugon Motèt, consuls de Grenoblo.

En l'ant de Notron Segnor corrant M.CCC.XXXIX., la dyomengi que
En l'an de Noutron-Segnor corrant 1339, la demenge que
ere le XXV. jors del meys de oytembro, a Graynovol, el chapitol dels
ère le 25° jorn du mês d'octôbro, a Grenoblo, u chapitro des
frares Menours, appella l'unyversita dels hommens dels dit lue per
Frâres Minors, apelâ l'univèrsitât des homos du dét luè per
Andrevet de Romanz, Guillermon Geneveys et Guigon Toquan,
Andrevèt de Romans, Guilyèrmon Genevês et Guigon Toscan,
cossols de la dita vila, per voys de cria, insy quant est acudumna,
consuls de la déte vela, per vie de criâ, ensé quant est acotemâ,
e eleyre novels cossols en la dita vila, eleyseront li devant dit
a èliére novéls consuls en la déta vela, èlèséront les devant-déts
Andrevetz, Guillermonz et Guigos en cossols de la dita vila Martin
Andrevèt, Guilyèrmon et Guigon en consuls de la déta vela Martin
Ranoutz, Guillermon de Bagnouz, Armandon del Pontz et Hugon
Ranous, Guilyèrmon de Bagnous, Armandon du Pont et Hugon
Motetz, citensz del dit lue ; li qual ant tenu lo devant dit
Motèt, citoyens du dét luè ; les quâls ant tenu lo devant dit
consola deys lo XXV. jort del meys d'oytoyro corant M.CCC. et
consulât dês lo 25° jorn du mês d'octôbro corant 1339 ;
XXXIX entro el meys de decembro corant M.CCC.XL ; el qual jort
entro u mês de dècembro corant 1340 ; u quâl jorn
leyseront lo dit cossola et eleysseront en cossols en la dita vila ;
lèsséront lo dét consulat et èlèséront en consuls en la déta vela :
Druet de Losana, Hugon Motetz, et Guigon Tosquan ; et
Druèt de Lôsena, Hugon Motèt, et Guigon Toscan ; et
contont et rendont rayson li devant di Martinsz, Guillermons et
comptont et rendont rèson les devant-déts Martin, Guilyèrmon et

304

Les comptes de Martin Ranout, Guillermon de Bagnouz,
  contios : forme avec -i- courante en FP
Armandon du Pont et Hugon Motet, consuls de Grenoble.
  cossous : sing. còssol 'consul'. Graynovol : accent sur -òvol

En l'an de Notre-Seigneur courant 1339, le dimanche qui
  Notron : incontestable mot FP; dyomengi : mot fém. terminé en -i
était le 25e jour du mois d'octobre, à Grenoble, au chapitre des
  oytembro : influence de 'septembre', etc.; chapitol : accent sur i
Frères Mineurs, appelé l'université des hommes dudit lieu par
  frares : mot FP ('frère' en fr., 'fraire' en provençal)
Andrevet de Romans, Guillermon Genevois et Guigon Toscan,
  Geneveys : le g- représente soit [dʒ], soit déjà [ʒ]
consuls de ladite ville, par voie de criée, ainsi qu'il est accoutumé,
  voys : lat. VIA, mot rare en FP moderne ; insy quant : ainsi que
à élire des nouveaux consuls en ladite ville, élirent les susdits
  eleyseront : forme différente du fr. "élirent"
Andrevet, Guillermon et Guigon en consuls de la dite ville Martin
  Guillermonz et Guigos : prénoms germaniques à la mode
Ranoutz, Guillermon de Bagnouz, Armandon du Pont et Hugon
  Hugon : encore un prénom germanique très fréquent alors
Mothet, citoyens dudit lieu ; lesquels ont tenu le susdit
  citensz : forme ancienne plus conforme au FP
consulat depuis le 25e jour du mois d'octobre courant 1339
  oytoyro : forme différente de celle supra (oytembro)
    jusqu'au mois de décembre courant 1340 ; auquel jour
  entro : 'jusqu'à', < lat. INTER HOC
ils laissèrent ledit consulat et élirent en consuls en ladite ville :

Druet de Lausanne, Hugon Mothet, et Guigon Tosquan ; et

comptent et rendent raison les susdits Martin, Guillermon et Hugon

et Armandons de tota la pecuni que il ant recet de les pensions
et Armandon de tota la pecugne qu'ils ant reçua de les pensions
del pes dels blas, del fortz et dels quarteyrons dels vinsz, del fornajo
du pêds des blâts, du forn et des quartèrons des vins, du fornâjo
et dels prestz qui lour sont essu fait tant per los lumbarsz de
et des prèts que lor sont ètâ fêts tant per los lombards de
Greynovol quant per les gensz de la vila ; encores de les tavernes
Grenoblo quant per les gens de la vela ; oncora de les tavèrnes
que troveront uvertes de lour predecessours, et primeyrimen
que trovéront uvèrtes de lors prèdècèssors, et premiérement
contont de les tavernes de lour predecessors et enseguent delles
comptont de les tavèrnes de lors prèdècèssors et ensiuvent de les
autres recetes, deu depens et de les payes, ynsi quan cza desotz sey
otres recètes, des depens et de les payes, ensé quant ço desot cen
se contint.
sè contint.

et Armandon de tout l'argent qu'ils ont reçu des rentes
  pecuni : < PECUNIA, mot auj. presq. disparu; recet : < lat. RECEPTU
sur le poids des blés, sur le four et des taxes sur les vins, du fournage
  pes : < lat. PENSUM "pesé"
et des prêts qui leur ont été faits tant par les banquiers de
  essu : p.p. du v. être; lumbarsz : 'lombards, banquiers'
Grenoble que par les gens de la ville ; de plus sur les tavernes
  tant...quant : tournure encore fidèle au latin
qu'ils trouvèrent ouvertes du fait de leurs prédécesseurs, et d'abord

ils comptent sur les tavernes de leurs prédécesseurs et suivant les
  enseguent : forme proche du provençal
autres recettes, les dépenses et les salaires, ainsi qu'il est ci-dessous
  ynsi quan : ainsi que; cza desotz sey : ci-dessous
contenu.
  se contint : 'il se contient, il est contenu'.

PARABOLE DE L'ENFANT PRODIGUE

Un homme ayit dous garçouns. Lou plus jouvein zi dissit : "pare,
Un homo aviêt doux garçons. Lo ples jouèno y desét : "pâre,
baillamé lous bens qu'y deyou avey de ma part su voutrou
balye-mè los bens qu'ye dêvo avêr de ma part sur voutro
heritajeou." Lou pare lour fasé lou partajeou de soun ben. Quoque
héretâjo." Lo pâre lor fesét lo partâjo de son ben. Quârque
teims après, lou plus jouvein emporti avey li tout so qu'el ayit
temps aprés, lo ples jouèno emportat avouéc lui tot ço qu'il aviêt
agut, s'en fuzé courre loun din lou pays bas, ounte oul *aguet* tieu
avu, s'en fusét corre luèn dens lo pays bâs, onte il ut tot
dépeinsa soun ben din leys débauches. Quant oul agué tout migi d'un
dèpensâ son ben dens les dèbôches. Quand il ut tot megiér d'un
carou et d'autrou, lo survingué uro grand famira din lou pays qu'oul
cârro et d'otro, o survegnét una granta famena dens lo payis qu'il
eré, et ou fuzé talament redus, qu'ou fuzé obligi de se louir à ur
êre, et il fut tâlament rèduit, qu'il fut obligiê de sè loyér a un
habitant de l'endreit que l'envoyé din sa ferma pé garda sous
habitant de l'endrêt que l'envoyat dens sa fèrma por gouardar sos
cayouns ; iqui ou désiravé de pouvey se rassazia de leys pallaliés que
cayons ; iqué il dèsirâve de povèr sè rassasiar de les palalyes que
lous cayous qu'ou gardave migeavant; mais lungun zi gni en dourave.
los cayons qu'il gouardâve megiêvont ; mas negun n'y en donâve.
Enfin ou rentrei en si meimou, ou dizit : "quant zi ya lo de valets din
Enfin il rentrat en sè mémo, il disét :"Quint y at-o des vâlèts dens
la meisoun de moun paré qu'ant de pan en abbondanci et que n'ein
la mèson de mon pâre qu'ant de pan en abondance et que nen
souront, et mi mi cravou de fam ; la faout que mi aleisou à mon paré
sobront, et mè, mè crèvo de fam ; o fâlt que mè aléso a mon pâre
et zi direi : "paré, mi aye peichia contra lo cié et devan vou ; mi ne
et y diré : "pâre, mè é pèchiê contre lo ciêl et devant vos ; mè ne
siou pas dignou hyeuro d'être appela voutrou garçoun ; bita me avey
su pas digno ora d'étre apelâ voutro garçon; beta-mè avouéc
voutrou valets." Et de suita ou s'ère enchamira. Mes coumma oul
voutros vâlèts." Et de suite il s'ère encheminar. Mas come il

308

Patois de l'Oysans, graphie d'origine

Un homme avait deux fils. Le plus jeune lui dit : "'père,
zi : correspond au fr. 'y'
donne-moi les biens que je dois avoir de ma part sur votre
voutrou : ici forme sans -n final
héritage". Le père leur fit le partage de son bien. Quelque
heritajeou : finale en [ʒu]
temps après, le plus jeune emporta avec lui tout ce qu'il avait
emporti : noter la finale en -i
eu, s'en alla courir loins dans le bas pays, où il eut tout
agut : forme proche du provençal; courre : < lat. CURRERE
dépensé son bien dans les débauches. Quand il eut tout mangé d'un
lou pays bas : lieu de toutes les débauches pour les montagnards !
côté et d'autre, il survint une grande famine dans le pays où il
famira : -n- > -r- typique de l'Oysans
était, et il fut tellement 'réduit' qu'il fut obligé de se louer à un

habitant du lieu qui l'envoya dans sa ferme pour garder ses

cochons ; là il désirait pouvoir se rassasier des cosses que

les cochons qu'il gardait mangeaient; mais nul ne lui en donnait.
lungun : variante locale (aussi en forézien)
Enfin il rentra en soi-même, et dit : "Combien y a-t-il de valets dans

la maison de mon père qui ont du pain en abondance et qui en

laissent, et moi, je crève de faim ; il faut que j'aille vers mon père
souront : < lat. SUPERANT "restent"; mi : forme fréq. en dauphinois
et je lui dirai : "père, j'ai péché contre le ciel et envers vous; je ne
peichia : ch = [ʃ], comme j = [ʒ], évolution locale régulière
suis pas digne maintenant d'être appelé votre fils ; prenez-moi avec

vos valets." Et de suite il se mit en route. Mais comme il

approchavé, soun pare l'aperceou de louun et couriez ver si ; zi
aprochiêve, son pâre l'apèrçut de luen et corét vers lui ; y
sauté aou coulein, l'embrassiéz. Sour affant zi dissiet : "paré, aye
sôtat u coulen, l'embrassat. Son enfant y desét : "pâre, é
peichia contra lo cié et devant vou ; ne siou pas dignou d'être appela
pèchiê contre lo cièl et devant vos ; ne su pas digno d'étre apelâ
voutrou garçoun." Mais lou paré dissiet à sous valets : "aduziez-zi
voutro garçon." Mas lo pâre desét a sos vâlèts : "aduséds-y
vitou sa premeyri roubilli, et lou vitiez leaou ; bittas zi avos uro
vito sa premiére robelye, et lo vetéd lêf ; betâd lui avouéc una
bagua aou dey, avey seys savattes à lous pieds ; aduziez lou vez gras
baga u dêgt, avouéc ses savates a los pieds ; adused lo vél grâs
et lou seynas ; nous repattarens tous ensems ; migens et
et lo sègnêd ; nos repaterens tôs ensemblo ; megens et
fazens bonbanci, perçoque veyci moun garçoun qu'èré mort et oul
fasens bombance, perce que vê-cé mon garçon qu'ère mort et il
ei ressussita ; oul ere perdu et lou veyqui retrouva."...
est rèssuscitâ ; il êre pèrdu et lo vê-qué retrovâ."...

approchait, son père l'aperçut de loin et courut vers lui ; il lui sauta au cou, l'embrassa. Son fils lui dit : *"père, j'ai*
coulein : forme dauphinoise, assez isolée
péché contre le ciel et envers toi;je ne suis pas digne d'être appelé votre fils." Mais le père dit à ses valets : "apportez-lui
aduziez-zi : littéral. *"apportez-y"*
vite sa plus belle robe, et vêtissez-le vite ; mettez-lui aussi une
leaou : "vite, bientôt", occitan et parfois FP
bague au doigt, avec ses savates aux pieds ; amenez le veau gras et saignez-le; nous nous rassasierons tous ensemble ; mangeons et
et lou seynas : tournure encore chez Molière
faisons bombance, parce que voici mon garçon qui était mort et il est ressuscité ; il était perdu et le voilà retrouvé."...
ressussita : mot savant d'origine religieuse

Cette célèbre parabole a été traduite au début du siècle dernier dans des dizaines de dialectes en France. Cette version-ci présente quelques inconvénients : incohérence dans la graphie, formes parfois très différentes, probablement aussi quelques erreurs de transcription. Mais elle est intéressante à plus d'un titre :
formes typiquement **FP** : heritajeou, migi, louir, quoque, abbondanci..
formes proches du provençal : agut, survingué, leaou...
formes spécifiques : ur, uro, famira, lungun...

Cette fable est une composition rédigée probablement aux alentours de 1900, qui montre bien combien les patoisants, en partie grâce au modèle du français appris à l'école, sont capables de réaliser des oeuvres charmantes. L'auteur -inconnu- précise que lorsqu'il écrit 'ch', on prononce 'ts', et pour 'z', on prononce 'dz'. On ne connaît pas l' *e muet* dans son patois (ce qui est rare en FP), mais en revanche les longues ne sont pas notées, telle la dernière voyelle de reina, tandis que certains mots sont accentués (irrégulièrement pour nous) sur la dernière : Mateysina̱ rime avec zalina̱. Comme il le précise avec justesse : "Un Murois ne peut pas s'y tromper".

LOU REINA ET LOU COURBA.
LO RENÂRD ET LO CORBÉL.

In beou courba, perché dessis in aoubrou
Un biô corbél, perchiê dessus un âbro
Teni dedin soun be in froumazou entama.
Tenêt dedens son bèc un fromâjo entamâ.
N'en l'era prou caouca vieili touma,
Nen 'l êre prod quarque viélye tôma,
Perce que aou l'ere di aoutan couma de maoubrou.
Perce que il êre dur atant come de mârbro.
N'en venguet in reina de la Mateysina
Nen venguèt un renârd de la Matêsina
Que cherchave à soupa de caouca zalina
Que cherchâve a sopar de quarque gelina;
N'en li aï prou de ten dioupei soun deizeina.
Nen lui aviêt prod de temps depués son dejonâ.
Aou l'espérave pri, quand aou vire soun e
Il èspèrâve ples, quand il vérièt son uely
Si noutroun persounazou e son froumazou aou be.
Sur noutron personâjo et son fromâjo u bèc.
"Aou l'ei de la Vaouden, à ce que dit mon na;
"Il est de La Vâldens, a cen que dit mon nâs;
"Me coma a poyou pas monta dessis la branchi,
Mas come ye poyo pas montar dessus la branche,

Patois de **La Mure** (Isère)

La Mure est une des communes les plus méridionales du domaine FP. Les formes du passé simple sont proches du provençal et même de l'occitan standard : <u>venguet</u> "il vint", <u>chaguet</u> "il chut, il tomba", <u>aguet</u> "il eut". Le nombre de pieds, certaines formes temporelles laissent parfois à désirer. A l'évidence ce texte aurait gagné à être lu par l'auteur.

LE RENARD ET LE CORBEAU.

Un beau corbeau, perché sur un arbre
  <u>dessis</u> : on a souvent eu ici le passage 'u' > 'i'
Tenait dans son bec un fromage entamé.
  <u>dedin</u> : encore chez la Fontaine
C'était bien quelque vieille tome,
  <u>n'en l'era prou</u> : littéral. "c'en était assez"
Parce qu'il était aussi dur que du marbre.
  <u>aou</u> : forme locale de "il"; <u>di</u> : < lat. DURUS
Vint un renard de la Mateysine
  <u>venguet</u> : forme proche du provençal
Qui cherchait à souper de quelque poule;
  <u>zalina</u> : < lat. GALLINA (anc. fr. 'géline')
Il y avait pas mal de temps depuis son déjeuner.
  <u>aï</u> = <u>ayi</u>; <u>soun</u> : [sũ]
Il n'espérait plus, quand il tourna son oeil
  <u>pri</u> : passage pl- > pr-; <u>e</u> : [ɛ] ou [e]
Sur notre personnage et son fromage au bec.

"Il est de Lavaldens, à ce que dit mon nez;

Mais comme je ne peux pas monter sur la branche,
  <u>a poyou</u> : noter la forme de "je"

"N'en me faou fare cheire iquela touma blanchi."
Nen mè fâlt fâre chêre iquela tôma blanche."
La lengua de reina ei lengua d'avouca ;
La lengoua de renârd est lengoua d'avocat ;
Veicha coum'ei parle : "O lou bravou courba !
Vê-què come el parle : "Ô lo bravo corbél !
Chi ei lo que vous a fa t'ina tant bela roba ?
Qui est lo que vos at fêt una tant bala roba ?
L'aouria-vous pas voula à la quoua d'aou pavoun ?
L'avrêd-vos pas volâ a la cova du pavon ?
Aye doun la bounta de me dire lou nom
Aviéd donc la bontât de mè dire lo nom
De l'abilou taillu que vous a... - N'en lei Boba."
De l'habilo talyor que vos at...- Nen 'l est Boba."
Lou froumazou chaguet, lou reina lou ramasse,
Lo fromâjo cheguét, lo renârd lo ramasse,
Et d'in boun co de dents in graou mource n'en casse.
Et d'un bon coup de dents un gros morcél nen casse.
"Gramaci ! aou revei ; lou froumazou ei bien boun.
"Grant marci ! u revêr' ; lo fromâjo est ben bon.
Te payei pas bien chie ma premeiri léçoun.
Te payes pas ben chiér ma premiére leçon.
"Meifisa-te touzou de tous lous alengurs
Mèfia-tè tojorn de tôs los alengouors
"Que de ta persouna se feroun lous flatturs."
Que de ta persona sè feront los flators."
Aou s'envoulet tout feou couma fai ina fili
Il s'envolat tot fèl coma fét une filye
Que perd ce que li pend aou bout de l'aoureli.
Que pèrd cen que lyé pend u bout de l'orelye.
Quand aou l'aguet gagne la cima d'in pivou,
Quand il aguèt gagnê la cima d'un pivôl,
Aou se disi : "Farçu ! de tei leçons n'ei prou !"
Il se desét : "Farçor ! de tes lèçons n'est prod !"

Il me faut faire tomber cette tome blanche."
   cheire : < lat. CADERE (fr. 'choir')
La langue de renard est langue d'avocat;

Voici comme elle parla : "O le beau corbeau !

Qui est-ce qui vous a fait une si belle robe ?

Ne l'auriez-vous pas volée à la queue d'un paon ?
   voula : francisme, en FP ce mot garde son sens "aérien"
Ayez donc la bonté de me dire le nom

De l'habile tailleur qui vous a... - C'est Boba."

Le fromage tomba, le renard le ramasse
   chaguet : on trouve en savoy. aussi qq formes avec -g-
Et d'un bon coup de dents en casse un grand morceau.
   in : on est loin de la forme on des autres dialectes FP
"Grand merci ! Au revoir ! Le fromage est bien bon.
   gramaci : forme très répandue en FP
Tu ne payes pas bien cher ma première leçon.

Méfie-toi toujours de tous les beaux parleurs
   meifisa : influence provenç.; alengurs : dérivé de "langue"
Qui de ta personne se feront les flatteurs;
   l'inversion dans cette phrase est toute littéraire
Il s'envola tout en colère comme fait une fille
   feou : < lat. FEL "fiel"
Qui perd ce qui lui pend au bout de l'oreille.
   aguet : forme proche du provençal
Quand il eut gagné la cime d'un peuplier,
   pivou : peuplier d'Italie
Il se dit : "Farceur ! il y en a assez de tes leçons."

Ce texte provient d'un cahier manuscrit rédigé vraisemblablement dans l'entre-deux-guerres par M. Raoul Oddoux (1892-1968), boulanger à La Motte d'Aveillans. La graphie d'origine n'a été que très légèrerement adaptée par Jacqueline et Alain Duc, spécialistes de cette région, afin d'en faciliter la lecture. Ils en ont également assuré la traduction, dans ce style savoureux où se mêle passé simple de narration et mots populaires.

LI SANGSIS
LES SANG-SUAS

Iquaou jou, le Toiné s'ére fouti lan d'ïn rourou en allant
Iquél jorn, le Touène s'êre fotu len d'un rouvro en alant
l'éblousssa, ou souffrit dïn li coteletés. Le médecin dissé à sa fena
l'èblossar, il sofrêt dens les cotelètes. Le mèdecin desèt a sa fèna
la Julie : "Faou li bita de sangsis". La paoura Julie ayi
la Julie; "Fâlt lui betar des sang-suas". La pouvra Julie aviêt
dzamais vé de queli bêtis et se creyant que lan l'ére couma de
jamés viu de queles bétes, et sè creyent que il êre coment des
limacés, i dissé à soun hommé : "Paourou Toiné, savou pas couma
limaces, el desèt a son homo : "Pouvro Touène, savo pas coment
te li appresta, mais me vô te li bita en omeletta."
tè les aprèstar, mas mè vâ tè les betar en omelèta."
Lan ére di, mais di coma ina bana de bouca. Quand le Toiné
Il êre dur, mas dur coment una bana de bouc. Quand le Touène
agué mingé quel'omeletta, ou pouyi pri souffla. "Oh ! Julie, que
aguèt mengiê quel'omelèta, il poviêt ples soflar. "Oh ! Julie, que
l'as-ti béla, semble tout tïn que m'aï avala in moursé de la
m'âs-tu balyê, semble tot temps que m'é avalâ un morcél de la
Pierra partisia". Le mâ empiravé, empiravé, et le paourou Toiné
Pèrra Pèrtésa". Le mâl empirâve, empirâve, et le pouvro Touène
ayi le ventré aoussi di qu'ina cepa de déjalabrou.
aviêt le ventre asse dur qu'une cepa d'éserâblo.
Le médecin se ramené et dissé : "I pas le tout, iéra, faou li
Le mèdecin sè ramenat et desèt : "Est pas le tot, ora, fâlt lui

LES SANGSUES

Ce jour-là, le Toine s'était foutu en bas d'un chêne en allant
   Iquaou : cf. anc. fr. 'icelui'; rourou : même mot que fr. 'rouvre'
l'éblousser,il souffrait dans les côtelettes.Le médecin dit à sa femme
   ébloussa : "effeuiller un arbre"
la Julie : "Faut lui mettre les sangsues." La pauvre Julie n'avait
   bita : mot FP, mais fréquent en provençal (bouta)
jamais vu de ces bêtes, et croyant que c'était comme des
   se creyant : noter l'emploi pronominal du verbe
escargots,elle dit à son mari:"Pauvre Toine, je ne sais pas comment
   hommé : la voyelle finale est aussi celle du provençal
te les préparer, mais je vais te les mettre en omelette."
   appresta : le -s- est présent presque partout en FP
C'était dur, mais dur comme une corne de bouc. Quand le Toine
   bana : mot d'origine gauloise *bannom
eut mangé cette omelette, il ne pouvait plus souffler."Oh ! Julie, que

m'as-tu donné, il me semble tout le temps que j'ai avalé un morceau
   tïn : localement 'en' latin s'est fermé en 'in'
de la Pierre Percée." Le mal empirait, empirait, et le pauvre Toine
   partisia : < lat. PERTUSIARE "percer" (cf. fr. 'pertuis')
avait le ventre aussi dur qu'une souche d'érable.
   déjalabrou : < lat. ACERABULUS, le d- initial n'est pas étymologique
Le médecin se ramena et dit : "C'est pas le tout, maintenant, faut lui
   médecin : mot français

béla ïn lavament à l'aigua de Selz pe li dégagié
balyér un lavament a l'égoua de Selz por lui dègagiér
le birilloun. Vous nen trouvari ina boutelli vé tous lou
l'amborélon. **Vos nen trovarêd una botelye vers tôs los cafetiers."**
cafetiérs".
Vouaï, vouaï, mais couma faré pe li l'appliqua eté foulli ? La
Ouè, ouè, mas coment fare por lui l'aplicar onte falét ? La
boutelli ére trop graoussa et le bé ére trop court. Quaou sacré Zidoré,
botelye êre trop grôssa et le bèc êre trop cort. Quél sacrâ Zidore,
qu'i farceur en diablou, li dissé :
qu'est farçor en diâblo, lui desét :
Fasiez-vous pas de bila, ma paoura fena, me siou éta premier tireur
- **Fasêd-vos pas de bila, ma pouvra fèna, mè su étâ premiér tiror**
dïn lou zouavés. Vous ayez qu'à li déri delicatament li
dens los zouâves. Vos avéd qu'a lui [d]uvrir dèlicatament les
babignés dou chose et mi me vaou appuyer si la quoua de la boutelli
babines du chouse et mè, mè vâ apuyér sur la cova de la botelye
et vous garantissou que me manquarai pas la cibla.
et vos garantisso que mè mancaré pas la ciba.
Le paourou Toiné sayit pri que nen diré, et drola d'affaré,
Le pouvro Touène savêt ples que nen dére, et drôla d'afâre,
l'aigua de Selz li chatouillavé li babignés dou chose, couma la
l'égoua de Selz lui ch.atolyêve les babines du chouse, coment la
limounada quand i vous mounte ô nâ. Lan le fasi riré, mais riré, et
limonada quand el vos monte u nâs. Cen lo fasêt rire, mas rire, et
lan le bouliguavé. Lan li fasé de l'effet quand mémé. Magnimant
cen lo bouligâve. Il lui fasêt de l'èfèt quand mémo. Maniament
queli nouvellé inventions, couma i coummodou !
queles novales envencions, coment est comodo !

donner un lavement à l'eau de Selz pour lui dégager

le nombril. Vous en trouverez une bouteille chez tous les
  birilloun : < lat. UMBILICUS (connaît souvent une évolut. irrégulière)
cafetiers".

Oui, oui, mais comment faire pour la lui appliquer où il fallait ? La
  vouaï : le v- initial est fréquent en FP pour ce mot
bouteille était trop grosse, et le bec était trop court.Ce sacré Zidore,

qui est farceur en diable, lui dit :

"Faites-vous pas de bile, ma pauvre femme, j'ai été premier tireur
  fasiez : cette forme est plutôt rare en FP (féte, féde)
dans les zouaves. Vous avez qu'à lui ouvrir délicatement les
  déri : < lat. APERIRE, mais pour le d- initial, cf. provençal 'durbi'
babines du chose, et moi je vais appuyer sur la queue de la bouteille
  quoua < lat. CAUDA, avec passage à l'oxyton
et je vous garantis que je manquerai pas la cible.
  garantissou : forme inchoative; cibla : influence du français
Le pauvre Toine ne savait plus qu'en dire, et, drôle d'affaire,

l'eau de Selz lui chatouillait les babines du chose, comme la

limonade quand elle vous monte au nez. Ça le faisait rire, mais rire,

et ça le brassait. Ça lui fit de l'effet quand même. Tout de même,
  bouliguavé : mot apparenté au fr. 'bouillir'
ces nouvelles inventions, comme c'est commode !

VALAIS

Le canton du Valais est non seulement divisé en deux parties comme le canton de Fribourg : une partie romande et une partie alémanique, dont la frontière passe entre Sierre et Loèche (Leuk); mais la partie romande est elle-même divisée entre le Bas-Valais (ou Valais savoyard) et le Valais Episcopal (ou Haut-Valais romand). Comme dans le canton de Fribourg, le patois y est encore parlé, davantage que dans tous les autres cantons romands.

Le morcellement dialectal est important, certains parlers se rapprochant de ceux de Fribourg, d'autres de ceux du canton de Vaud, mais toujours avec des caractéristiques propres.

Parmi tous ceux qui l'ont étudié, et pour commencer Ernest Schüle, il faut mentionner aussi le célèbre dialectologue Jules Gilliéron (patois de Vionnaz), et Louis Delavoye qui s'est souvenu du patois de son village, Ardon (entre Martigny et Sion, donc bas-valaisan), et en a publié en 1964 un lexique avec une petite grammaire et de nombreux exemples d'expressions, de propos et d'entretiens pris sur le vif.

Il n'a pas été possible dans ce livre de donner un 'manuel de conversation francoprovençal', car dans un village où tout le monde se connaît, on a l'habitude de s'apostropher familièrement en patois, tandis que l'*étranger* salue à sa manière en français. En conséquence, ce que fait un autochtone n'est de prime abord pas à imiter par l'apprenti patoisant. De plus, d'un village à l'autre on a des habitudes, des rites propres : par exemple, on tutoie et appelle ses pairs par leurs surnoms ou par leurs prénoms, tandis qu'on vouvoie leurs parents, avec des termes plus ou moins spécifiques. Cependant il nous a paru intéressant de présenter ici quelques phrases de la conversation courante que L. Delavoye a fait figurer dans son ouvrage sous le titre "Entretiens pris sur le vif", avec deux rubriques : *Salutations* et *Entraide*.

ENTRETIENS PRIS SUR LE VIF   Patois d'Ardon (Valais)

- Vo sèyè ? Lo fin è biô ?
- **Vos sèyéd ? Lo fen est biô ?**
- Ouin. Bondzò.
- **Ouè. Bonjorn.**

- Vo crosâ ? trovâ-vo bien ?
- **Vos crosâd ? trovâd-vos ben ?**
- Ouin, y in a preu, mi son petioude.
- **Ouè, y en at prod, mas sont petiôdes.**
- Ce-y-an, lè petioude fô lè fire grôsse.
- **Cél an, les petôdes fâlt les fére grôsses.**

- Presse-t-e ?
- **Prèsse-t-il ?**
- Na. On treuve pa onna granna dè poerià.
- **Nan. On trove pas una grana de purria.**
- L'è can mîmo lo momin. Ye vouàe inréyè déman.
- **Il est quand mémo lo moment. Ye vouè enrèyér deman.**

- A te fi bona faera ? Tire-t-e bien ?
- **As-tu fêt bona fêra ? Tére-t-il ben ?**
- Ouin. Y'i vindu onna modze. Cin sè vin bien.
- **Ouè. Y'é vendu una moge. Cen se vend ben.**
- Adon tan mieu. Bona ni.
- **Adonc tant mielx. Bona nét.**

- T'a suiramin trovô dè dzalô ? T'a l'ê dè croye umeu.
- **T'as surament trovâ de jalâ ? T'as l'êr de crouye humor.**
- Mi qu'on lo di. Lo Rïn l'è dzalô a viô.
- **Més qu'on lo dit. Lo Rin il est jalâ a viâ.**
- Dèque on va fire ? Quïnta poûra vià pò noz âtro payesan !
- **De què on vat fére ? Quinta pouvra via por nos otros payisans !**
- A reviére.
- **A revêre.**

traduction d'origine, les [] crochets explicitent le sens.
- *Vous fauchez ? Le foin est-il bon ?*
  sèyè : < lat. SECATIS.
- *Oui. Bonjour.*
  ouin : ici forme nasalisée

- *Vous "creusez" ? Trouvez-vous beaucoup [de pommes de terre] ?*
  bien : la forme locale régulière est bïn
- *Oui, il y en a assez, mais elles sont petites.*
  mi : ici le latin MAGIS a donné même forme pour "mais" et "plus"
- *Cette année, les petites il faudra les faire grosses.*
  ce-y-an : noter la liaison (locale)

- *Est-ce que [la vendange] presse ?*
  presse-t-e : pour "il, elle", on a i à l'affirmatif, e à l'interrogatif
- *Non, on ne trouve pas un grain pourri.*
  treuve : cf. La Fontaine; granna : littér. "graine"
- *C'est tout de même le moment. Je commencerai demain.*
  vouàe : "je veux"; inréyè : littér. "commencer un sillon"

- *As-tu fait bonne foire ? Les prix sont-ils bons ?*
  tire-t-e : littéral. "tire-t-il" (infinitif treyé)
- *Oui, j'ai vendu une génisse. Les prix sont bons.*
  cin sè vin bien : littéral. "ça se vend bien"
- *C'est tant mieux. Bonne nuit.*
  adon : "alors"; bona ni : aussi "bonsoir"

- *Tu as sûrement trouvé la vigne gelée. Tu as l'air de mauvaise*
  dè dzalô : littér. "du gelé"   *[humeur.*
- *Plus qu'on le dit. Les ceps de Rhin sont gelés par rangée.*
  a viô : par rangée (la racine est le latin VIA)
- *Que va-t-on faire ? Quelle pauvre vie pour nous autres paysans !*
  dèque : forme locale ; pò s'oppose ici à pè
- *Au revoir.*

- Sae tota solèta a maeson. Voedré te mè ouardâ lo petiou
- **Su tota solèta a mèson. Vodrês-tu me gouardar lo petiôd
  pindin que viso a la lètéri ?
  pendent que véso a la lèterie ?**
- Bon, bon. Amina lo piè.
- **Bon, bon. Aména-lo pir.**

- Déman viso batre lo blô. Voedré te m'idjè ?
- **Deman véso batre lo blât. Vodrês-tu m'édier ?**
  In place varae por tè.
  En place veré por té.
- D'acò. Conta su mè ! A quïnt' eura ?
- **D'acôrd. Compta sur mè ! A quinta hora ?**
- A saez eure. - Intindu. A déman.
- **A sêx hores. - Entendu. A deman.**

- Ye si que t'a dè tote crâne dzeneye. Prêta mè onna dozanna
- **Ye sé que t'as des totes crânes genelyes. Prêta-mè una dozêna**
  dè cocon ! Vouàe mètre covâ.
  de cocons. Vouè metre covar.
- Tè prèsse-t-e ? - Na, pa pò dère.
- **Tè prèsse-t-il ? - Nan, pas por dére.**
- Adon din dou u trae dzò. - Gran marci.
- **Adonc dens doux ou três jorns. - Grant marci.**

- Djan, vïn vè infi vèr no ! Y a pa moyin d'inmodâ lo miò
- **Jian, vin vêr en-cé vers nos ! Y at pas moyen d'emmodar lo mio**
  i travò. Yê l'è restô in baere.
  u travâly. Hiêr il est restâ en bêre.
- Volîvo jëstamin lo démandâ pò veni avoui mè sèyè.
- **Volévo justament lo demandar por venir avouéc mè sèyér.**
- Din hlïn menute ye viso.
- **Dens cinq menutes ye véso.**
- Adon, on voz atin.
- **Adonc, on vos atend.**

- *Je suis seule à la maison. Voudrais-tu me garder le petit*
 sae, maeson, voedré : diphtongues locales ; ouardâ : noter la forme
 pendant que je vais à la laiterie ?
 viso : noter cette forme rare, en -o ; lètéri : mot français
- *Bon, bon. Amène-le seulement.*
 piè : en Suisse et en Savoie, sert à renforcer le sens

- *Demain je dois aller battre mon blé. Voudrais-tu venir m'aider,*
 idjé : passage -dy- > -dj-
 en échange d'un travail que je ferai pour toi ?
 varae : littéral. "j'irai"
- *D'accord. Compte sur moi ! A quelle heure ?*
 conta : "compte" et "conte"
- *A six heures. - Entendu. A demain.*

- *Je sais que tu as de toute bonnes poules. Prête-moi une douzaine*
 crâne : "vigoureuses" (ailleurs : "orgueilleuses")
 d'oeufs ! Je veux les faire couver.
 cocon : "oeuf", le mot latin OVUM a disparu dans ce parler
- *Est-ce que cela (te) presse ? - Non, pas précisément.*
 pa pò dère : littéral. "pas pour dire"
- *Alors, dans deux ou trois jours. - Merci beaucoup.*
 adon : également en ancien français

- *Jean, viens donc chez nous ! Je ne puis décider mon mari à*
 infi : "de ce côté"; lo miò : "le mien"
 partir travailler. Hier il est resté un peu tard au café.
 in baere : littéral. "en boire"
- *Je voulais justement le prier de venir faucher avec moi.*
 lo démandâ : noter lo (complément direct)
- *Dans cinq minutes, je suis là.*
 hlïn : [çlẽ] < lat. pop. *CINQUE < lat. classique QUINQUE
- *Alors, on vous attend.*

LA GUÉRISSEUSE D'HÉRÉMENCE   Patois de Liddes (Valais)

On-n-yadzo y êre in-n-Éreminse onna vyéde femala ke ouarive. On-n-
Un liâjo il êre en Hèremence una viélye femala que gouarive. Un
òmo, ke se kreive malado, l'è partae pò la vère. Pòr que d usse
homo, que sè crevêt malado, 'l est parti por la vêre. Por qu'el usse
pochu kognètre la maladi, yè fadive porté on bouotédon dè pësse.
possiu cognètre la maladie, il falyéve portar un botèlyon de pisse.
Can l'è ju a Maragnënna, l'a mètu la man din la fata. Lo
Quand il est aviu a Maragnena, 'l at mètu la man dens la fata. Lo
bouotédon l'è ju deboutchià é l'êre folô; la pësse d'êre tota lardze
botèlyon 'l est aviu debouchiê et 'l êre folâ;la pisse 'l êre tota large
pè la fata. É pouae l'a conteneô tan qu'a Vé.
per la fata. Et pués 'l at continuâ tant qu'a Vèx.
Can l'è ju arovô, l'êre d'abouo ni. L'è alô dèmandé
Quand 'l est aviu arrevâ, l'êre d'abôrd nét. Il est alâ demandâ
din onna baraca se vouolan lo rebardjië. Lo vouolan pa
dens una barraca se volant lo rhèbèrgiér. Lo volant pas
rèçaevre lae; can mimo l'an rechiu, é l'an mètu droumi u bëu. Dins
recêvre lé; quand mémo l'ant reciu, et l'ant mètu u bouél. Dens
ci bëu y êre onna vatse prèsta a vilé. Hla vatse l'êre in-n-
cél bouél il êre una vache prèsta a vélar. Cela vache êre en
eura dè fire l'ioue. Nontro òmo s'è dèpatchà dè mètr lo
hora de fére l'égoua. Noutro homo s'est dèpachiê de metre lo
bouotédon dézoe, l'a aplae é l'a catchà dins la fata. Lo
botèlyon desot, l'at empli et l'at cachiê dens la fata. Lo
lindèman l'è tornô parti.
lendeman il est tornâ partir.
Can la vyéde d'a ju radô la pësse, de y a dè que l'avé la
Quand la viélye 'l at aviu radâ la pisse, el lui at dét qu'il avêt la
maladi d'onna vatse prèsta a vilé. Lo malado l'è partae tò
maladie d'una vache prèsta a vélar. Lo malado 'l est parti tot
contin.
content.

La graphie est celle élaborée par Ernest SCHÜLE, à partir d'un texte oral transcrit en phonétique.

Il était une fois à Hérémence une vieille femme qui guérissait. Un
   yadzo : hésitation en FP entre le mot "âge" et "voyage" pour ce sens
homme, qui se croyait malade, est parti pour la voir. Pour qu'elle
   partae : noter la terminaison, locale, du participe passé en -ae
pût connaître la maladie, il fallait apporter une petite fiole d'urine.
   fadive, bouotédon : noter l'évolution -ly- > -d-
Quand il a été à Maragnenaz, il a mis la main dans sa poche. La
   fata : mot FP, du burg. *fatt- (mais **poche** : "louche, écumoire")
fiole a été débouchée et était vide; l'urine était toute répandue
   lardze : "large, en désordre, partout"
dans la poche. Et puis il a continué jusqu'à Vex..
   tan qu'a : "jusqu'à" presque partout en FP
Quand il a été arrivé, il était presque nuit. Il est allé demander

dans une maison s'ils voulaient l'héberger. Ils ne voulaient pas le
   baraca : peut désigner une petite ferme, un abri, un réduit
recevoir là; quand même ils l'ont reçu, et l'ont mis à l'étable. Dans
   bëu : < lat. BOVILE
cette étable, il y avait une vache prête à vêler. Cette vache était au
   hla : < sla < cela, évolut. région. assez répandue en Suisse romande
moment de perdre les eaux. Notre homme s'est dépêché de mettre la
   ioue : ['iwə] < lat. AQUA
fiole dessous, il l'a remplie et l'a cachée dans sa poche. Le
   aplae : terminaison en -ae (participe passé)
lendemain il est reparti.
   tornô parti : comme en occitan, **tornar** signifie "à nouveau"
Quand la vieille a eu examiné l'urine, elle lui a dit qu'il avait la
   radô : mot très local, inconnu ailleurs
maladie d'une vache prête à vêler. Le malade est parti tout

content.

In roeta, l'a trovô on-n-òmo môr, què l'êre étô tyô. L'êre d'ouvêr
En rota, il at trovâ un homo mort, qu'il êre étâ tuâ. Il êre d'hivern
é y ére onna lorda nae. Nontro malado, in véyin ci môr din la
et il êre una lôrda nê. Noutro malado, en veyent cél mort dens la
nae, l'a ju invae dè sè bouote, que d'éran dzinte; mi, tra
nê, il at aviu envéye de ses botes, qu'els érant gentes; mas, trop
prèssô, l a pa pochu li ouoeté. Què fit-e ? Yè li cope li tsanbe,
prèssâ, il at pas possiu lui ôtar. Què fét-il ? Il lui cope les chambes,
prin li bouote é chui sa roeta.
prend les botes et siut sa rota.
Can l'è ju on moué yuin, l'è ju ni. L'è alô vère li
Quand il est aviu un mouèl luen, il est aviu nét. Il est alâ vêre les
mime dzin por se retriyë. I s'è chètô dècoute lo foua é s'è
mémes gens por sè retreyér. Il s'est siètâ de-coute lo fuè et s'est
indremae. On-n-âtra vatse s'aprèstave a vilé ci ni, é hlëu dè
endromi. Una otra vache s'aprèstâve a vélar cél nét, et celor de
maeson son tuë alô la vère é l'an lachà soelè dècoute lo foua.
mèson sont tôs alar la vêre et l'ant lèssiê solèt de-coute lo fuè.
Can la vatse l'a ju vilô, l'an pinsô que lo vi l'are ju
Quand la vache 'l at aviu vélâ, ils ant pensâ que lo vél 'l arêt aviu
frae u bëu et l'an dui inà dècoute lo foua é son alô droumi.
frêd u bouél et l'ant duit en-hôt de-coute lo fuè et sont alâ dromir.
L'âtro, in sintin la tsalou du vi que l'êre dècoute ui, l'a
L'otro, en sentent la chalor du vél que 'l êre de-coute lui, il at
sondjà que l'êre lui que l'avé fi lo vi ! Can l'è ju dèssonô,
songiê qu'il êre lui qu'il avêt fét lo vél ! Quand il est aviu dèssonô,
l'a ju pouaere é l'è partae sin mètre li bouote du môrt. Can
il at aviu pouère et il est parti sen metre les botes du mort. Quand
hlëu dè maeson l'an trovô que li bouote, l'an pinsô que
celor de mèson ils ant trovâ que les botes, ils ant pensâ que
l'ére lo vi que l'avé medjià tan qu'i bouote.
'l êre lo vél que l'avêt megiê tant qu'ux botes.

En route, il a trouvé un homme mort, qui avait été tué. C'était l'hiver
   d'ouvêr : littéral. "d'hiver", tournure fréq. en FP
et il y avait une lourde neige. Notre malade, en voyant ce mort dans
   nae : < lat. NIVEM
la neige, a eu envie de ses bottes, qui étaient jolies; mais trop
   dzinte : mot assez localisé, disparu en de nombreux endroits
pressé, il n'a pu les ôter. Que fait-il ? Il lui coupe les jambes,
   tsanbe : < lat. pop. CAMBA (et la var. GAMBA > "jambe")
prend les bottes et continue sa route.
   roeta : diphtongue locale du type [ow] ou [øw]
Quand il a été un bon bout loin, il a fait nuit. Il est allé voir les
   moué : "tas, monceau"; yuin : [jɥẽ]
mêmes gens pour se loger. Il s'est assis à côté du feu et s'est
   dècoute : forme romande et savoyarde
endormi. Une autre vache s'apprêtait à vêler cette nuit, et ceux de
   hlëu : [çlœw] < celeur < ECCE ILLORUM
la maison sont tous allés la voir et l'ont laissé seul à côté du feu.
   tuë : variante locale **tyui**
Quand la vache a eu vêlé, ils ont pensé que le veau aurait eu froid
   a ju vilô : temps surcomposé fréquent dans ce texte
à l'étable, et l'ont conduit en haut à côté du feu et sont allés dormir.
   dui : < lat. DUCTUS, mais rare en FP (plutôt **aduit**)
L'autre, en sentant la chaleur du veau qui était à côté de lui, a
   ui : noter la forme locale
rêvé que c'était lui qui avait fait le veau ! Quand il a été réveillé,
   dèssonô : variante **dèssongiér**
il a eu peur et il est parti sans mettre les bottes du mort. Quand
   mètre : assez fréquent en Valais (au lieu de **betar**)
ceux de la maison n'ont trouvé que les bottes, ils ont pensé que

c'était le veau qui l'avait mangé jusqu'aux bottes.
   i : "aux"

César Marquis, 1927

HAUT-JURA

Texte anonyme datant de la révolution française, d'un habitant de la préfecture du Jura, graphie d'origine.

I vu vo palé audzedu no lango que vo ne cognece
Ye vouè vos parlar u jorn d'houè na lengoua que vos ne cognes-
pas, maugré que vos en cougnessi en melli; c'est la lango de
séd pas, mâlgrâd que vos en cognessêd en milyér; c'est la lengoua
de tze no, qu'i a épris dès l'âdzou leu ple teindrou : vo sori on
de chiéz nos, que y'é apris dês l'âjo le ples tendro: vos sâréd un
pô èbouvëë de ne ra comprendre o ça qu'i vo dirâ. Tous lè
pou èbovâ de ne ren comprendre a cen que ye vos diré. Tôs les
dze on epprend auquè qu'on ignoréve la veille.
jorns on aprend o quél qu'on ignorâve la velye.
Stu langâdzo est mol âsi o prenonci pou lès estrindi, et i
Ceto langâjo est mâl-ésiê a prononciér por les ètrangiérs, et est
sûr que quand vo liri mo lettro devant lès dza de l'endret,
sûr que quand vos liéréd ma lètra devant les gens de l'endrêt,
nion ne vos entradet.
nion ne vos entravêt.
Prencè gâdo d'oller montrer mè bètise o kékion que ne
Prende gouârda d'alar montrar mes bètises a quarqu'un que ne
m'amerèt pas otant que ve m'amez. Pardonnez-me-lo vo
m'amerêt pas atant que vos m'amâd. Pardonâd-mè-lo vos
memou, et ne tsartsi pas seloma kié i su.
mémo, et ne chèrchiéd pas solament qui je su.
    Jon de votè meill'omis.
    Yon de voutros melyors amis.
    Adieu bon dze, bon vêpre, bon sè suivant l'huro qui l'est.
    Adiô bon jorn, bon vépro, bon sêr siuvent l'hora qu'il est.

Il faut bien admettre qu'aujourd'hui la région ne connaît pas un usage très vivace de son patois. Mais de nombreux *mots patois* continuent à la campagne à être utilisés, surtout si le correspondant français est peu connu : druger, fenasse, groin d'âne, presson, tavent, viraton...

Je vais vous parler aujourd'hui une langue que vous ne connaissez
   J : = I (ye); palé : chute de -r et inf. en -é; no lango : fém. en -o (â ?)
pas,quand même vous en connaîtriez par milliers; c'est la langue
   maugré : même évolution que l'infinitif a > é
de chez nous,que j'ai apprise dès l'âge le plus tendre: vous serez un
   tze [tsœ]; i a : j'ai; teindrou : = en [ɛ̃]; sori : touj. le 'a' très vélaire
peu étonné de ne rien comprendre à ce que je vous dirai. Tous les
   ra, ça : dénasalisation de ren, cen
jours on apprend cela même qu'on ignorait la veille.
   epprend : = é- (cf. épris); auquè : probt "cela quoi"
Ce langage est malaisé à prononcer pour les étrangers, et il est
   prenonci : infin. Ib en -i; estrindi : -s-, -d- irréguliers ; i : "est"
sûr que quand vous lirez ma lettre devant les gens de l'endroit, nul
   dza : même phénomène que 'ra', 'ça'
ne vous comprendra.
   entradet : probablement du lat. INTERROGARE, fr. argot. "entraver"
Prenez garde d'aller montrer mes bêtises à quelqu'un qui ne
   gâdo : chute du -r; oller, o : aller, à 'a' très vélaire
m'aimerait pas autant que vous m'aimez.Pardonnez-le-moi vous-
   ve : forme FP assez fréq.; pardonnez-me-lo : ordre des mots partic.
même,et ne cherchez pas seulement qui je suis.
   seloma : -a = ent, ce mot a des sens très subtils : pas même...
      Un de vos meilleurs amis.
      Jon = Ion; meill' : forme élidée rare
Adieu, bonjour, bon après-midi, bonsoir suivant l'heure qu'il est.
   dze, sè : forme sans -r, fréq. en FP

Lo Bovairon et sô infants.
Lo bovèron et sos enfants.

On rich' Bovairon
Un richo bovèron
Qu'ir su son bin
Qu'êre sur son ben
Et qu'on disait catsa
Et qu'on disêt cachiér
Ena tupine pleine de rossettes,
Una tupena plêna de rossètes,
Allav' bintô m'ri.
Alâve bentout morir.

I ratroupa toui sô infants
Il ratropat tôs sos enfants
Et leur devisa dintieu :
Et lor devesat d'inque :
"D'ai catsa la tupine
"J'é cachiê la tupena
Dans le grand quemon ;
Dens le grant comon ;
Vo la trovara bin
Vos la troverêd ben
Près d'un gros teumon".
Prés d'un grôs temon".

Setô fa l'enterrament,
Setout fêt l'enterrament,
Setô medzi lo sévènement
Setout megiér lo sèvènement
Lô garçons s'en vinrent
Los garçons s'en vinrent
Ara et fossora to le grand quemon,
Arar et fossorar tot le grant comon,

Le Laboureur et ses Enfants.
Haut-jurassien de la région de St-Claude

Un riche laboureur
   bovairon : littéral. "bouvier"
Qui exploitait son bien
   ir : "était" < lat. ERAT
Et qu'on disait cacher

Une cruche pleine de pièces d'or,
   tupine : < germ. top-
Allait bientôt mourir.

Il rassembla ses enfants
   ratroupa : en français on a seulement 'attrouper'
Et leur parla ainsi :
   devisa : ce sens se rencontre fréq. en FP
"J'ai caché le pot plein d'écus

Dans le grand communal;
   quemon : pré commun à tous
Vous le trouverez bien,

Près d'une grosse fourmilière".
   teumon : petit monticule formé par les fourmis

Aussitôt après l'enterrement

Et après la collation des funérailles
   sévènement : repas d'enterrement
Les garçons vinrent labourer,
   garçons : désigne aussi les "fils"
Retourner, bêcher tout le grand communal.
   ara "labourer", fossora : "piocher, bêcher"

Sans ubla lo moindre quèr.
Sen oublar lo muendro cârro.
Ma zin de tupine. - Tant pis !
Mas gint de tupena. - Tant pir !

A la premi, i z'y vouagnèrent
A la premiére, ils y vouagnèront
Do baris de trezard
Doux barils de tresar
Et eurent vingt saches de froment.
Et uront vengt saches de froment.

Lo bovairon avait raison :
Lo bovèron avêt rèson :
L'uvre bin fate
L'ôvra ben fête
Vaut mé
Vâlt més
Que totes lo rossettes.
Que totes les rossètes.

Cette fable, dont l'accentuation est déjà bien francisée, est un des rares textes aujourd'hui publiés sur le parler de cette région, où le FP n'est encore présent que dans le français régional, à travers des mots, des tournures et des expressions du substrat.

Sans oublier le moindre recoin.
  quèr : < lat. QUADRUM, aussi en occitan
Mais point de trésor ! - Tant pis !
  zin : < GENTEM

Au printemps, ils y semèrent
  vouagnèrent : même racine que fr. 'gagner'
Deux doubles-décalitres de froment de printemps
  trezar(d) : froment semé au printemps
Et récoltèrent vingt sacs de blé.
  saches : la forme fémin. est fréq. en FP

Le bouvier avait bien raison :

Le travail bien fait
  uvre : plus utilisé en FP que le fr. "oeuvre"
Rapporte plus
  mé : < lat. MAGIS, très fréquent en FP
Que toutes les pièces d'or.
  rossettes : pièces rousses (= d'or)

DOUBS (Sud du département, autour de **Pontarlier**)

Avec la plus grande moitié méridionale du département du Jura, le Sud du département du Doubs forme la partie FP de la Franche-Comté. Le texte que nous présentons ici est en patois des Fourgs, petite localité entre Pontarlier et la frontière suisse. Il a été étudié en 1865 - à une époque où la notion de francoprovençal n'existait donc pas - par J. TISSOT, qui fait placer ce parler dans la langue d'oc, ce qui à l'époque était assez audacieux. Mais il se sent obligé, comme la plupart des sympathisants des dialectes de l'époque, de se faire l'avocat des patois en général et du sien en particulier, en le rapprochant des textes du Moyen Age, tout en cherchant à le placer plus près du français que le patois de Montbéliard (oïl) !

Lot nation dès bell'tès,
La nacion des beletes,
Non pleu que celot des tsot
Non ples que cela des chats
Ne veut point de ben ès rotès ;
Ne volt pouent de ben ux râtes ;
Et sain lès pouatès ètrètès
Et sen les pôrtes ètrêtes
De leu-s-habitations,
De lors habitacions,
Lo béte ot londze etsnot
La béte a longue èchena
En fèra, i m'iminou,
En ferêt, ye m'imagino,
Dès grand destructions.
Des grants dèstruccions.
I feu enn'annau
Il fut un' anâ
Qu'i gli'en ô ot foison,
Qu'il y en ut a fouèson,
Leu roi qu's'oppelaiv' Rotopon,
Lor rê, que s'apelâve Râtâpon,

La graphie de ce texte est très particulière : pour représenter un [ɔ] (= **â, a**), on écrit 'ot', même en finale post-tonique. Mais l'ouvrage de J. Tissot a une grande valeur, car il comporte une description phonologique et morphologique, suivie d'un lexique. Et quelques textes, dont la fable 'Le combat des Rats et des Belettes', avec en regard le texte de la Fontaine, avec quelques vers manquants.

LE COMBAT DES RATS ET DES BELETTES

La nation des belettes,
  bell'tès : mot proche du fr., en FP surtout **motelèta**
Non plus que celle des chats,
  tsot : ici **ch-** est réalisé [ts]
Ne veut aucun bien aux rats ;
  rotès: le fém. en FP désigne surtout la "souris"
Et sans les portes étroites
  pouatès : vocalisation du -r-
De leurs habitations,

L'animal à longue échine
  etsnot : déplacement de l'accent initialement sur le [ə]
En ferait, je m'imagine,
  i : "je"; imaginou : 1ère pers. sg. est en -ou
De grandes destructions.
  grand : adjectif épicène, comme en latin
Or, une certaine année
  i : "il", homonyme de "je" !
Qu'il en était à foison,
  gli : représente [ʎi]
Leur roi, nommé Ratapon,
  s'oppelaiv' : noter l'imparfait en -aiv-

Met' en campagne enn' armée.
Mit en campagne un' armâ.
Lès bell'tès, de leur rivot,
Les beletes, de lor riva,
Dèplayéront le drapeau.
Dèpleyéront le drapô.
S'on-s-en cra lot r'nommau,
S'on s'en crêt la renomâ,
Lot victoire bolançot ;
La victouère balançat.
Ple d'on souma s'engraissot
Ples d'un somârd s'engrèssat
Du sang de ple d'ennot bandot.
Du sang de ples d'una banda.
Mais lot padot lot ple grand
Mas la pèrda la ples grant
Tseuseu quaisi ot tous lès endra
Chesét quâsi a tôs les endrêts.
Su l' peuple dès rotès.
Sur le poplo des râtes.
Sot dèroute feu entîrot,
Sa dèrota fut entéra,
Qua que pouyé faire Artapax,
Què que poviét fére Artapax,
Psicarpax, Méridarpax,
Psicarpax, Mèridarpax,
Que tout cq'va de pussîre
Que tot cuvèrts de pucire
Sout'niéront pre longtin
Soteniront prod longtemps.
Les effoua dès combottan.
Lès èforts des combatants.
Leu résistance feu padiot ;
Lor rèsistance fut pèrdua;
I failleu cédai u sort.
Il falyut cèdar u sôrt.

Mit en campagne une armée,
  <u>enn'</u> : article indéfini féminin singulier
Les belettes, de leur part,
  <u>rivot</u> : "rive, bord"
Déployèrent l'étendard.
  <u>dèplayéront</u> : cf. fr. 'déplier' et 'déployer'
Si l'on en croit la renommée,
  <u>on s-en cra</u> : "croire" en usage pronominal
La victoire balança :

Plus d'un guéret s'engraissa
  <u>souma</u> : < SOMARDUS "friche"
Du sang de plus d'une bande.
  <u>ennot</u> : [ˈɛnɔ]
Mais la perte la plus grande

Tomba presque en tous endroits
  <u>tseuseu</u> : "chut"
Sur le peuple souriquois.

Sa déroute fut entière,

Quoi que pût faire Artapax,
  <u>pouyé</u> : en FP, on trouve des formes en -y-
Psicarpax, Méridarpax,

Qui, tout couverts de poussière,
  <u>cq'va</u> : [kəva]
Soutinrent assez longtemps
  <u>pre</u> : lat. pop. PRODE (cf. fr. 'peu ou prou')
Les efforts des combattants.

Leur résistance fut vaine ;
  <u>padiot</u> : "perdue" (lat. *PERDUTA > pardyâ)
Il fallut céder au sort :
  <u>cédai</u> : dans ce parler l'infinitif est en '-é' ou '-è'

Tsècon s'encoureu u pl' foua,
Châcun s'encorut u ples fôrt,
Tant souda que capitaine.
Tant soudârd que capitèno
Lès princes féront tui tuai.
Les princes furont tôs tuâs.
Lot racaille, da dès patu,
La racalye, dens des pèrtés,
Trouwot sot retraitot prètot...
Trovat sa retrèta prèsta...
Mais lès seigneurs su leu tétot
Mas les segnors sur lor téta
Ovaïon tsècon on plûmet,
Avévont châcun un plomèt,
Dès couanès eu ben dès plumotson...
Des côrnes ou ben dès plomachons...
Pou faire pouot et bell'tès ;
Por fére pouèr ux beletes ;
Ça causot leu malheur.
Ço côsat lor mâlhor.
Patu, fentot, crevosse
Pèrtés, fenta, crevâsse
Ne feu lardzou pre pou la ;
Ne fut larjo prod por lor ;
Mais lot pôpulace
Mas la populace
Entraive da lès ple p'tès creux.
Entrâve dens les ples petits cros.
Lot pl' grand dèfaîtot
La ples grant dèfêta
Feu donc dès pl' grossès rotès,
Fut donc des ples grôsses râtes,
Ennot tétot empanatchot
Una téta empanachiê
N'est pai on p'tèt embarras ...
N'est pas un petit embarras ...

Chacun s'enfuit au plus fort,
   tsècon : la finale -on est régulière
Tant soldat que capitaine.

Les princes périrent tous.
   féront tui tuai : "furent tous tués"
La racaille, dans des trous
   patu : < lat. PERTUSIUM (cf. fr. 'pertuis')
Trouvant sa retraite prête...
   trouwot : "trouva", noter le -w- (local)
Mais les seigneurs sur leur tête

Ayant chacun un plumail,
   ovaïon : "avaient"
Des cornes ou des aigrettes,...
   couanès : vocalisation du -r-
Soit afin que les belettes   En conçussent plus de peur,
   et (supra ès) : "aux"
Cela causa leur malheur.

Trou, ni fente, ni crevasse,

Ne fut large assez pour eux ;
   lardzou : masc. en -ou (cf. les féminins en -ot)
Au lieu que la populace

Entrait dans les moindres creux.

La principale jonchée
   pl' : noter la non-syllabisation du mot
Fut donc des principaux rats;

Une tête empanachée
   empanatchot : [tʃ] < [tsj]
N'est pas petit embarras...
   pai : < PASSUS, mais pô "peu" < PAUCUM

EN DEHORS DU DOMAINE

Pour terminer nous donnons pour comparaison deux textes non FP, mais de langues les plus proches de celle que nous avons étudiée ici : l'ancien français et le provençal.
Le premier texte est celui bien connu de Rutebeuf († 1280) tiré de la *Complainte Rutebeuf*, "Ce sont amis que vent emporte". La graphie du texte français est celle de l'époque, aussi ne doit-on pas s'étonner de trouver des -s en finale de mot singulier (au cas sujet) et de ne pas les trouver au pluriel dans le même cas.
Le deuxième texte est du grand Frédéric Mistral (1830-1914), qui a si génialement oeuvré pour sa langue provençale. Il raconte ici l'émouvante rencontre de son père et de sa mère, dans son ouvrage *Memòri e Raconte*. La graphie retenue est la sienne, parfaitement adaptée au provençal et facile à comprendre même pour un pur francophone, mais il est vrai moins bien adaptée à l'ensemble du domaine d'oc.

La traduction presque mot à mot (quand cela est possible) en franco-provençal ORA permettra aux patoisants FP de mesurer la faible distance qui sépare leur langue et l'ancien français d'une part, le provençal d'autre part. Mais on constatera aussi plusieurs différences non négligeables, comme les mots *onques, maint, seul, je cuit*, ou encore *douné, chourmo, gavot, chato*, sans compter les désinences nominales et verbales en particulier.

Li mal ne sevent seul venir :	Les maux ne savent venir seuls :	
Les mâls ne savont solèts venir :	li mal : cas sujet pluriel	
Tout ce m'estoit a avenir	Tout ce qui m'était à advenir	
Tot cen m'étêt a avenir	estoit : le -s- s'amuïra bientôt	
S'est avenu.	Ainsi m'est advenu.	
'se est avenu.	s' : pour "ainsi"	
Que sont mi ami devenu	Que sont devenus mes amis,	
Què sont mes amis devenus	devenu : position possible alors	
Que j'avoie si près tenu	Que j'avais tenus si près	
Que j'avê si prés tenus	si près tenu : "si intimes"	
Et tant amé ?	Et tant aimés ?	
Et tant amâs ?	amé : cf. fr. 'amant'	
Je cuit qu'il sont trop cler semé :	Je crois qu'ils ont trop clairsemés :	
Je crê qu'ils sont trop cllâr-senâs :	je cuit : < lat. COGITO	
Il ne furent pas bien femé,	Ils ne furent pas bien fumés,	
Ils ne furont pas ben femâs,	femé : forme proche du FP	
Si sont failli.	Ainsi ils sont faillis.	
'sé sont falyis.	sont failli : ont fait défaut	
Itel ami m'ont mal bailli,	Ces amis-là m'ont mal traité,	
Celos amis m'ont mâl balyê,	itel ami : ces amis-là	
Qu'onques tant com Dieus m'assailli	Car jamais, tant que Dieu	
Que jamés tant com' Diô m'assalyét	Dieus : sujet sg [m'assaillit	
En maint costé,	En maint côté,	
En tot coutâ,	maint : difficile à traduire en FP	
N'en vi un suel en mon osté :	Je n'en vis un seul en mon hôtel :	
N'en vit un solèt en mon hotâl :	osté : "maison, logis"	
Je cuit li vens les m'a osté.	Je crois que le vent me les a ôtés.	
Je crê que le vent les m'at otâs.	je cuit li vens : 'que' est sous-ent.	
L'amor est morte :	L'amour est morte :	
L'amor est morta :	amor : souvent fém. en anc. fr.	
Ce sont ami que vens emporte,	Ce sont amis que vent emporte,	
Cen sont amis que vent empôrte,	ami, vens : sans article	
Et il ventoit devant ma porte :	Et il ventait devant ma porte	
Et il ventêt devant ma pôrta :		
Ses emporta.	Aussi il les emporta.	
Ense les emportat.	ses : "si les" (contractés)	

DELAÏDO MA MAIRE.
LAYIDA, MA MÂRE.

Moun paire, devengu véuse de sa proumiero femo, que ié douné dous
Mon pâre, devenu vèvo de sa premiéra fèna, que lui balyét doux
enfant, avié cinquanto-cinq an, quand se remaridè, e siéu lou crèis
enfants, avêt cinquanta-cinq ans, quand sè remariat, et su lo fruit
d'aquéu segound lié. Veici coume avié fa la couneissènço de ma
de quél segond liét. Vê-cé come avêt fêt la cognessance de ma
maire.
mâre.
Pèr Sant Jan, uno annado, mèste Francés Mistral èro au mié
Per Sant Jian, una anâ, mêtre Francês Mistral êre u mié
de si blad - qu'uno chourmo de gavot toumbavon au voulame.
de ses blâts - que quârques montagnârds talyêvont u volam.
Un vòu de glenarello seguien li meissounié, acampant lis
Una tropa de glleniéres siuvéve les mèssonérs, acapant les
espigolo qu'escapavon au rastèu. E 'm'acò moun segne paire
èpias qu'èchapâvont u ratél. Adonc mon segnor pâre
remarquè 'no bello chato que restavo darrié, coume s'avié
remarcat na bala jovena que restâve dèrrér, come s'avêt
vergougno de glena coume lis autro. S'avancè d'elo e ié faguè :
vèrgogne de gllenar come les otres. S'avancét de lyé et lyé fit :
Mignoto, de quau siés ? coume te dison ?
Megnona, de qui t'és ? come tè diont ?
La chato respoundeguè :
La jouèna rèpondit :
Siéu d'Estève Poulinet, lou maire de Maiano. - Me dison
Su de Tièno Poulinèt, lo mère de Malyana. Mè diont
Delaïdo.
Layida.
- Coume ! diguè moun paire, la fiho de Poulinet, qu'es esta Maire
- Come ! dit mon pâre, la filye de Poulinèt, qu'est étâ Mére
de Maiano, vai glena ?
de Malyana, vat gllenar ?

ADÉLAÏDE, MA MÈRE.

Delaïdo **Layida** : deux diminutifs correspondants

Mon père, devenu veuf de sa première femme, qui lui donna deux
devengu : aussi en dauphinois FP; dounè : trop rare en FP
enfants, avait 55 ans, quand il se remaria, et je suis le fruit de
remaridè : le -d- se maintient en oc; creis : éventuellt **crês(su)**
ce second lit. Voici comment il avait fait la connaissance de ma
lié : même mot en prov. et en FP
mère.
maire : on constate la diphtongaison en prov. et non en FP
A la Saint-Jean, une année, maître François Mistral était au milieu
mèste : noter le maintien du -s- et la chute du -r-
de ses blés, qu'un groupe de gavots coupaient à la faucille.
chourmo : cf. fr. 'garde-chiourme'; gavot : "montagnard"
Un groupe de glaneuses suivait les moissonneurs, saisissant les
vòu : "vol, groupe"; acampant : corresp. bien à **acapant**
épis qui échappaient au râteau. A ce moment monsieur mon père
moun segne paire : dans qq dialectes FP **segnor** signifie "père"
remarqua une belle fille qui restait derrière, comme si elle avait
'no : exactement **na**; darrié = **dèrrér** < lat. DE RETRO
honte de glaner comme les autres. Il s'approcha d'elle et lui dit :
lis autro : noter la liaison; ié = **lyé** < *ILLAEI, disparu en fr. moderne
Mignonne, à qui appartiens-tu ? comment t'appelles-tu ?
de quau siés : "de qui es-tu la fille"; te dison : "ils te disent, on te dit"
La jeune fille répondit :
respoundeguè : le -g- est assez typiquement d'oc
Je suis (fille) d'Etienne Poulinet, le maire de Maillane. Je m'appelle
Poulinet : si on adaptait en FP, on aurait **Polyenèt**
Adélaïde.
Delaïdo : noter -o, marque régul. du fém., écrit -a en occitan stand.
- Comment, dit mon père, la fille de Poulinet, qui a été le maire
fiho : en occitan standard 'filha'; maire : "maire" et "mère" !
de Maillane, va glaner ?
glena : le groupe 'gl' se maintien bien presque partout en oc

- Mèstre, elo repliquè, sian uno grosso famiho, dous drole
- **Mêtre, el rèplicat, nos sens una grôssa familye, doux garçons**
emé sièis chato, e noste paire - emai ague, es verai, proun
avouéc sêx filyes, et noutron pâre, quand ben èye, est veré, prod
de bèn au soulèu - quand ié demandan d'argènt pèr un pau
de ben u solely - quand nos lui demandens d'argent por un pou
nous pimpa, nous respond : Mi chatouno, se voulès de
nos fèniolar, nos rèpond : Mes filyètes, se vos voléd des
belòri, gagnas-n'en ! E ves-aqui perqué siéu vengudo glena.
babioles, gagnéd-nen ! Et vê-enqué porquè su venua gllenar.
Sièis mes après aquéu rescontre - que retrais l'antico sceno de
Sêx mês aprés quél rencontro - que rapèle l'antica scèna de
Rut emé Booz, lou valènt meinagié demandè Delaïdo à mèste
Rute avouéc Bôze, lo valyent grangiér demandat Layida a mêtre
Poulinet e siéu nascu d'aquéu mariage (8 dóu mes de setèmbre
Poulinèt et su nèssu de quél mariâjo (huét du mês de septembro
de 1830).
de mile huét cents trenta).

Frederi MISTRAL, *Memòri e Raconte*
Frederic MISTRAL, *Mèmouères et Rècits*

On peut ici remarquer les ressemblances et les différences entre le FP et le provençal. L'orthographe de l'Institut d'Etudes Occitanes (I.E.O.) présente à la fois des ressemblances et des différences avec l'ORA :

Mistral	I.E.O.	ORA	
-o	-a	**-a**	fém. sing., en oc [-o]
-a	-ar	**-ar**	[a] infinitif 1ère conj.
gn	nh	**gn**	[ɲ]
i(h)	lh	**ly**	[ʎ] (souvent [j])
o	ò	**o**	[o]
ou	o	**ou**	[u]
-(s)	-s	**-s**	pluriel des noms

- Maître, répliqua-t-elle, nous sommes une famille nombreuse, 2 fils
<u>mèstre</u> : le -r- se maintient mieux (cf. m'sieur !); <u>sian</u> : sans sujet
et 6 filles, et notre père, même s'il a, il est vrai, assez de
<u>emé</u> : occ. std 'amb', différent du fr. et du FP; <u>emai</u> : "même"
bien au soleil - quand nous lui demandons de l'argent pour un peu
<u>ié</u> : (occ. std. 'li') le masc. et le fém. sont ici identiques
nous pomponner, nous répond : Mes fillettes, si vous voulez des
<u>respond</u> : noter le maintien du -s-; <u>chatouno</u> : diminutif
colifichets, gagnez-en ! Et voilà pourquoi je suis venue glaner.
<u>belòri</u> : parure, luxe; <u>n'en</u> = **nen**; <u>gagnas</u> : maintien du -a(s) en oc
Six mois après cette rencontre - qui rappelle l'antique scène de
<u>rescontre</u> : aussi masc. en oc; <u>retrais</u> : "il retrace, il retrait"
Ruth avec Booz, le vaillant cultivateur demanda Adélaïde à maître
<u>valènt</u> : et non *valient; <u>meinagié</u> : "cultivateur aisé", diff. à traduire
Poulinet, et je suis né de ce mariage (le 8 du mois de septembre
<u>nascu</u> : à rapprocher de **nèssu**
1830).

Frédéric MISTRAL, Mémoires et Récits.

CHAPITRE XI
LEXIQUES

Les deux lexiques qui suivent ne sont pas tout à fait semblables. Le premier comporte les deux mille mots français les plus fréquents, avec leur traduction en ORA. On y trouve donc des mots strictement identiques dans les deux langues, que bien des ouvrages sur les patois locaux omettent volontiers : **front** en est un bon exemple, car sa prononciation et son sens ne présentent aucune différence entre le français et le francoprovençal. Pourtant, comment un étranger pourrait-il deviner comment on dit "front" ?

La deuxième partie, francoprovençal ORA avec traduction en français, omet justement de tels mots, dès lors que la traduction se fait facilement : mot identique, ou simplement avec un **-o** au masculin, un **-a** au féminin, un verbe en **-ar** ou en **-ir**, qui se trouvent déjà dans la première partie. Il nous a semblé plus judicieux de présenter des mots fréquents en FP et qui ne se laissent pas deviner du premier coup d'oeil.

Rappelons que l'abréviation *é.* signifie 'épicène', c'est-à-dire que le nom peut être masculin ou féminin selon les dialectes, dans une proportion sensiblement égale, comme le montrent également les formes de "dette" **dèta, dèto**.

Le féminin des adjectifs et des animés est donné chaque fois qu'il peut y avoir doute. En revanche, si le masculin est terminé par **-o**, il suffit de le changer en **-a**, sinon il suffit de lui ajouter un **-a**. Les masculins terminés en **-â** et **-ê** ne changent pas au féminin, ou ont un féminin spécifique selon les dialectes (**-â** > **-âye**, **-â** > **ês** *f.pl.*, etc.) qu'il n'est pas possible de détailler ici.

FRANÇAIS-FRANCOPROVENÇAL

A

à	a	aiguille	avolye *f.*
		aile	âla
d'abord	d'abôrd	ailleurs	alyor
absent	absent, -a	d'ailleurs	d'alyor ?
absolument	absolument	aimer	amar
accent	accent	ainsi	(d')ense
accepter	acceptar	air	êr *m.*
accident	accident	avoir l'air	avêr l'êr
accompagner	acompagnér	ajouter	apondre
d'accord	d'acôrd	allemand	alemand, -a
accrocher	acrochiér, agripar	aller	alar
		allumer	alumar, emprendre
achat	achat	allumette	alumèta, mochèta
acheter	achetar/agetar		
activité	activitât	alors	adonc, alôr
actuel	actuèl, -a	amener	amenar, enduire
actuellement	actuèlament		
admirer	admirar	ami, amie	ami, amia
adresse	adrèce *f.*	amour	amor *m.*
s'adresser à	s'adrèciér a	amusant	amusent, drôlo
adroit	adrêt, -a	s'amuser	s'amusar, sè demorar
adulte	adulto, -a		
affaire	aféreafâre *é.*	an	an
afin de	por	ancien	ancian, -a
afin que	por que	âne	âno
âge	âjo, liâjo	ânesse	souma
agent de police	± g.endarme	anglais	anglès, -a
agir	ag.ir, fére	animal	bétye *f.*
s'agir	s'ag.ir	année	anâ *f.*
agréable	agrèâblo	anniversaire	anivèrsèro
agricole	agricole	annonce	anonce *f.*
agriculture	agricultura	annoncer	anonciér
aider	(s')èdiér (a)	août	oût

apercevoir	apèrcêvre	assurer	assurar
aperçu	apèrc(i)u, -ua	atelier	ateliér
apparaître	aparètre	attacher	ètachier, gllètar
appareil	aparèly	attendre	atendre
appartement	apartement	attention	atencion;
appartenir	apartenir,	*interj.*	chaouye !
	étre a	faire attention	chaouyér
appeler	apelar, mandar	attraper	a(t)rapar, acapar
s'appeler	s'apelar	au, à la	u, a la
apporter	aduire,	aucun(e)	ôcun(a)
	aportar	au-dessous	en desot
apprécier	aprèciyér	au-dessus	en dessus
apprendre	aprendre	augmenter	ôgmentar
s'approcher	s'aprochiér	aujourd'hui	(enqu')houê,
après	aprés		u jorn d'houê
d'après	d'aprés	aussi, également	asse-ben
après-demain	aprés-deman	aussi, tant	asse, tant
après-midi	vépro; véprâ *f*	aussitôt	setout, d'abôrd
arbre	âbro	autant	a tant
argent	argent	auteur	ôtor
arme	ârma	auto	otô *f.*
armée	armâ *f.*	autocar	otocâr
armoire	armouère *f.*	automne	outon
arracher	arrachiér,	autour de	u torn de
	trère, ètèrpar	autre	otro, -a
arranger	arrengiér	autrefois	dens le temps,
arrêter	arrètar		otro coup
arrière	arrér(e)	autrement	otrament
arrivée	arrevâ *f.*	aux	ux, a les
arriver	arrevar	avalanche	lavanche *f.*
art	art	avancer	avanciér
article	articllo	avant	devant
artiste	artisto, -a	avantage	avantâjo
s'asseoir	s'ass(i)ètar	avant-hier	devant-hiêr
assez	prod	avec	avouéc, d'atot
assiette	asséta	avenir	avenir

aveugle	avogllo	beauté	biotât
avis	avis	bec	bèc
avoir	avêr	bénir	benir/benêtre
avouer	avouar	besoin	besoueng, fôta
avril	avril	avoir besoin	avêr fôta
		bétail	armalye, nurrim
	B	bête	bétye
		beurre	burro
bagage	bagâjo	bibliothèque	bibliotèca
se baigner	sè bâgnér	biche	beche
baignoire	bagnolèt, bagnon	bicyclette	biciclète
		bien	ben
baisser	bèssiér	bien que	ben que
balai	ècova, remasse *f.*	bientôt	bentout
balayer	ècovar	bière	bière
balle	bâla	billet	bilyèt(a)
ballon	balon	bizarre	bizâro
banc	banc, banchèt	blague	blaga
bande	benda; tropa	blanc	blanc, -che
banque	banca	blé	blât
barbe	bârba	blesser	blessiér
bas, basse	bâs, bâssa	blessure	blessura
en bas	avâl	bleu	blu, blua
bât	bât	blond	blond, -a
bateau	batiô	blouse	blôda
bâtiment	bâtiment	boeuf	bof
bâton	bâton, ram	boire	bêre
battre	batre, rolyér	bois	bousc
battre le blé	ècôrre	boisson	bêsson, bèvenda
se battre	s'empugnér, rengar	boîte	bouèta
		bon	bon, bôna
beau	biô, bal, bala ; brâvo	bonne	sèrventa
		bonheur	bonhor
beau-père	biô-pâre	bonjour	adiô, bonjorn
beaucoup	bravament, prod, bougrament, tot plen	bonsoir	bon vépro, bôna nét

352

bord	bôrd, revon, èponda, riva	cacher	cachiér
		cadeau	cadô
borgne	borgno, -e	café	câfè
botte	bota	caisse	quésse
bouche	boche, bèc	camarade	camerâdo
boucher	bouchiér, -e	camion	camion
boucher v.	ètopar, bouchiér	camp	camp
boucherie	boucherie	campagne	campagne
bouger	bugiér, bronchiér	canard	canârd
bouillir	bolyir / boudre	capable	capâblo
boulanger	bolongiér(e)	capital	capital
boulangerie	bolongerie	capitale	capitala.
bout	chavon, bèc, troc.	car *conj.*	câr
bouteille	botelye	carré	carrâ
boutique	botéca	carreau	carrô / carron
bouton	boton	carte	cârta
branche	branche, ram	cas	cas
bras	brès / bras	casser	cassar, èbrécar
brave	brâvo, -a	casserole	casserola
brebis	feya	cause	cousa
bref	côrt, -a	à cause	a cousa (que)
brique	brica	causer *parler*	devesar
briquet	briquèt	cave	câva, setorn
brosse	brosse	ce(t)	ceti, cél /quél
brouillard	brolyârd	ceci	ço-ce
bruit	brut	ceinture	centura
brûler borlar,	fllam(b)ar	cela	cen(-lé); o
brun	bron, -a	celle	ceta, cela/quela
bûche	buche	celui	ceti, cél, celi/queli
bureau	bur(i)ô		
but, cible	ciba	cendres	cindres *f.pl.*
		cent	cent
C		centaine	centêna
		centre	çantre
ça	cen; o	cerf	cêrf
cabinet	gabinèt	certain	cèrtin, -têna

certainement	ben sûr	cheminée	chemenâ *f.*
cette	ceta, cela/quela	chemise	chemise
c'est-à-dire	otrament dét	cher	chiêr, -a
chacun	châcun(a)	chercher	chèrchiér
chaîne	chêna	aller chercher	querir
chaise	sèla	cheval	chevâl
chaleur	chalor *f.*	cheveu	chevél, pêl
chambre	chambra	chèvre	ch(i)évra
champ	champ	chevron	chevron
aux champs	en-champ	chez	(en)chiéz, vers
chance	chance	chien	chin, chena
changement	changèment	chiffon	pata, patin
changer	changiér	chiffre	chifro
chanson	chançon *f.*	chocolat	ch.ocolât
chanter	chantar	choisir	cièrdre
chant	chant	choix	ch.ouèx
chanvre	chenevo	chose	chousa
chapeau	chapél	chou	chou
chapelle	chapala	chrétien	crètien
chaque	châque	ci	ce, -ce
charbon	charbon	ciel	cièl / cièr
charger	(en)chargiér	cigarette	cigarèta
charrue	charrue, araro	cimetière	cimetiéro
chasse	chace	cinéma	cinemâ
chasser	chaciér	cinq	cinq
chasseur	chacior	cinquante	cinquanta
chat	chat, chata	cire	cira
château	châtél	ciseaux	èforces *f. pl.*
chaud	chôd, chôda	clair	cllâr, -a / -e
chauffage	charfâjo	classe	classe
chauffer	charfar / chôdar	clé	cllâf
chauffeur	ch.ôfor	client	pratica *f.*
chaussette	chôceta	cloche	clloche
chaussure	bota, solâr	clou	cllou
chef	ch.èf	cochon	cayon
chemin	chemin, charrére *f*	coeur	cor

coiffeur	pèrruquér	construire	construire
coin	couen, cârro, coche *f.*	contact	toche *f.*
		content	content, -a
colère	colère, ira	continuer	continuar
coller	agllètar, côlar	contraire	contrèro, encontro
colonie	colonie	contre	contre
combien	comben /gouéro	conversation	bavardâjo
commande	comanda	coq	pôl / gèl
comme	come(nt)	corde	côrda
commencement	comencement	cordonnier	regrolor / cordaniér
commencer	comenciér		
comment	coment, 'ment	corne	côrna
commerçant	comèrçant,-a	corps	corp
commerce	comèrço	correspondance	corrèspondance
commode	comôdo, -a		
commun	comon, -mena	correspondre	corrèspondre
complet	complèt, -a	côte	couta
complètement	complètament	côté	lât, coutâ *m.*, fllanc, pârt, biès
compliqué	complicâ		
comprendre	comprendre	coton	coton
compte	compt(i)o	cou	cou
compter	comptar	se coucher	sè cuchiér
concours	concors	coudre	codre
condition	condicion	couler	colar, gotèyér
conduire	conduire, menar	couleur	color *f.*
conférence	confèrance	couloir	pouèrcho
confiance	confiance	coup	coup, gnon
avoir confiance	sè (re)fiar	couper	copar, talyér, mochiér, chaplar
confortable	confortâblo		
congé	congiê	cour	cort *f.*
connaissance	cognessance	courage	corâjo
connaître	cognètre	courant	corent
connu	cognu, -gnua	courir	corir / corre
conscience	conscience	couronne	corona
conseil	consèly	courrier, lettre	lètra
conseiller	conselyér	cours	cors

course	corsa	cuve	tena, gerla
court	côrt, -a		
cousin	cosin, -ena	**D**	
couteau	cutél		
coûter	cotar	dame	dama / dona
coutume	cotema	danger	dongiér
couvercle	cuvèrcllo	dangereux	dongeros, -a
couverture	cuvèrta	dans	dens
couvrir	cuvrir	danse	dance
cracher	crachiér	danser	danciér
cravate	cravata	davantage	més
crayon	crèyon / grèyon	de	de
crédit	crèdit	debout	campo, drêt, -a
créer	crèar	se débrouiller	sè dèbrolyér
crème	crâma, fllor *f.*	début	bè-a-ba, comencement
crête	crèta		
creuser	crosar, tèrralyér	décembre	dècembro
creux	cros, crosa	décharger	dèchargiér
crier	criar, rèlar	déchirer	chatrèyér, ègueriér
croire	crêre		
croix	crouèx	décider	dècidar
cru *non cuit*	cru, crua	décision	dècision
cueillir	colyir / cudre	décorer	dècorar
cuiller	colyér *f.*	dedans	dedens
cuir	cuér	défaut	dèfôt, cagne *f.*
cuire	couêre	défendre	dèfendre
cuisine	cusena, mèson	dégoût	dègôt
cul	cul	dehors	defor(a), for(a)
culotte	culota, chôces *f.pl.*	déjà	dejâ, dja
		déjeuner *matin*	dèjon(on)
cultivateur	curtivator	*midi*	dinar
cultivé	curtivâ	déjeuner *v.*	dèjonar, dinar
cultiver	curtivar	demain	deman
culture	cultura	demande	demanda
curé	(en)curâ	demander	demandar
curieux	curios, -a	demi	mi(é); demi

démolir	dèmolir	dîner	sopar
dent	dent *f.*	dire	dére
départ	dèpart	direct	dirèct, -a
se dépêcher	dèpachiér, trimar	directeur	dirèctor
		direction	dirèccion
dépendre	dèpendre	discuter	discutar
dépenser	dèpensar, rifllar	dix	diéx
depuis	dês / depués(t)	dizaine	diézêna
déranger	dèrengiér	docteur	mêjo / medecin
dernier	dèrrér, -e	doigt	dêgt
derrière	dèrrér	dommage	damâjo, pèrta
des	des / de los / de les	donc	donc, vêr
dès que	dês que, setout que	donner	balyér
		dont	que
descendre	dèscendre	dormir	dromir / dormir
déshabiller	dèvetir	dos	èchena
dessert	dèssèrt	douane	douèna
dessin	dèssin	double	d(r)oblo, -a
dessiner	dèssinar	douleur	dolor
dessous	desot	douter	dobtar
dessus	dessus	doux	dox, doce
détail	dètaly	douze	doze
deuil	douly	drap	lenciol
deux	doux, doves *f.*	drapeau	drapô
deuxième	dousiémo, -a	droit	drêt
devant	devant	droit, droite	drêt, -a
devenir	devenir	drôle	drôlo, -la
devoir	devêr / dêvre	du, de la	du, de la
devoir *m.*	devêr	dur, dure	dur, -a
diable	diâblo, -a	durée	durâ *f.*
Dieu	Diô	durer	durar
différence	difèrence		
différent	difèrent, -a		**E**
difficile	dificilo, mâlésiê		
difficulté	dificultât	eau	égoua
dimanche	demenge /-enche *f.*	échelle	èchièla

éclair	èlude surt. *f.*	encoche	encoche
éclair de chaleur	chalin	encore	oncor(a)
éclairer	ècllarar, alunar	encre	encro
école	ècoula	s'endormir	s'endromir
écouter	acutar, avouir	endroit	endrêt, lât
écraser	ècrasar, ècrabolyér	enfant	enfant, gamin
		enfin	enfin
écrire	ècrire	engager	engagiér,
écume	ècuma	*emploi*	afromar, acoventar
éducation	èducacion	engrais	engrès, druge *f.*
effacer	èfaciér	enlever	enlevar
effet	èfèt	ennemi	ènemi, -ia
effort	èfort	ennuyer	ennoyér
égal	ègal, envo, par	énorme	ènormo
également	asse-ben	enregistrer	enrègistrar
église	égllése	enseignement	ensègnement
électricité	èlectricetât	enseigner	ensègnér
électrique	èlectrico	ensemble	ensemblo
élève	ècouliér, -e	ensuite	pués(t), dês inque
élever	èlevar	entendre	entendre, pèrcêvre
élire	èliére	enterrer	entèrrar
elle	el	entier	entiér, -e
elles	els	entourer	entor(n)ar
élu	èlu	entre	entre
embrasser	embrassiér, bésiér	entrée	entrâ *f.*
		entrer	(r)entrar
emmener	emmenar	entretenir	entretenir
empêcher	empachiér	envelopper	entôrdre, envortolyér
emploi	emplê, tâche		
employé	empleyê	envie	envéye
employer	empleyér	environ	enveron
emporter	emportar	envoyer	envoyér, emmandar
emprunter	emprontar		
en *adv.*	en, nen	épais	èpès, -èssa; tapi, -a; dru, -ua
en *prép.*	en		
en train de	aprés	épaule	èpâla

épicerie	èpicerie	eux, elles	lor
épicier	èpiciér, -e	événement	èvènement
épine	èpena	évident	èvident
épingle	èpinglla	éviter	èvitar
époque	temps, època	exact	justo, -a
équipage	èquipâjo	excellent	èccelent, -a
erreur	èrror	s'excuser	s'èscusar
escalier	èchelér ;	exemple	ègzemplo
	ègrâs *m. pl.*	exister	ègzistar
espèce	èspèce	explication	èsplicacion
espérer	èspèrar	expliquer	èsplicar
esprit	èsprit	extérieur	defor(a), for(a)
essayer	èsseyér, èprovar	extrême	èstrèmo, -a
essence	èssance		
essuyer	èssuyér/èssuire,		**F**
	panar, torchiér		
est *m.*	levent	face	face
estimer	èstimar	facile	facilo, ésiê
et	et	facilement	facilament
étage	étâjo	façon	façon
état	ètat	facteur	factor
été *m.*	chôd-ţemps	faible	fêblo, -a
éteindre	ètiendre, amortir	faim	fam *f.*
étendre	ètendre	faire	fére / fâre
étincelle	(è)pèlua	fait	fêt, fête
étoile	ètêla	falloir	falêr
étonner	ètonar	fameux	famos, -a
étrange	ètranjo, -ge	famille	familye
étranger	ètrangiér, avenèro	farce, tour	fârça
étrangler	ètrangllar	farine	farena
être	étre	fatigue	fatiga
être debout	étar *local*	fatigué	vanâ
étroit	ètrêt, -e	faute	fôta
étude	ètude	fauteuil	fotoly
étudiant	ètudiant, -a	faux, fausse	fôs, fôssa
étudier	ètudiér	faux *f.*	folx / daly *m.*

femme, épouse	fèna	forcer	forciér
femme, femelle	femala	forêt	jor *f.*, local
fendre	fendre	forge	forge
fenêtre	fenétra	forger	forgiér
fer	fèr	forgeron	fâvro
ferme *f.*	fèrma	forme	forma
fermer	cllôre, fremar	formidable	formidâblo
ferrer	fèrrar	fort *adv.*	fôrt
fête	féta, vôga	fort	fôrt, -a
feu	fuè	fossé	foussa, tèrrâl
feuille	folye	fou, folle	fou, foula; tocâ
février	fèvriér	fouet	fouèt, ècorge
ficelle	ficèla	fouine	fouéna
fidèle	fidèlo, -a	foulard	fichon
fier, fière	fièr, -a, farôd, -a	four	forn
		fourchette	forchèta
fièvre	févra	fourneau	fornél
figure	figura	frais, fraîche	frès, frèche
fil	fil	franc *m.*	franc
fil de fer	fil d'archâl	français	francès, -a
filet	felèt	France	France
fille	filye	frapper	ferir, tocar, rolyér
fillette	filyèta		
fils	fily, garçon	frein	fren, mècanique *f.*
fin *f.*	fin		
fin, fine	fin, -a	frère	frâre
finir	fenir / fornir	froid	frêd, -a/-e
fleur	fllor *f.*	fromage	fru(i)t, fromâjo
foi	fê *f.*	front	front.
foie	fèjo	frontière	frontêre
foin	fen	frotter	frotar, fréyér
fois	fés/vés; coup	fruit	fruit, fruita
fond	fond	fumée	fumére
fondre	fondre	fumer *feu*	fumar
fontaine	fontana	fumer *fumier*	femar
force	force	fusil	fusil

futur	avenir	goûter	(a)gôtar, assadar, tâtar
	G	goûter *4 heures*	marenda
		goutte	gota
gagner	gâgnér	gouvernement	gouvèrnement
gai	alègro, guè	grain	gran
galoper	galopar	graine	grana
gant	gant	graisse	grésse
garage	garâjo	grand	grant, -a ; grôs, -ssa
garçon	garçon, bouèbo, megnot	grandir	crêtre
garder	gouardar	grand-mère	grant-mâre
gardien	gouârda *f.*	grand-père	grant-pâre
gare	gâra	grange	grange, solér, étro
garnir	garnir		
gâteau	gatô ; quegnou(a)	grappe	(g)rapa
		gras	grâs, grâssa
gâter	gâtar	gratter	gratar
gauche	gôcho, -a	grave	grâvo, -a
gazon	topa	greffer	grèfar, entar
geler	jalar	grêle *f.*	grêla
gêner	g.énar	grenier	grenér, galetâ
général	g.ènèral	griffe	grifa
généralement	g.ènèralament	grille	grelye
genou	genoly	griller	grelyér
genre	j.anre	gris	gris, -e
gens *m.pl.*	gens *f.pl.*	gros	grôs, grôssa
gentil	brâvo, -a	groupe	corp
gerbe	gèrba	guérir	gouarir
germer	gèrnar	guerre	guêrra
glace	gllace / gllas *f.*	guide *m.*	guida *f.*
glacier	gllaciér		
gland	(a)glland		**H**
gorge	gorge		
gosse	gosse	s'habiller	sè vetir, s'habelyér, sè fringar, nipar
goût	gôt		

habit	habit, hâlyon	idée	idèe
habiter	habitar, réstar	il, elle	il, el
habitude	habitude	ils, elles	ils, els
s'habituer	s'habituar	île	ila
haie	hage, sêp *f.*	image	émage
haie vive	siza	imaginer	imaginar, sè pensar
hanche	hanche		
haricot	fayol	important	emportant
hasard	hasard	impossible	empossiblo
haut, haute	hôt, hôta	impôt	empout
hélas	hèlâs	impression	empression
herbe	hèrba	imprimer	emprimar
heure	hora	incendie	fuè
heureusement	herosament	incendier	encendiér
heureux	heros, -a	indiquer	montrar
hier	hiêr	industrie	endustrie
hirondelle	hèrondèla	infirmier	enfirmiér, -e
histoire	histouèro	ingénieur	eng.ènior
hiver	hivèrn	initiative	iniciativa
homme	homo	installer	enstalar
honnête	honéto, -a	installation	enstalacion
honneur	honor	instant	moment, vouèrba
hôpital	hèpetâl	instituteur	enstitutor, rèjant
horaire	horère	institutrice	enstitutrice, mêtrèssa, rèjanta
horizontal	d'aplomb		
horloge	relojo *m.*	intelligence	èmo, malice
horreur	horror	intelligent	entèligent
horrible	horriblo, -a	intention	entencion
huile	olyo *m.*	intéressant	entèrèssent
huit	huét(e)	intéresser	entèrèssiér
humeur	humor, valyor *f.*	intérêt	entèrêt
humide	humido, -a	intérieur	dedens
		inviter	envitar
	I	Italie	Italie
ici	i(n)que, ce		

J

jamais	jamés
jambe	chamba
jambon	chambon / jambon
janvier	janviér
jardin	cortil, jarden
jaune	jôno, -a
je, j'	je / ye
-je	-jo/ -yo
jeter	jetar, lanciér, flancar, fotre, champar
jeu	jouè
jeudi	dejô
jeune	jouèno, -a
jeune fille	drôla, jouèna
jeune homme	drôlo, jouèno
jeunesse	jouènèssa
joie	jouyo
joli	gent, brâvo, -a
jonc	jonc
joue	jouta / jouva
jouer	juyér
jour	jorn
journal	jornal, gazèta
journée	jornâ *f.*
juge	jujo
juger	jugiér
juillet	j.ulyèt
juin	jouen
jumeau	besson
jument	èga, cavala
jupe	cotin, jepon
jus	jus
jusque	tant que
jusqu'à ce que	tant que
juste	justo, -a
justement	justament
justice	justice

K

kilo(gramme)	kilo
kilomètre	kilomètre

L

la, l' *article*	la, l'
la, l' *pronom*	la, l'
là	lé
là-bas	lé-d'avâl
labourer	arar, labourar, rontre
lac	lèc
là-dedans	lé-dedens
là-dessous	lé-desot
là-dessus	lé-dessus
là-haut	lé-d'amont, lé-hôt
laid	lèd(o), pout, bert, -a
laine	lana
laisser	lèssiér
lait	lat / lacllél
lame	lama
lamenter (se)	sè lamentar
lampe	lampa;
à huile	crosuél
lancer	lanciér
langue	lengoua
lard	lârd, bacon
large	lârjo, lârge

larme	larma/lègrema	loin	luen; viâ
lavabo	èguiér	long	long, longe
laver	lavar	longtemps	grant-/long-temps
le, l' *article*	le / lo, l'	lorsque	quand
le, l' *pronom*	lo, l'; o	louer *un local*	loyér
lécher	lèchiér	loup, louve	lop, lova
leçon	leçon	lourd	lôrdo, -a
léger	legiér, -e	loyer	loyêjo
légumes (secs)	leyons	luge	luge
lendemain	lendeman	lui *pron.*	lui
lent	lent, -a	luire	luire
lentement	lentament	lumière	lumiére
lequel	lequint, laquinta	lundi	delon
les *m. article*	los / les	lune	lena
les *f. article*	les	lunettes *f.pl.*	lenètes, bèrècllo
les *pronom*	los, les	luxe	luxo
lettre	lètra		
leur *pron. pers.*	lor		
leur *possessif*	lor	**M**	
lever	levar		
se lever	sè levar	ma	ma
lèvre	pota	machine	mach.ina
liberté	libèrtât	maçon	maçon
libre	libro, -a	madame	madama
lier	gllètar, liyér	mademoiselle	mademou(es)éla
lieu	luè	magasin	bazar, botéca
ligne	legne	mai	mê
limite	limita, tèrmeno	maigre	mégro
linge	fâda, lenjo, piès	main	man
lire	liére	maintenant	ora, orendrêt
lit	liét, cuche *f.*	mairie	mèrie
litre	litre	mais	mas
livre *m.*	lévro	maison	mèson
loger	logiér	maître	mêtre
loi	louè		

maîtresse	mêtrèssa	mécanique	mècanique
mal	mâl	méchant	mèchiant, malin, -a
malade	malâdo, -a		
maladie	maladie, trêna	médecin	mêjo / medecin
malgré	mâlgrât	médecine	medecena
malheur	mâlhor	médicament	medecena
malheureux	malheros, -a	meilleur	mèlyor
maman	mama	mêler, mélanger	mècllar
manche m.	manjo	membre	membro
manche f.	mange	même	mémo
mandat	mandat	menacer	menaciér
manger	me(n)giér, bofar, pecar	ménage	ménâjo
		mener	menar
manière	maniére	mensonge	mensonge é.
manquer à	falyir, fôtar	mentir	mentir
manquer de	mancar	menton	menton
manteau	mantél, roupa	menu	menu
marchand	marchand, -a	menuisier	menusiér
marche, degré	ègrâ m.	mer	mar
marché	marchiê	merci	marci
marcher	marchiér, chemenar	mercredi	demécro
		merde	mèrda
mardi	demârs	mère	mâre / mére
mari	homo	mériter	meretar
mariage	mariâjo	merle	mèrlo
se marier	(sè) mariar	mes	mes, mos
marmite	marmita, ôla	messe	mèssa
mars	mârs	mesure	mesera
marteau	martél	mesurer	meserar
matelas	matelas, pucére f., cotra	métal	mètal
		métier	métiér
matin	matin	mètre	mètre
mauvais	movés, -a, crouyo, -e	mettre	betar / metre
		meuble	môblo
me, m'	mè, m'	midi	mi-jorn / midi
mécanicien	mècanicien	mien	mi(n)o

mienne	**mâye / mina**	mordre	**môrdre**
mieux	**mielx**	mort *f.*	**mort**
milieu	**méten**	mort, morte	**mort, -a**
au milieu de	**entre-mié**	mot	**mot**
militaire	**militèro**	moteur	**motor**
mille	**mile**	mou	**blèt, fllaco**
milliard	**milyard**	mouche	**môche**
millier	**milyér**	mouchoir	**mochior**
million	**milyon**	moudre	**modre**
mince	**prim, -a**	mouillé	**mou, -a; blèt**
minuit	**mi-nét** *f.*	mouiller	**molyér**
minute	**menuta**	mourir	**morir,**
miracle	**merâcllo**		**crapar, crèvar**
miroir	**merior**	mouton	**moton**
misère	**misère**	mouvement	**mouvament**
mode *f.*	**mouda**	moyen	**moyen, -a**
moderne	**modèrno, -a**	moyen *m.*	**moyen**
moi	**mè**	muet	**mudo / mut(o)**
moindre	**muendro**	mulet	**mulèt**
moins	**muens**	mur *m.*	**mur**
mois	**mês**	mûr	**môr, -a**
moisson	**mèsson**	musique	**musica**
moitié	**mêtiât**		
moment	**moment, vouèrba**		**N**
mon	**mon**		
monde	**mondo**	nager	**nagiér**
monnaie	**monéya**	naissance	**nèssance**
monsieur	**monsior**	naître	**nêtre,**
montagne	**montagne**		**venir u mondo**
monter	**montar, poyér**	nappe	**napa, mantél**
montre	**mo(n)tra**	nation	**nacion**
montrer	**montrar, fére vêre**	national	**nacional**
se moquer	**sè mocar,**	nature	**natura**
	s'en rire; s'en fotre	naturel	**naturèl, -a**
morceau	**bocon,**	ne, n'	**ne** *svt omis*
	morsél, gregnon, troc	ne... pas	**pas**

nécessaire	nècèssèro, -a	novembre	novembro
nécessité	nècèssitât, utilitât	nu, nue	nu, nua
		nuage	niôla
neige	nê / nege	nuire	nuére
neiger	nêvre / negiér	nuit	nét
n'est-ce pas ?	(pas) donc ?	nulle part	nion sens / luè, niona part
nettoyer	neteyér, asticar		
neuf (9)	nôf	numéro	numèrô.
neuf, neuve	nof/novo, nova		
neveu	nevot		O
nez	nâs		
ni...ni	ni... ni	obéir	obèyir
nid	nid	objet	objèt
nièce	niéce	obliger	oblegiér
niveau de sol	solan	obtenir	obtenir
noce	noce	occasion	ocasion
Noël	Chalende *f.*	occuper	ocupar
noeud	nuod	s'occuper à	s'ocupar a
noir	nêr, -a	octobre	octôbro
noix	nouèx	odeur	odor
nom	nom	oeil, yeux	uely(s)
nombre	nombro	oeuf	of
nombreux	nombros, -a	oeuvre	ôvra
nombril	amborél	office	ofic(i)o
nommer	nomar	officiel	oficièl, -a
non	nan	offrir	ofrir, semondre
non plus	nan ples	oiseau	osél
nord	nord, bise *f.*	ombre	ombra
normal	normal	on	on
note	nota	oncle	avoncllo
notre	noutron, -tra	ongle	onglle *f.*
nôtre	noutro, -a	onze	onze
nourrir	nurrir	opéra *m.*	opèrâ
nous	nos	opération	opèracion
nouveau	novél, -ala	opérer	opèrar
nouvelles *f. pl.*	novales	opinion	opinion

or *conj.*	mas ora	pâle	pâlo, -a
or *m.*	or	panier	pan(i)ér,
orage	orâjo		panére, benon
orange	orange	panne	pana
ordinaire	ordinèro	pansement	blèche *é.*
ordonner	ordonar	pantalon	pantalon,
ordre	ôrdre		brayes *f.pl.*
oreille	orelye	papa	papa
organiser	organisar	papier	papér
orme	ormo	papillon	pa(r)pelyon
orteil	artely	Pâques	Pâque
os	ôs	paquet	paquèt
oser	osar	par	per
ôter	(d)ôtar	paraître	parètre
ou (bien)	ou	parc	parc
où	yô (que)/ onte	parce que	perce que
oublier	oubl(i)ar,	pardon	pardon
	dèpèrdre	pardonner	pardonar
ouest	cuchient	pareil	parèr /parèly
oui	ouè	parent	parent
outil	outil	parents *m. pl.*	pâres / péres
ouvert	uvèrt, -a	parfait	pèrfèt, -a
ouverture	uvèrtura	parfois	des coups
ouvrage	ovrâjo	parler	parlar,
ouvrier	ovrér, -e		prègiér, devesar
ouvrir	uvrir	parmi	permié
		paroisse	paroche
	P	parole	parola
		parrain	parren
page *f.*	page	part	pârt, lot
paie	paye	partager	partagiér
paiement	payement	participer	participar
paille	palye	particulier	particuliér,-e
pain	pan	partie	partia
paire	pâr *é.*	partir	partir,
paix	pèx		(em)modar

partout	pertot	père	pâre / pére
pas *m.*	pâs	permettre	pèrmètre
ne... pas	(ne) pas	permis	pèrmês, -a
pas du tout	pas du tot, ren du tot	permission	pèrmession
		personnage	pèrsonâjo
passage	passâjo	personne *f.*	pèrsona
passer	passar	ne...personne	nion
se passer	sè passar	peser	pesar
pâte	pâta	petit	peti(ô)t, -(d)a
patron	patron, -a	petit-fils	petit-fily
patte	pata, plôta	petits-enfants	petits-filys
pauvre	pou(v)ro, -a	pétrir	pâtonar / empâtar
payer	payér	pétrole	pètrolo
pays	payis	peu	pou
paysan	payisan, -a	un peu	una miéta, un bocon
peau	pèl *f.*		
pêcher *verbe*	pêchiér	peuple	poplo
pêcheur	pêchior	peur	pouèr(e) *f.*
peigne	pégno	peut-être	pot-étre
peigner	pegnér	pharmacien	apotiquèro
peindre	pinturar	photo(graphie)	fotô (-ografie)
peine	pêna	pièce	piéce
à peine	gouéro	pièce de bétail	chavon
peiner à	afanar	pied	piad / piéd
peinture	pintura	pierre	pérra, mélyon
pelle	pâla	pierre à feu	pérr'a fuè
pencher	penchiér, cllinar, cllenchiér	pigeon	pinjon
		pile	pila
pendant	pendent	pin	dâlye *f.*, pin, arola
pendant que	entre-temps	pincer	penciér
pendre	pendre	pioche	ètêrpa, pieche, begorn, sarpa, fossior
pénible	penâblo, dècevâblo	piocher	piechiér, fossorar
penser	(sè) pensar, musar	pipe	pipa
perdre	pèrdre	piquer	pecar

369

pire	pir(e)	point	pouent
pisser	pissiér	ne... point	ne...gint
place	place, pôsto	pointe	pouenta
placer	placiér, câsar	pointu	pouentu
plafond	plafond	poisson	pèsson
plaindre	plendre / plagnér	poitrine	pètrina
plaine	plana	poli	poli
plaire	plére	police	police
plaisir	plèsir	politique	politica
plan	plan	pomme	poma
planche	planche, lan	pomme de terre	tarteflla, trufa, catrolye, etc.
plancher	planchiér		
plante	planta	pont	pont
planter	plantar	port	pôrt
plat *adj.*	plat, plan, -a	porte	porta
plat *m.*	plat	portefeuille	porta-folye
plein	plen, plêna	porte-monnaie	porta-monéya
pleurer	plorar, sengllotar	porter	portar
		poser	posar
pleuvoir	plovêr / plôre	posséder	possèdar
plier	plèyér	possibilité	possibilitât
plomb	plomb	possible	possiblo, -a
plonger	plongiér	poste *m.*	pôsto
pluie	ploge/plove *f.*	poste *f.*	pôsta
plume	ploma	pot	pot, tupin, tupena
plus	ples; més		
ne...plus	pas més	pouce	pojo
plusieurs	plusiors	poule	gelena / genelye
plutôt	pletout	poulet	polèt, -a
poche	fata, cafa	pour	por
poêle *m.*	pêl(y)o	pour que	por que
poêle *f.*	péla	pourquoi	porquè
poésie	poèsia	pourri	purri, -ia
poids	pêds	pourtant	portant
poil	pêl	pousser	poussar
poing	poueng	poussière	puça

pouvoir	povêr	profond	provond, -a
pouvoir *m.*	povêr	programme	programo
pratique	pratico, -a	progrès	progrès
précieux	prècios, -a	promenade	promenâda
préférer	prèfèrar, amar mielx	se promener	sè promenar
		promettre	promètre
premier	premiér, -e	prononcer	prononciér
prendre	prendre	propre *lavé*	prôpro, nèt, -a
prénom	nom	propre *particulier*	a sè
préparer	prèparar, aprèstar	propriété	propriètât
		propriétaire	propriètèro
près (de)	prés (de)	protéger	protègiér
présent	prèsent	province	province
présenter	prèsentar, semondre	provisions	provisions
		public	publeco
presque	quâsi(ment)	puis	pués(t)
pressé	prèssâ	puisque	ben que / quand ben
presser	prèssar		
prêt	prèst(o), -a	puits	pouéts
prêter	prètar	punir	punir
prêtre	pré(t)re		
prévenir	prèvenir		**Q**
prévoir	prèvêre		
prier	preyér	quai	quê
principe	principo	qualité	qualitât
principal	principal	quand	quand
printemps	forél, renovél	quand même	quand mémo
prix	prix	quantité	quantitât
problème	problèmo	quarante	quaranta
prochain, qui vient	que vint	quart	quârt
proche	prôcho	quartier	quartér
produire	produire	quatorze	quatorze
produit	produit	quatre	quatro
professeur	profèssor	que, qu' *relatif*	que, qu'
profession	profèssion	ce que	què
profiter	profitar	que, qu' *conj.*	que

quel	quint, -a	rapporter	raportar
quelque chose		rare	râr(o), -a
	quârque-chousa	se raser	sè rasar
quelquefois	quârque-coup	rasoir	rasior
quelques *pl.*	quârques,	rat	rat
	doux-três	rave	râva
quelques-uns	quârques-uns	rayon	ré
quelqu'un	quârqu'un	réalité	rèalitât
qu'est-ce qui	què	recevoir	recêvre
qu'est-ce que	què	récolte	rècorta
question	quèstion	récolter	rècortar
queue	cova	recommencer	recomenciér
qui	que; qui ?	reconnaître	recognètre
qui est-ce qui	qui	reculer	recular
ce qui	cen que	refaire	refére, tornar
quinze	quinze	réfléchir	(sè) musar
quitter	quitar	refuser	refusar
quoi	què	regarder	(a)gouétar;
quoique	ben que	concerner regardar	
		règle	règlla
R		regretter	regrètar
		religieux *n.m.*	mouéno
raccourcir	(r)acorciér	religion	religion
raconter	racontar	remarquer	remarcar
rage	rage	remercier	remarciér
raisin	resim	remettre	remètre
raison	rèson	remonter	remontar
raisonnable	rèsonâblo, -a	remplacer	remplaciér
ramasser	ramassar	remplir	remplir
ramener	ramenar	remuer	trèmouar,
ramoner	ramonar	(re)bugiér, remuar	
ramper	rampar	renard	renârd
rang	rang	rencontrer	(r)encontrar
ranger	ètoyér	rendez-vous	rancârd
rapide	rapido, -a	rendre	rendre,
rappeler	rapelar		rebalyér

renseignement	rensègnement	revoir	revêre
renseigner	rensègnér	au revoir	a (vos) revêre
rentrer	rentrar	rez-de-chaussée	plan-piad
réparation	règaracion	rhumatime	rumatisse
répartir	règartir	riche	recho, -e
repas	repâs, souye *f.*	ne...rien	ren, ne gint
repasser	repassar	rien du tout	ren du tot
répéter	règètar, tornar	rincer	rinciér
répondre	règondre	rire	rire
réponse	règonsa	risquer	riscar
repos	repôs	rivière	reviére
se reposer	sè reposar	riz	riz
reprendre	reprendre	robe	roba
représenter	règrèsentar	robinet	robinèt
république	règublica	rocher	rochiér
respecter	règpèctar	rôle	rolo
respirer	règpirar	roman	roman
ressembler	ressemblar	rond	riond, -a
restaurant	règtorant	ronfler	ronfllar
reste	rèsta / rèsto	rose	rousa
rester	sobrar, rèstar	rosée	rosâ *f.*
résultat	règultat	rôtir	rutir
retard	retard	roue	roua
retirer	retreyér / reteriér	rouge	rojo, roge *f.*
retourner	(re)tornar, reveriér	rouiller	(en)roulyér
		rouler	roular
retraite	pension	route	rota
retrouver	retrovar	rue	rua
réunir	assemblar, amassar		**S**
réussir	reussir		
rêve	sonjo	sa	sa
réveiller	rèvelyér, dèssongiér	sable	sabla *f.*
		sac	sac, sache *f.*, tâca
revenir	revenir	sain	san, -a
rêver	songiér	saison	sèson

373

salaire	gagnâjo	sembler	semblar
sale	sâlo, cofo	semer	senar
salir	conchiér, sâlir	sentier	sentér, vion
salle	sala	sentir (*nez*)	(as)sonar, fllèriér, sentir
saluer	saluar		
samedi	dessando	sentir (*ressentir*)	
sang	sang		sentir / sentre
sans	sen(s)	sept	sèpt(e)
sapin	pèce, vârgno, sapél /sapin	septembre	septembro
		sérac	sèrâ *m.*
santé	santât, valyor	sérieux	sèrios, -a
en bonne santé	guè, san	serpent	sarpent *surt. f.*
sauter	sotar	serrer	ètrendre, sarrar
sauvage	sarvâjo, -âge	service	sèrvicio
sauver	sôvar	serviette	sèrvièta, piès
se sauver	s'ensôvar	servir	sèrvir
savoir	savêr	ses	ses, sos
savon	savon	seul	solèt, -a
scie	résse *f.*	seulement	solament
science	science, savêr	si *conjonction*	se, s'
sculpter	scultar, chapusiér	si *adverbe*	asse; si *local*
		siècle	siècllo
se, s'	sè, s'	sien	si(n)o
seau	sèlye *f.*, guècho	sienne	sâva / sina
sec	sèc, sèche	siffler	sublar
sécher	sèchier	signature	signatura
second	second / segond	signe	signo
secouer	sabolar, sacôrre, (se)grolar	signer	signér
		simple	semplo, -a
secours	secôrs	simplement	semplament
secret	secrèt	situation	situacion
seize	sèze	six	sêx
sel	sâl *f.*	social	sociyal, -a
selon	d'aprés	société	sociyètât
semaine	semana	soeur	suèra / seror
semblable	semblâblo	soi	sè

soif	sêf	sucre	sucro
soigner	souègnér	sud	mi-jorn / midi
soin	soueng	suer	suar
soir	sêr, véprâ f.	suffire	sufir(e)
soixante	sèssanta	Suisse f.	Suisse
sol	solan	suite	suite
soldat	sodârd / sordât	suivant	siuvent
soleil	solely	suivre	siuvre
solide	viôt, -a	sujet	sujèt
solution	solucion	supérieur	supèrior
sombre	sombro, -a	supposer	suposar
somme f.	soma	sur *prépos.*	sur
sommeil	sono	sûr	sûr, -a
sommet	sonjon, bèca	sûrement	sûrament
son	son	surtout	surtot
son *sonore*	son	surveiller	(sur)velyér
sonner	sonar	sympathique	brâvo
sorte	sôrta	syndicat	sendicat
sortie	sortia		
sortir	sortir, salyir		T
sortir, extraire	trère		
sou	liard, sou	ta	ta
souci	souci	tabac	tabac
souffrir	sofrir	table	t(r)âbla
souhaiter	souètar	tableau	tablô
soulier	bota, solâr	tailler	talyér, pouar
soupe	sopa	tailleur	talyor
source	fontana, sourça	se taire	sè quèsiér
sourd	sord, -a	tandis que	tandis que
sourire	sorire	tant	tant
sous	sot, desot	tante	tanta
se souvenir	sè sovenir	taper	tapar
souvent	sovent	tapis	tapis
spécialité	spèciyalitât	tard	târd
stable	stâblo, -a	tarir	agotar
sucer	suciér		

tas	mata, tèche *f.*, cuchon, mouèl, montél	tomber	chêre (chèdre/chègre/chesir), tombar
tasse	tassa	ton	ton
taxe	tâxa	tonnerre	tonèrro
te, t'	tè, t'	tort	tôrt
tel	tâl, -a	tôt	tout, d'hora
télégraphier	tèlègrafiar	toucher	tochiér
téléphone	tèlèfone	toujours	tojorn
téléphoner	tèlèfonar	tour *m.*	torn
tellement	tâlament	tour *f.*	tour *f.*
température	tempèratura	touriste	touriste
tempête	tempéta	tourner	veriér, tornar
temps	temps	tousser	tussir
tendre *v.*	tendre	tout, toute	tot, tota
tendre *adj.*	tendro, -a	tout à coup	tot d'un coup
tenir	tenir	tout à fait	tot a fêt
tente	tenta	tout à l'heure	tot (al)ora
tenue	tenua	tout de même	quand ben
terminer	tèrmenar	tout de suite	tot (al)ora, asse-tout
terrain	tèrren		
terre	tèrra	tout le monde	tot le mondo
terrible	tèrriblo, -a	tous, toutes	tôs, totes
tes	tes, tos	tracteur	tractor
tête	téta	tradition	tradicion
texte	tèxte	train	tren
thé	tê	tranquille	tranquilo
théâtre	téâtro	transport	transport
tien	ti(n)o	travail	travâly
tienne	tâva, tina	travailler	travalyér
tiers	tièrs	travailleur	travalyor
timbrer	timbrar	à travers	a travêrs
tirer	teriér / treyér	traverser	travèrsar
tissu	pièss	treize	trèze
toi	tè	trente	trenta
toile	têla	très	fin, ben, prod, rudo
toit	têt, cuvèrt		

tribunal	tribunal
tricot	tricot
tricoter	tricotar, rentar
trier	cièrdre
triste	tristo, -a
trognon	trognon
trois	três
troisième	trêsiémo
tromper	trompar
tronc	tronc(he *f.*)
tronçonner	tronçonar
trop	trop
trot	trot
trou	pèrtés, bôrna
troupeau	tropél, nurrim
trouver	trovar
tu	te, t'; -tu
tuer	tuar
tunnel	tunèl
tuyau	tuyô, bornél

U

un, une	un, -a
l'un, l'une	yon, -a
l'un l'autre	l'un l'otro
unique	uneco
université	univèrsitât
usage	usâjo
usé	uso, -a
user	usar
usine	fabreca
utile	utilo, -a
utiliser	usar, utilisar
utilité	utilitât

V

vacances *f.pl.*	vacances
vacciner	vaccinar
vache	vache
vaincre	vencre
vaisselle	éses *f.pl.* / ésements *m.pl.*
valeur	valyor
valise	valisa
vallée	comba
valoir	valêr
van	van
vapeur	vapor
veau	vél, -a; vèlyon, mojon
vélo	biciclèta
vendange	ven(d)enge
vendeur	vendior
vendre	vendre
vendredi	devendro
venir	venir
vent	ôra, vent
ventre	ventro
ver	vèrm
verbe	vèrbo
verge	vèrge
verger	vèrgiér
vérification	vèrificacion
véritable	veretâblo
vérité	veretât
verre	vêrro
vers *prépos.*	vers
verser	vouègiér, vèrsar
vert	vèrd, -a
veste	vèsta

vêtement	veture, habit, hâlyon	votre	voutron, -tra
veuf	vèvo, -a	vôtre	voutro, -tra
viande	chêrn, vianda	vouloir	volêr
vide	vouido, vouèsif, -iva	vous	vos
vider	vouidar	voyage	voyâjo
vie	via	voyager	voyagiér
vieux	viély(o) / viélye	voyageur	voyagior
vigne	vegne	vrai	veré
village	velâjo	vraiment	franc, drêt
ville	vela	vue	viua
vin	vin		
vingt	vengt	**W**	
violon	violon, giga	wagon	vagon
virgule	virgula		
vis	visse *f.*	**Y**	
visage	vesâjo		
visite	visita	y *adverbe*	y
visiter	visitar	y avoir	y avêr
vite	vito		
vitre	vitra / vitro	**Z**	
vivre	vivre		
voici	vê-cé	zèle	zèlo
voie	chemin, charrére	zéro	zérô
voilà	vê-(in)que	zone	zôna
voir	vêre		
voisin	vesin, -ena		
voiture	vouètura		
voix	vouèx		
voler *oiseau*	volar		
voler *dérober*	robar		
voleur	lârro		
volontiers	volontiér		
vos	voutros, -tres		
vote	votacion		
voter	votar		

FRANCOPROVENÇAL-FRANÇAIS

A

a	à
a cousa (que)	à cause
a les / ux	aux *f.*
abadar	laisser, lâcher, lever
abevrar	abreuver
abot	moyeu
âbro	arbre
acapar	attraper
acolyir/acudre	pousser, chasser devant soi (bêtes)
acompagnér	accompagner
acoventar	engager *emploi*
acrochiér	accrocher, attraper
acropenar	accroupir
acutar	écouter
adés	encore, toujours
adiô	bonjour, adieu
adonc	alors
adrèce *f.*	adresse
adrèciér	adresser
adrêt, -a	adroit
aduire	apporter, amener
afanar	peiner à, gagner durement
afâre/afére *é.*	affaire
afromar	engager *emploi*
agace *f.*	pie
agetar/achetar	acheter
aglle *f.*	aigle
agllenchiér	églantier
agllètar	coller
agôtar	goûter
agotar	tarir, ne plus donner de lait
agouétar	regarder
agreblo	houx
agripar	accrocher, agripper
aguichiér	se jucher
âjo	âge
âla	aile
alar	aller
alègro, -a	gai
alogne *f.*	noisette
alôr	alors
alunar	éclairer
alyor	ailleurs
amar	aimer
amar mielx	préférer
amborél	nombril
ambrocèla	myrtille, airelle
amia	amie
amolyér	mouiller (traite, mise bas)
amor *m.*	amour
amortir	éteindre
ampoua	framboise
anâ *f.*	année
ancian, -a	ancien
anden	andain
anél	anneau

anonciér	annoncer	assadar	goûter, savourer
aparèly	appareil	asse	aussi, tant,
aparelyér	mettre en paire		si *adverbe*
aparètre	apparaître	asse-ben	aussi, également
apelar	appeler	asse-tout	tout de suite
apèrcêvre	apercevoir	assél/èssél	essieu
aplèyér	atteler	assemblar	réunir
aplomb (d'-)	horizontal	assonar	sentir, flairer
apondre	ajouter	asticar	nettoyer
apotiquèro	pharmacien	atot (d'-)	avec
aprèciyér	apprécier	atreyér/ateriér	attirer
aprés	après, en train de	avâl	aval, en bas
aprés (d'-)	d'après, selon	avanc	osier
aprés-deman	après-demain	avanciér	avancer
aprèstar	préparer, apprêter	avantâjo	avantage
arabe	avare	avelye	abeille
aragne *f.*	araignée	avêna *f.*	avoine
arar	labourer	avenèro	étranger
araro	charrue	avenir	futur, avenir
ârche *f.*	coffre	avêr	avoir
ârma	arme; âme	avêr fôta	avoir besoin
armâ *f.*	armée	avêr l'êr	avoir l'air
armalye *f.*	bétail	avogllo	aveugle
armôna	aumône	avolye *f.*	aiguille
armouère *f.*	armoire	avolyon	aiguillon
arola	pin	avoncllo	oncle
arrapar	attraper	avouar	avouer
arrengiér	arranger	avouéc	avec
arrér(e)	arrière	avouir	écouter, ouïr
arrevâ *f.*	arrivée		
arrevar	arriver		**B**
arriar *local*	traire		
ârta, artison	mite, ver	bacon	lard, bacon
artely	orteil	baga	bague;
arvèt/borgne	orvet		*valdôtain* chose
ass(i)ètar (s'-)	s'asseoir	bagâjo	bagage

bâgnér	baigner	ben que	bien que, quoique, puisque
bagnolèt / bagnon	baquet, baignoire	ben sûr	certainement
bal	bel	bèna	banne, ruche
bala	belle	benda	bande
bâla	balle	benir/benêtre	bénir
bala-mâre	belle-mère	benon	panier, banneton
balanciér	balancer	bentout	bientôt
balyér	donner; nourrir les animaux	bêre	boire
		bèrècllo	lunettes *f.pl.*
bâlyér	bâiller	bèrgiér, -e	berger
banca	banque	berouèta	brouette
bancarota	faillite, banqueroute	bert, -a	laid, affreux
		bésiér	embrasser
banchèt	banc	besoueng	besoin
baptiér	baptiser	bèssiér	baisser
baragne *f.*	barrière	bêsson	boisson
bari(c)olar	barioler	besson	jumeau
barjaca *f.*	bavard(e)	betar / metre	mettre
barma	grotte	bétye *f.*	bête, animal
bâs, bâssa	bas, basse	bèvenda	boisson
bâsco	enfant illégitime	biciclèta	vélo
batalye	bataille	biès	côté, biais
batiô	bateau	bilyèt(a)	billet
batre	battre, frapper	bilyon	bille (de bois)
bavardâjo	conversation	biô	beau
bayard	civière	biô-pâre	beau-père
bazar	magasin	biôl(a)	bouleau
bè-a-ba	début	biotât	beauté
bèc	bec, bout, bouche	bise *f.*, nord	nord
bèca	sommet, pointe	bizâro	bizarre
beche	biche	blât	blé
begorn	pioche	blavo, -a	blême, pâlot
bejon	résine	blèche *é.*	pansement
ben	bien; très	blèt, -a	blet, mou, mouillé
		bleyér	carder, teiller

381

blôda	blouse	bot	crapaud
blossètes *f.pl.*	pincettes, ciseaux	bota	soulier, botte
		botéca	boutique, magasin
blu, blua	bleu	botelye	bouteille
bo(uè)sson	buisson	boton	bouton
bobelye *f.*	bobine	bouchiér	boucher *v.*
bôc / boquin	bouc	bouchiér, -e	boucher, -ère
boche	bouche	boudre	bouillir
boclla	boucle	bouèbo *local*	garçon
bocon	morceau	bouèl	boyau
bocon (un -)	un peu	bouél	étable, écurie
bof	boeuf	boués	buis
bofar	manger, bouffer	bouèta	boîte
boloce *f.*	prunelle	bouètar	boiter
bolongerie	boulangerie	bougrament	beaucoup, très
bolongiér(e)	boulanger	bousc	bois
bolye *f.*	petit réservoir	bôya, boyon	jeune bovin
bolyir	bouillir	braciê *f.*	brassée
bon vépro	bonsoir	braconiér	braconnier
bon, bôna	bon	brâlyér	brailler
bôna nét	bonsoir, bonne nuit	bramar	bramer, beugler
		branta	brante, hotte
bôna-man *f.*	pourboire	brâsa	braise
bonhor	bonheur	bravament	beaucoup
bonjorn	bonjour	brâvo, -a	joli, brave, gentil
boquèt	bouquet	brayes *f.pl.*	pantalon
borba	boue, bourbe	brèche *f.*	brisure
borgiês, -a	bourgeois	breciér	bercer
borgo	rouet	breda	bride
borlar	brûler; beugler	bren	bran, son
bôrna	trou, creux, cheminée	brés	berceau
		brès / bras	bras
bornél	tuyau en bois	breyér	broyer
borra	bourre	brica	brique
borsa	bourse	brilyér	briller
bosa	bouse	brolyârd	brouillard

brolyér	brouiller
bron, -a	brun
bronchiér	bouger, broncher
brot	bourgeon, brindille
bruére *f.*	bruyère
brut	bruit
bugiér	bouger, remuer
bugne *f.*, -èt	beignet
bur(i)ô	bureau
burro	beurre
buya	lessive

C

cabôrna	réduit, baraque
cache-mélye *f.*	tirelire
cachiér	cacher
cadô	cadeau
cafa	poche
câfè	café
cafolar/recafar	rire aux éclats
cagne *f.*	défaut
camerâdo	camarade
camp	camp
campana	clochette
campo, -a	debout
çantre	centre
câr	car *conj*
carrâ	carré
cârro	coin, recoin
carron / carrô	carreau
câsar	placer, caser
cavala	jument
caya	truie, laie
cayon	cochon
ce, -ce	ici, -ci
cegnola	manivelle
cél /quél	ce(t)
cél, celi/queli	celui
cela/quela	celle, cette
cen que	ce qui
cen(-lé)	cela, ça
centêna	centaine
centura	ceinture
ceriése	cerise
cèrtin, -têna	certain
cèrvala	cervelle
ceta	celle, cette
ceti	ce(t), celui
cevére	civière
(a) châ pou	peu à peu
(a) châ yon	chacun un
châblo	dévaloir pour descendre le bois
chace	chasse
chaciér	chasser
chacior	chasseur
châcun, -a	chacun
chalâ *f.*	trace, foulée, traînée (neige, herbe)
Chalende *f.*	Noël
chalin	éclair de chaleur
chalor *f.*	chaleur
chamba	jambe
chambon	jambon
chambro/-brô	écrevisse
chambron	chambrette
chamôs	chamois
champar	jeter
chana	broc en étain
chançon *f.*	chanson

changiér	changer	chèrchiér	chercher
châno	chêne	chére	chaire
chaouye !	attention !	chêre/chesir	tomber, choir
chaouyér	faire attention	chêrn	viande, chair
chap(l)otar	découper en petits morceaux	chevél	cheveu
		chevèta	chouette
chapél	chapeau	chiér	chier
chaplar	(dé)couper, hacher	chiêr, -a	cher
		chiévra	chèvre
chapouès	charpentier	chiéz	chez
chapusiér	sculpter, tailler	chifro	chiffre
chardignolèt	chardonneret	chin	chien
charfâjo	chauffage	chôces *f.pl.*	culotte
charfar	chauffer	chôceta	chaussette
charfolyèt	cerfeuil	chôd, -a	chaud
charpena *f.*	charme (arbre)	chôd-temps	été *m.*
charrére *f*	voie, chemin	chôdar	chauffer
charreyér	charrier, transporter en char	ch.ôfor	chauffeur
		chôlx *f.*	chaux
châtél	château	ch.ouèx	choix
châtrar	châtrer, castrer	choumar	chômer, être oisif
chatrèyér	déchirer		
chavon	bout, tête, pièce de bétail	chousa	chose
		ciba	but, cible
chavonar	finir, achever	cicllar	pousser des cris aigus
chèdre/chègre	tomber, choir		
chemenâ *f.*	cheminée	cièr / cièl	ciel
chemenar	marcher	cièrdre	choisir, trier
chemin	voie, chemin	cindres *f.pl.*	cendres
chêna	chaîne	cllâf	clé
chena	chienne	cllâr, -a / -e...	clair
chenâl	gouttière, chéneau	cllédar *é.*	portillon à claire-voie
chenelye	chenille		
chenevo	chanvre	cllenchiér	pencher
chentre *f.*	chaintre, bordure de champ	cllére *f.*	blanc d'oeuf
		clléya	claie

cllinar	pencher	congiê	congé
cllôre	fermer	consèly	conseil
cllossiér	glousser	conselyér	conseiller
ço(-ce)	ceci	contorn	contour, environs
coche *f.*	coin		
cochon *m.*	nuque	copar	couper
codo	coude	coquelye	coquille
codre	coudre	cor	coeur
cofo, -a	sale	corâjo	courage
cognessance	connaissance	corbél	corbeau
cognètre	connaître	corent	courant
cognu, -gnua	connu	corir / corre	courir
colar	couler	corp	corps, groupe
côlar	coller	corre / corir	courir
colior *m.*	couloir à lait	cors	cours
cologne/conolye	quenouille	corsa	course
color *f.*	couleur	cort *f.*	cour
colyér *f.*	cuiller	côrt, -a	court, bref
colyir / cudre	cueillir	cortil, jarden	jardin
comâcllo	crémaillère	cosin, -ena	cousin
comba	vallée, vallon	cotar	coûter
comben	combien	cotema	coutume
come(nt)	comme(nt)	cotin	jupe
comencement	début, commencement	cotra	matelas, couette
		coturiê *f.*	aiguillée
comenciér	commencer	couèfa	coiffe de femme
coment	comme(nt)	couen	coin
comèrçant, -a	commerçant	couèna	couenne
comèrço	commerce	couère	cuire
comôdo, -a	commode	coup	fois, coup
comon, -mena	commun	coups (des -)	parfois
complicâ	compliqué	cousa	cause
compt(i)o	compte	couta	côte
conchiér	salir, souiller	coutâ *m.*	côté
concors	concours	cova	queue
conflla / gonflla	vessie	covar	couver

crâma	crème	d'aprés	d'après, selon
crapar	mourir, crever	d'ense	ainsi
creblo	crible, tamis	d'hivêrn	cet, en hiver
cremâcllo	crémaillère	d'hora	tôt, de bonne heure
crêre	croire	daly *m.*	faux *f.*
crésiê *f.*	croisée	dâlye *f.*	pin
crêtre	grandir, croître	damâjo	dommage
crèvar	mourir, crever	dance	danse
criar	crier	danciér	danser
cropa	croupe	darbon / tarpa	taupe, mulot
cros, -a	creux	de	de *prép.*;
crosar	creuser		du, de la *art. partitif*
crosuél	lampe à huile	de les/los	des
crôta	croûte	dèbrolyér	débrouiller
crouèx	croix	dècevâblo	pénible
crouyo, -e	mauvais, méchant	dèchôx	pieds nus
cru, crua	cru, non cuit	dècotir	démêler
cuche *f.*	lit, couche	dècrètre	décroître
cuchient	ouest	dedens	dedans, intérieur
cuchiér	coucher	defor(a)	dehors, extérieur
cuchon	tas, couche	dèfôt	défaut
cuér	cuir	dègolar	vomir
curios, -a	curieux	dègordi, -a	dégourdi, leste, avisé
curtivar	cultiver		
curtivator	cultivateur	dègôt	dégoût
cusena	cuisine	dègôtar	dégoûter
cutél	couteau	dègotar	goutter, couler goutte à goutte
cuvèrt	couvert, toit		
cuvèrta	couverture	dêgt	doigt
cuvrir	couvrir	dejâ	déjà
		dèjalar	dégeler
D		dejô	jeudi
		dèjon(on)	déjeuner *matin*
d'abôrd	aussitôt	dèjonar	déjeuner *v.*
d'alyor	d'ailleurs	delon	lundi
d'aplomb	horizontal	deman	demain

demârs	mardi	devesar	causer, parler
demécro	mercredi	dèvetir	déshabiller
dèmegiér	démanger	dèveyér	dévier, dévoyer
demenge / demenche *f.*		dèvouègiér	vider, verser
	dimanche	diâbla	diablesse
demorar (sè -)	s'amuser	diél	dé à coudre
denar	déjeuner (midi)	diéx	dix
dèniciér	dénicher,	diézêna	dizaine
	enlever du nid	dinar	déjeuner *v.*
dens	dans	dinar *m.*	déjeuner *midi*
dens le temps	autrefois	Diô	Dieu
dèpachiér	se dépêcher	doblo, -a	double
dèpèrdre	oublier	dobtar	douter
dèplèyér	dételer, déplier	dolor	douleur
dèpondre	délier, disjoindre	dona	dame
depués(t)	depuis	donc ?	n'est-ce pas ?
dére	dire	dongeros, -a	dangereux
dèrengiér	déranger	dongiér	danger
dèrochiér	tomber d'un	dôtar / ôtar	ôter
	rocher	douèna	douane
dèrrér, -e	dernier ;	douly	deuil
	derrière	dousiémo, -a	deuxième
dês	depuis, dès	doux *m.*	deux
des	des	doux-três	quelques
dês inque	ensuite	doves *f.*	deux
dês que	dès que	dox, doce	doux
desot	dessous	doze	douze
dessando	samedi	drapô	drapeau
dèssongiér	réveiller	drêt, -a	droit, debout
dèta / dèto	dette	droblo, -a	double
dètaly	détail	drôla	jeune fille
devant	avant	drôlo	jeune homme
devant-hiêr	avant-hier	dromir	dormir
devantiér	tablier	dru, -ua	épais, dru
devendro	vendredi	druge *f.*	engrais,
devêr / dêvre	devoir		fumier, purin

durâ *f.*	durée	égrar	soulever, faire un grand effort
	E	ègrâs *m. pl.*	escalier
		égro, -a	aigre
èbrécar	casser	ègueriér	déchirer
èccelent, -a	excellent	èguiér	lavabo, évier
èchelér	escalier	ègzemplo	exemple
èchena	dos, échine	ègzistar	exister
èchièla	échelle	el	elle
èchôdar	(é)chauffer	èliére	élire
èclla(m)par	fendre, briser	els	elles
ècllapa	éclisse, éclat de bois	èlude surt. *f.*	éclair
		émage	image
ècllarar	éclairer	embossior	entonnoir
ècôrre	battre le blé	embotâ *f.*	les deux mains pleines
ècôssior	fléau à battre		
ècoula	école	embrolyér	embrouiller
ècouliér, -e	élève, écolier	emmandar	(r)envoyer
ècova	balai	emmodar	partir
ècovar	balayer	èmo	intelligence, jugement, bon sens
ècrabolyér	écraser		
ècu	pièce de 5 F	èmotar	couper la pointe, émousser
èdiér	aider		
èfaciér	effacer	empachiér	empêcher
èfèt	effet	empêsa *f.*	empois, amidon
èforces *f. pl.*	ciseaux	emplê	emploi
èfort	effort	empleyê	employé
èga	jument	empleyér	employer
égllése	église	emportant	important
egnon	oignon	empossiblo	impossible
égoua	eau	empout	impôt
égouâjo	inondation, crue, hautes eaux	emprendre	allumer
		empression	impression
égouardent	eau-de-vie	emprimar	imprimer
ègrâ *m.*	marche, degré	empugnér (s')	se battre
		en	en, dans

en desot	au-dessous	**enstalacion**	installation
en dessus	au-dessus	**enstalar**	installer
en-champ	aux champs	**enstitutor**	instituteur
encèla/assèlye	aisseau, petit bardeau	**enstitutrice**	institutrice
		entanar	entamer
enchaplar	battre la faux	**entar**	greffer
enchargiér	charger	**entèligent**	intelligent
encherir	(r)enchérir	**entencion**	intention
enchiéz	chez	**entèrèssent**	intéressant
enclleno	enclume	**entèrèssiér**	intéresser
encontrar	rencontrer	**entèrêt**	intérêt
encontro	contraire	**entôrdre**	entourer, entortiller
encurâ	curé, prêtre		
endrêt	endroit	**entra**	jante
endromir (s')	s'endormir	**entrâ** *f.*	entrée
enduire	(a)mener	**entre-mié**	au milieu de
endustrie	industrie	**entre-temps**	pendant que
ènemi, -ia	ennemi	**entreprês, -a**	entrepris(e), embarrassé
enfirmiér, -e	infirmier		
engagiér	engager	**enveron**	environ
eng.ènior	ingénieur	**envèrs**	envers, ubac
engouar	égaliser, étendre, aplanir	**envéye**	envie
		envitar	inviter
engrenar	alimenter la batteuse	**envo**	égal
		envortolyér	entortiller, entourer, envelopper
engrès	engrais		
Enguenôt	protestant, huguenot	**èpâla**	épaule
		èpelir	éclore
ennoyér	ennuyer	**èpena**	épine
enqu'houê	aujourd'hui	**èpenaches** *f.pl.*	épinards
enragiér	enrager	**èpès, -èssa**	épais
enrèyér	commencer, entreprendre	**èpia** *é.*	épi
		èponda	bord, châlit
ense	ainsi	**èprovar**	essayer
ensègnér	enseigner	**èpugiér**	épucer
ensôvar (s'-)	se sauver	**êr** *m.*	air

èrrant	errant, vagabond, chemineau
èrror	erreur
èscusar (s'-)	s'excuser
ésements *m.pl.*	vaisselle
éserâblo	érable
éses *f.pl.*	vaisselle
ésiê	facile, aisé
êso	aise
èsplicacion	explication
èsplicar	expliquer
èssem	essaim
èsseyér	essayer
èssuét, -a	sec, essuyé
èssuire / èssuyér	essuyer, sécher
èstrèmo, -a	extrême
ètachier	attacher
étâjo	étage
ètampa	étai, contrefort
étar *local*	être debout
ètêla	étoile
ètêrdre / ètèrnir	répandre de la litière
ètèrgnér	éternuer
ètêrpa	pioche
ètèrpar	arracher
ètêrsa / èternia	litière
ètiendre	éteindre
ètonar	étonner
ètopa	étoupe
ètopar	boucher *v.*
ètordi, -a	étourdi
ètornél	étourneau
ètoyér	ranger
ètrâbla / -o	étable, écurie
ètrangiér	étranger
étre	être
ètrelye	étrille
ètrèna	étrenne, cadeau
ètrendre	serrer, étreindre
ètrêt, -e	étroit
étro	aire à battre, grange, partie abritée
ètrobles *f.pl.*	éteule, chaume
èvanir (s'-)	s'évanouir

F

fabreca	usine
factor	facteur
fâda	linge
falêr	falloir
falyir	faillir, manquer à
fam *f.*	faim
familye	famille
famos, -a	fameux
fâre	faire
farena	farine
farôd, -a	fier, fière
fata	poche
fâva	fève
fâvro	forgeron
faye	fée
fayol	haricot
fê *f.*	foi
fêblo, -a	faible
fèjo	foie
fèl	fiel, bile
felar	filer
felèt	filet
femala	femme, femelle

femar	fumer *fumier*	fllèriér	sentir (*nez*), flairer
femér	fumier	flleyél	fléau
fen	foin	flloquèt	bouquet (fruits), touffe
fèna	femme, épouse		
fenar	faner	fllor *f.*	fleur; crème
fenir / fornir	finir	flloriér	linge qui contient les herbes (lessive)
fèr	fer		
fèra	foire	fllôta	flûte
fére	faire	fo / foyard *m.*	hêtre
fére vêre	montrer	folx	faux *f.*
ferir	frapper	folye	feuille
fèrma	ferme *f.*	folyu	feuillu, touffu
fés/vés	fois	fontana	fontaine, source
fèssala	faisselle, forme, moule	for(a)	dehors, extérieur
		forche	fourche
fêt, fête	fait, faite	forchèta	fourchette
féta	fête	forciér	forcer
févra	fièvre	fordâr	tablier
fèvriér	février	forél, renovél	printemps
feya	brebis	forfilar	faufiler
fiar (sè -)	avoir confiance	forgiér	forger
fichon	foulard	forn	four
fièr, -e	fier, fière	fornél	fourneau
fil d'archâl	fil de fer	fornir / fenir	finir
fily	fils	fôrt	fort *adv.*
filye	fille	fôrt, -a	fort
filyèta	fillette	fôs, fôssa	faux, fausse
fin	fin *f.*	fossior	pioche, houe
fin *adverbe*	très	fossorar	piocher, bêcher
fin, -a	fin, fine	fôta	besoin, faute
fioge *f.*	fougère	fôtar	manquer à
flancar	jeter, flanquer	fotô (-ografie)	photo(graphie)
fllaco, -a	mou	fotoly	fauteuil
fllam(b)ar	brûler	fotre	jeter, foutre
fllanc	côté, flanc	fotre (s'en -)	se moquer
fllapo, -a	flétri, fané		

fou, foula	fou, folle	gamin	enfant
fouère *f.*	diarrhée	gandouèsa	sornette
foussa	fossé	gâra	gare
foyard / fo	hêtre	garâjo	garage
franc	franc *m.*	garçon	fils, garçon, célibataire
franc	vraiment		
francès, -a	français	garrôda	guêtre
frâno	frêne	gatelyér/catelyér	chatouiller
frâre	frère	gatô	gâteau
frecassiér	fricasser, frire	gazèta	journal
frêd, -a/-e	froid	gé	geai
fremar	fermer	gèl / pôl	coq
frès, frèche	frais, fraîche	gelena/genelye	poule
fréta	faîte	géna	gêne
fréyér	frotter, frayer	genêvro	genièvre
fringar	habiller	gengiva	gencive
fromâjo	fromage	genoly	genou
fromia	fourmi	gens *f.pl.*	gens *m.pl.*
frontêre	frontière	gent	joli, beau
froulyér	tricher (jeu)	gèrbiér	gerbier
fruit	fruit; fromage	gerla	cuvier
fruita	fruit (récolte, ensemble)	gèrnar	germer
		gévro	givre
fuè	feu, incendie	giga, violon	violon
fumar	fumer *feu*	gingar	gigoter, sautiller
fumére	fumée		
		gint (ne...)	ne...rien

G

		gllaciér	glacier
		gllas *f.*	glace
gabelou	employé des contributions, d'octroi	gllenar	glaner
		gllère *f.*	grève, rive en gravier
gabinèt	cabinet	gllètar	attacher, lier
gagnâjo	salaire, profit	gnâgnou/gnâque	niais, mou, lourdaud
gâgnér	gagner		
gajo	gage, caution		
galetâ *m.*	grenier, galetas	gnon	coup

gobilye *f.*	bille (jeu)	grenér	grenier
gôcho, -a	gauche	gresala	groseille
goge *f.*	gouge, serpette	grésse	graisse
gogiér	mouiller, tremper	grèya	craie, gypse
gôgnes *f.pl.*	grimaces, manières	grèyon / crèyon	crayon
		grinjo, -ge	grincheux
gôla	gueule, bouche	grôba	souche, cep, bûche
golye *f.*	flaque, petite flaque	grola	gros, vieux soulier
gôrg *m.*	gouffre, grande mare profonde	grolar	secouer, trembler, bouger
		grolar/segrolar	secouer
gôt	goût	grôs	gros, grand
gota	goutte	grôssa	grosse, grande, enceinte
gôtar	goûter		
gotèyér	couler, goutter	guè	gai, en bonne santé
gouârda *f.*	garde, gardien		
gouardar	garder	guècho	seau
gouarir	guérir	guegnér	guigner, épier, faire signe
gouéro	guère, à peine; combien	guenelyes *f.pl.*	frusques, guenilles
gouétar	regarder, guetter		
gramont	chiendent	guêrra	guerre
gran	grain	guida *f.*	guide *m.*
grana	graine	guilye *f.*	quille, motte
grant, -a	grand		
grant-mâre	grand-mère	**H**	
grant-temps	longtemps		
grata-cul	fruit de l'églantier	habelyér	habiller
		habit	vêtement, habit
gregnon	morceau	hachon	hachette
grêla	grêle *f.*	hage *f.*	haie
grelye	grille	hâlyon	vêtement, haillon
grelyér	griller	harpion	ergot, griffe
gremél	grumeau, noyau, cerneau	hèlâs	hélas
		hèpetâl	hôpital

hèrche	herse	jalar	geler
héreçon	hérisson	jalos, -a	jaloux
héretâjo	héritage	jamés	jamais
hèrondèla	hirondelle	j.anre *m.*	genre
heros, -a	heureux	japar	japper, aboyer
herosament	heureusement	jargonar	jargonner, babiller
hiêr	hier		
histouèro	histoire, conte	je / ye	je, j'
hivèrn	hiver	jègne	marc de raisin
homo	mari, homme	jepon	jupe
honéto, -a	honnête	jetar	jeter, essaimer
honor	honneur	jeton	rejet, essaim
hora	heure	-jo/ -yo	-je
horère	horaire	joc	perchoir, juchoir
horror	horreur	jog	joug
hôt, hôta	haut, haute	jon (a -)	à jeun
houê	aujourd'hui	jôno, -a	jaune
huét(e)	huit	jor *f.*, *local*	forêt
huétanta	quatre-vingts	jore	gésir, être couché
humor	humeur	jorn	jour
husenar	hennir	jorn d'houê (u -)	aujourd'hui
hussiér	huissier	jornâ *f.*	journée
		jornal	journal

I

		jouè	jeu
		jouen	juin
il	il	jouèna	jeune (fille)
ila	île	jouènèssa	jeunesse
ils	ils	jouèno	jeune (homme)
iniciativa	initiative	jouta / jouva	joue
inque	ici	jouyo	joie
ique/iqué	ici	juendre	joindre
ira *local*	colère	jugiér	juger
		jujo	juge

J

		jurar	juger; blasphémer
		justo	juste, exact
ja	déjà	juyér	jouer

L

lace é.	lacet, rêne
lacllél / lat	lait
lan	planche
lana	laine
lanciér	jeter, lancer
landiér	landier, chenêt
laquinta	laquelle
lârjo, lârge	large
lârro	voleur
lât	côté, endroit
lat / lacllél	lait
lavanche *f.*	avalanche
lavior *m.*	lavoir
lé	là
lé-d'amont	là-haut
lé-d'avâl	là-bas
lé-dedens	là-dedans
lé-desot	là-dessous
lé-dessus	là-dessus
lé-hôt	là-haut
lèc	lac
léche *f.*	laîche, foin des marécages
lèchiér	lécher
lèd(o), -a	laid
legiér, -e	léger
legne	ligne
lègrema/larma	larme
lemace *f.*	limace, escargot
lena	lune
lenciol	drap
lendeman	lendemain
lenètes	lunettes *f.pl.*
lengoua	langue
lenjo	linge
lentilye	lentille, tache de rousseur
lenzèrd(a)	lézard
lequint	lequel
lérra *f.*	lierre
lèsir	loisir
lèssiér	laisser
lêtiê *f.*	petit lait
lètra	lettre, courrier
levâ *f.*	levée, rangée
levam	levain
levent	est *m.*
lévra *f.*	lièvre
lévro	livre *m.*
leyons	légumes (secs)
liâjo / âjo	âge, fois
liard	sou, liard
liére	lire
liét	lit
lim	lien
lima	lime
lioutre *f.*	myrtille, airelle
lissiu	eau de lessive
liyér	lier
lo, l'	le, l' *art.; pron.*
logiér	loger
long, longe	long, longue
lop, lova	loup, louve
lor *adj.*	leur *possessif*
lor *pron.*	eux, elles, leur
lôrdo, -a	lourd
los / les	les *m. art.; pron.*
lot	part, lot

louè	loi	maneyér	manier
louidor	pièce de 20 F	mange	manche *f.*
lova	louve	manjo	manche *m.*
loyêjo	loyer	mantél	manteau, nappe
loyér	louer *un local*	mantenir	maintenir
luè	lieu	mar	mer
luen	loin	mârca	marque, trace
luxo	luxe	mârche	marche
		marchiê	marché

M

		marchiér	marcher
		marci	merci
macherar	mâchurer, noircir	mâre / mére	mère
		mâre-sâge/fèna-sâge	sage-femme
mâchiér	mâcher		
mâcllo	mâle	marechâl	maréchal (ferrant)
mademou(es)éla	mademoiselle	marenda	goûter *4 heures*
magnin	rétameur, chaudronnier	marguelyér/manguelyér	marguillier, sacristain, bedeau
maguegnon/maquegnon	maquignon	mariâjo	mariage
		marrin	gravois, gravat
mâl	mal	marronar	murmurer, gronder
mâlésiê	malaisé, difficile		
maletru, -a	chétif, malingre	mârs	mars
mâlgrât	malgré	martél	marteau, molaire
malheros, -a	malheureux	mârva/mâvra	la mauve
mâlhor	malheur	mas	mais
malice	intelligence	mas ora	or *conj.*
malin, -a	méchant, malin	mâsco	masque
mâlye	maille	mata	tas
mama	maman	mata-fam *m.*	crêpe
man	main	matenâ *f.*	matinée
mancar	manquer de	mâye / mina	mienne
mandar	appeler	mê	mai
mandeyér	mendier	mè, m'	me, moi, m'
manelye *f.*	anse	méça	rate

mècanique *f.*	frein, mécanique	**mêtrèssa**	maîtresse, institutrice
mèchiant	méchant	**meye** *f.*	meule de foin
mècllar	mêler, mélanger	**mi(é); demi**	demi
mêd *f.*	maie, pétrin	**mi-jorn / midi**	midi, sud
medecena	médicament, médecine	**mi-nét** *f.*	minuit
		mielx	mieux
medecin	docteur, médecin	**miéta (una -)**	un peu
megiér	manger	**mile**	mille
megnot	garçon	**milyér**	millier
mégro	maigre	**milyon**	million
mêjo	médecin, guérisseur	**mino, -a**	mien
mêl	miel	**minon**	chaton
mélyon	petite pierre	**mio**	mien
mèlyor	meilleur	**miola**	moelle
mémo	même	**miônar/miôlar**	miauler, pleurnicher
mèmouère	mémoire		
ménâjo	ménage	**mirar**	viser
menètrél	ménestrel, ménétrier	**misiér**	miser
		môblo	meuble
mengiér	manger	**môche**	mouche
'ment	comment	**mochèta**	allumette
menusiér	menuisier	**mochiér**	couper; moucher
menuta	minute		
mèplye	nèfle	**mochior**	mouchoir
mèrie	mairie	**modar**	partir
mês	mois	**modèrno, -a**	moderne
més	plus, davantage	**modre/remodre**	moudre
mesera	mesure	**moge** *f.*	génisse
meserar	mesurer	**mojon**	veau
mèson	maison, cuisine	**mola**	meule (moulin)
mèsson	moisson	**molar**	aiguiser
méten	milieu	**molârd**	butte, colline, tertre
mêtiât	moitié	**molin**	moulin
mêtre	maître	**molyér**	mouiller
mètre	mètre		

mondar	(é)monder, nettoyer
monéya	monnaie
monsior	monsieur
montél	tas
montra	montre
montrar	indiquer, montrer
môr, -a	mûr
morgiér	tas de pierres
morir	mourir
morsél	morceau
mosi, -a	moisi
motelèta	belette
moton	mouton
motor	moteur
motra	montre
mou, -a	mouillé
mouda	mode *f.*
mouèl	tas
mouéno	moine
mouére *f.*	saumure
mouvament	mouvement
movés, -a	mauvais
muciér	disparaître (sans bruit)
mudo, -a	muet
muendro	moindre, pire, de moindre valeur
muens	moins
musar (sè -)	penser, réfléchir
mut(o), -a	muet

N

nacion	nation
nagiér	nager
nan	non
nan ples	non plus
napa	nappe
nâs	nez
ne *souvent omis*	ne, n'
nê / nege	neige
ne... gint	ne...rien, ne...point
ne... pas	ne... pas
nen / en	en *pronom*
nêr, -a	noir
nésiér	rouir
nèssance	naissance
nét	nuit
nèt, -a	propre, net
neteyér	nettoyer
nêtre	naître
nevot	neveu
nêvre / negiér	neiger
neyér	noyer
nilye *f.*	articulation (phalange, ligament...)
niôla	nuage
nion	ne...personne
nion luè/nion sens/niona part	nulle part
nipar	habiller
nôf	neuf (9)
nof/novo, -va	neuf, neuve
nom	prénom
nomar	nommer
nonanta	quatre-vingt-dix
normal, -a	normal
nos	nous

nouèx	noix	orendrêt	maintenant même
noutro, -a	nôtre	orfeno, -a	orphelin
noutron, -tra	notre	orgoly	orgueil
novales *f. pl.*	nouvelles	orjo	orge
novél, -ala	nouveau	ôrlo	ourlet
novo, -va	neuf, neuve	ors	ours
nu, nua	nu, nue	ôs	os
nuar	nouer	osél	oiseau
nuod	noeud	otô *f.*	auto
nurrim	troupeau, bétail (nourri)	otocâr	autocar
		ôtor	auteur
nurrir	nourrir	otrament	autrement
		otrament dét	c'est-à-dire
		otro coup	autrefois

O

		otro, -a	autre
o *neutre*	il, ce, cela, le *pron.*	ou (ben)	ou (bien)
		oubl(i)ar	oublier
obèyir	obéir	ouè	oui
oblegiér	obliger	oulyér	remplir jusqu'à la bonde
ôcun, -a	aucun		
odor	odeur	oût	août
of	oeuf	outon	automne
ôgmentar	augmenter	ovar	pondre
ôla	marmite	ôvra	oeuvre
olyo *m.*	huile	ovrâjo	ouvrage
ôna	aune	ovrér, -e	ouvrier
once	once	oye	oie
oncion	onction		
oncor(a)	encore		

P

onte	où		
ora	maintenant	pache *f.*	marché, accord
ôra	vent	pacience	patience
orâjo	orage	pâla	pelle
orbèt	orgelet, furoncle	palar	remuer à la pelle
		palye	paille
orelye	oreille	pan	pain

pana	panne	pèce *f.*	sapin, épicéa
pana-man *m.*	essuie-main	pêchiér	pêcher *v.*
panar	essuyer, torcher	pêchior	pêcheur
pance	panse	pediât	pitié
panér(e)	panier	pêds	poids
panossa	serpillière, torchon	pege *f.*	poix
papér	papier	pegnér	peigner
pâquiér	pâturage	pégno	peigne, démêloir
par	égal, pair	pêl	poil, cheveu
pâr *é.*	paire	pèl *f.*	peau
parar	parer; éplucher	pêl(y)o	poêle *m.*
pâre / pére	père	péla	poêle *f.*
parent	parent, apparenté	pêna	peine
		penâblo	pénible
parèr /parèly	pareil	penchiér	pencher
pâres / péres	parents *m.pl.*	pendent	pendant
parêt	paroi, cloison	pensar (sè -)	imaginer
parètre	paraître	pension	retraite
paroche	paroisse	pequèta	piquette, vin (sucré)
pârt	côté, part		
partia	partie	per	par
pas	ne... pas	perce que	parce que
pâs *m.*	pas *m.*	pèrcêvre	percevoir, entendre
pas donc ?	n'est-ce pas ?		
pas més	ne...plus, pas davantage	pèrche	pêche (fruit)
		pêrche	perche, gaule
passâjo	passage	pèrciér	percer
pâsserâ	moineau	péres / pâres	parents *m.pl.*
pâstor	pasteur	perét *m.*	poire
pata, patin	chiffon	pèrfèt, -a	parfait
patér	chiffonnier	pèrmês, -a	permis
pavon	paon	pèrmession	permission
payis	pays, village	permié	parmi
payisan, -a	paysan	pérr'a fuè	pierre à feu
peca-bousc	pivert	pérra	pierre
pecar	manger, piquer	pèrresél	persil

pèrruquér	coiffeur	plèdeyér	plaider; plaidoyer
pèrta	perte, dommage		
pèrtés	trou	plen, plêna	plein
pertot	partout	plendre	plaindre
pês, pesèt	pois	plére	plaire
pèsson	poisson	ples	plus
petar	péter, éclater	plèsir	plaisir
peti(ô)t, -(d)a	petit	pletout	plutôt
petit-fily	petit-fils	plèyér	plier
petits-filys	petits-enfants	ploge/plove *f.*	pluie
pètrina	poitrine	ploma	plume
petro-rojo	rouge-gorge	plomar	plumer, peler
petuflla	vessie	plorar	pleurer
pêvro	poivre	plôta, pata	patte
pèx	paix	plovêr / plôre	pleuvoir
piad / piéd	pied	plusiors	plusieurs
pieche	pioche	pluvegnér	pleuvoir légèrement
piechiér	piocher		
piès	linge, tissu, serviette	poblo	peuplier
		poche *f.*	louche, écumoire
pinjon	pigeon	pojo	pouce
pintura	peinture	pôl / gèl	coq
pinturar	peindre	polalye *f.*	volaille
piôl	pou	polèt, -a	poulet
pir(e)	pire	polyen	poulain
pisiér	piler	poma	pomme
pissiér	pisser, uriner	pomér	pommier
placiér	placer	poplo	peuple
plagnér	plaindre	por	pour, afin de
plan *adv.*	doucement	por que	afin, pour que
plan, -a	plat *adj.*	porquè	pourquoi
plan-piad	rez-de-chaussée	porrél	poireau
plana	plaine	porta-folye	portefeuille
platél	plateau, plat, vaisselle	porta-monéya	porte-monnaie
		portant	pourtant
		pôsta	poste *f.*

pôsto	place, poste	provond, -a	profond
pot-étre	peut-être	publeco	public
pota	lèvre, lippe	puça	poussière
potringa	drogue, médicament	pucére *f.*	matelas
		pués(t)	ensuite, puis
pou	peu	puge	puce
pouar	tailler, élaguer	pugin, -ena	poussin
poueng	poing	pugnê *f.*	poignée
pouent	point	purri, -ia	pourri
pouenta	pointe		
pouentu	pointu	**Q**	
pouèr(e) *f.*	peur		
pouèrcho	couloir	quand ben	puisque, tout de même
pouésier	puiser		
pouéts	puits	quârqu'un	quelqu'un
pouro, -a	pauvre	quârque-chousa	quelque chose
pout, -a	laid		
pouvro, -a	pauvre	quârque-coup	quelquefois
povêr	pouvoir	quârques	quelques
poyér	monter, gravir	quârques-uns	quelques-uns
prât	pré	quartér	quartier
pratica *f.*	client(èle)	quâsi(ment)	à peu près
prègiér	parler, prêcher	qué	ici
prés (de)	près (de)	quê	quai
prêsa	prise, récolte	què	quoi
prèson	prison	que vint	prochain, qui vient
prèssâ	pressé		
prèst(o), -a	prêt	què	quoi, qu'est-ce qui, qu'est-ce que, ce que
prèvêre	prévoir		
preyér	prier	que, qu'	que, qui, dont
prim, -a	mince, menu, fin	quegnou(a)	gâteau
prod	très, assez, beaucoup	quela	celle, cette
		queli	celui, ce
proma	prune	quelyér	cailler
prôpro	propre *lavé*	querir	aller chercher
prova	preuve	quèsiér (sè -)	se taire

quésse	caisse
qui	qui est-ce qui, celui qui
quinçon	pinson
quint, -a	quel

R

racena	racine
racllar	racler
ram	bâton
ramassar	réunir
rancârd	rendez-vous
rapa / grapa	grappe
râr(o), -a	rare
rasior	rasoir
ratél	râteau
raye *f.*	raie, sillon
rê	roi
ré *m.*	rayon
rebalyér	rendre
rebugiér	remuer
recafar/cafolar	rire bruyamment
recêvre	recevoir
rèche *f.*	crèche, mangeoire
rechèce	richesse
recho, -e	riche
rèchôdar	réchauffer
recognètre	reconnaître
recomenciér	recommencer
recôrd	regain
rècorta	récolte
rècortar	récolter
rediô	rideau
refére	refaire
refiar (sè -)	avoir confiance
regardar	concerner
regrolor	cordonnier
rèjant, -a	instituteur, -trice
rèlar	hurler, crier (animaux)
relojo *m.*	horloge
remarciér	remercier
remasse *f.*	balai
remuar	remuer, se déplacer
ren¹	ne...rien
ren²	rein
ren du tot	pas, rien du tout
rêna	reine; vache gagnante de concours
rengar	se battre
renolye	grenouille
renovél / forél	printemps
reprogiér/-chiér	reprocher
reprôjo/-cho	reproche
resim	raisin
rèson	raison
rèsonâblo, -a	raisonnable
résse *f.*	scie
rèssiér	scier
rèsson/sèrron	sciure
réstar	habiter, rester
retalyon	copeau
reteriér/retreyér	retirer
retornar	retourner
retrovar	retrouver
rèvelyér	réveiller
revengiér (sè -)	prendre sa revanche

revèrchiér	retourner, mettre à l'envers	rudo *adverbe*	très
revêre	revoir		
revêre (a vos -)	au revoir		**S**
reveriér	retourner	sabolar	secouer
reviére	rivière	sache *f.*	sac
revolâ *f.*	repas après les travaux des champs	sacôrre	secouer
		sado, -a	savoureux
revon	bord	sâjo, sâge	sage
rhabelyor	rebouteux des entorses, fractures	sâl *f.*	sel
		sala	salle
rifllar	dépenser beaucoup	saléta	oseille
rio	ruisseau	sâlo, -a	sale
riond, -a	rond	salyir	sortir
riôrta	lien de fagot	san, -a	sain, en bonne santé
rire (s'en -)	se moquer	sant / sent	saint
rita	filasse, étoupe	santât	santé
riva	bord, rive	sapél /sapin	sapin (blanc)
robar	voler, dérober	sarpa	pioche
rogne	gale, teigne, rogne, noise	sarpent *surt. f.*	serpent
		sarralye *f.*	serrure
rojo, roge	rouge	sarrar	serrer, (en)fermer
rolyér	battre, frapper; pleuvoir fortement	sarvâjo, -âge	sauvage
		sâva	sève
ronar	ronchonner	sâva / sina	sienne
rongiér	ronger, ruminer	savêr	savoir
ronjon	trognon	savêr, science	science
rontre	faire le 1er labour	savuc	sureau
ronzes	ronces	scultar	sculpter
rosâ *f.*	rosée	sè, s'	se, soi
rossèt, -a	roux, rouquin	se, s'	si *conjonct.*
rota	route	sèchier	sécher
roua	roue	secôrs	secours
roupa	manteau	sêf	soif
rousa	rose	sêglla *f.*	seigle
rua	rue	sègnor	seigneur

segond/second	second	sèrvicio	service
segrolar/grolar	secouer, trembler, bouger	sèrvièta	serviette
sèla	chaise, selle	sèson	saison, année de récolte
sèlye *f.*	seau	sèssanta	soixante
selyon	sillon	setorn	cave
semana	semaine	setout	aussitôt, sitôt
semblar	paraître, (res)sembler	setout que	dès que
		sêtre/sètor/sèyor	faucheur
sement *f.*	semence	sêx	six
semondre	offrir, présenter	sèya	soie
		sèyér	faucher
semos(sa)	lisière (tissu)	sèze	seize
semplament	simplement	siècllo	siècle
semplo, -a	simple	sina / sâva	sienne
sen(s)	sans	sinjo	singe
senar	semer	sino	sien
sendicat	syndicat	sio	sien
sengllér	sanglier	sior	suif
sengllotar	pleurer, sangloter	siuvent	suivant
		siuvre	suivre
senon	sinon	siza	haie vive
sent / sant	saint	sobrar	rester
sentér	sentier	socesse	saucisse
sentre/sentir	sentir (*nez*), ressentir	sociyal, -a	social
		sociyètât	société
sêp *f.*	haie, clôture	sodârd	soldat
sèpt(e)	sept	sôfllo	souffle
sêr, serenâ	soir(ée)	sofrir	souffrir
sèrâ *m.*	sérac, céras	sôge *f.*	saule
sèrios, -a	sérieux	sol	aire à battre
seror / suèra	soeur	solament	seulement
sèrva	étang, mare	solan	(niveau de) sol
Sèrvan	lutin, diablotin, génie protecteur	solâr	chaussure, soulier
		solely	soleil
sèrventa	bonne, servante	solér	grange, fenil

solèt, -a	seul
soma	somme *f.*
somâr(d)	friche, jachère
somar(d)ar	faire le labour d'automne
son	son *sonore*
sonalye *f.*	sonnette
sonar	sentir (*nez*)
songiér	rêver, songer
sonjo	rêve, songe
sonjon	sommet
sono	sommeil
sopa	soupe
sopar	dîner, souper
sopro	soufre
sôques *f.pl.*	galoches
sord, -a	sourd
sordât	soldat
sôrge *f.*	sauge
sorire	sourire
sot, desot	sous
sota	abri (de la pluie)
sotar	sauter
sotêrdre	étendre de la litière
souègnér	soigner
soueng	soin
souètar	souhaiter
soul, -a	soûl, rassasié
souma	ânesse
souye *f., local*	repas
sôvar	sauver
sovenir (sè)	(se) souvenir
sovent	souvent
sublar	siffler
suciér	sucer

suèra / seror	soeur
sufir(e)	suffire
surtot	surtout
survelyér	surveiller

T

tablô	tableau; égal (en points, voix...)
tâca	sac, poche
tâche	emploi, tâche
taconar	raccomoder
tâl, -a	tel
tâlament	tellement
talyér	couper, tailler
talyor	tailleur
tâna	tanière
tant	aussi, tant
tant (a -)	autant
tant que	jusqu'à (ce que)
tapi, -a	épais
tarteflla	pomme de terre
tasson	blaireau
tâtar	goûter, tâter
tâva / tina	tienne
tavan	taon
tavelyon	bardeau (toit)
tê	thé
tè, t'	te, toi
te, t'	tu
tèche *f.*	tas (bois, foin)
tèdo, -a	tiède
têla	toile
telye *f.*	fibre (de plante)
temon	timon
temprar	tremper

tena	cuve, tine	tot ora	tout à l'heure, tout de suite
terâro	perçoir, tarière	tot plen	beaucoup
terent	tiroir	tot, tota	tout, toute
teriér	tirer	toula	tôle; plate-bande
tèrmenar	terminer	-tu	-tu
tèrmeno	limite, terme	toura(la)	taure
tèrrâl	fossé, ruisseau	tourél	taureau
tèrralyér	creuser	tout	tôt
tèrren	terrain	trâb *m.*	poutre, solive
têsa	toise	trabechèt	chevalet, trébuchet
tessior	tisserand	trâbla	table
têt	toit	traluire	luire à travers
ti(n)o	tien	trapa	trappe; piège
tilyol	tilleul	travâly	travail
tina / tâva	tienne	travalyér	travailler
tiola	tuile	travalyor	travailleur
tocâ	fou, toqué	travêrs (a -)	à travers
tocar	frapper	trèmouar	remuer
tochiér	toucher	tren	train
tojorn	toujours	trêna, maladie	maladie
toma	tomme, fromage maigre	trênar	traîner
topa	gazon, pré, friche	trênasse *f.*	renouée (plante)
torchiér	essuyer, torcher	trenchiér	trancher; emprésurer, cailler
tormenter	faire souffrir	trénél	traîneau, luge, chasse-neige
torn	tour *m.*	trent *f.*	trident, fourche
torn de (u -)	autour de	trepa	tripe
tornar	(re)tourner, refaire, répéter	trère	sortir, arracher, extraire
torqui *m.*	maïs	três	trois
tôs, totes	tous, toutes	trêsiémo	troisième
tot a fêt	tout à fait	trèt	trait; petit trajet
tot alora	tout à l'heure, tout de suite	treyér	tirer
tot d'un coup	tout à coup		
tot le mondo	tout le monde		

trèze	treize	valêr	valoir
trijo	treillis (étoffe)	vâlèt	serviteur, valet (de ferme)
trimar	se dépêcher		
triolèt	trèfle	valyor *f.*	valeur, humeur, santé
troblo	trouble		
troc	bout, morceau	vanâ	fatigué, vanné
trolyér	pressurer, presser les raisins	vapor	vapeur
		vârgno	sapin blanc
tronche *f.*	tronc, bûche	vârs	cercueil
tropa	bande, troupe	vê-(in)que	voilà
tropél	troupeau	vê-cé	voici
trouye	truie	vegne	vigne
trovar	trouver	vegnolan	vigneron
tupin, -pena	pot	vél, -a	veau
tussir	tousser	vela	ville
		velâjo	village

U

		velye	veille
		velyér	(sur)veiller
u	au	ven(d)enge	vendange
uely	oeil	vêna	veine
un (l'-) l'otro	l'un l'autre	vencre	vaincre
uneco	unique	vendior	vendeur
usâjo	usage	vengiér	venger
usar	user, utiliser	vengt	vingt
uso, -a	usé	venir u mondo	naître
utilitât	utilité, nécessité	vent	vent (du sud)
		ventralyes *f.*	entrailles
uvèrt, -a	ouvert	vépro, véprâ *f*	après-midi, soir, soirée
uvèrtura	ouverture		
uvrir	ouvrir	vêr	donc, voire; oui
ux	aux	vèrchére *f.*	bonne terre
		vèrd, -a	vert

V

		vèrdeyér	verdoyer, reverdir
vachiér	vacher	vèrdiace *f.*	écureuil
vagon	wagon	vêre	voir

veré	vrai	vôga *local*	fête patronale
vérebourquen	vilebrequin	volam *m.*	faucille
verèt	tourniquet, toupie, girouette	volar	voler *oiseau*
		volêr	vouloir
veretâblo	véritable	vortolyér	tournoyer, enrouler
veretât	vérité		
vèrgiér	verger	vos	vous
vèrgogne	honte, vergogne	votacion	vote
veriér	tourner	vouagnér	ensemencer
verim / venim	poison, venin	vouarambon	oestre
vèrm	ver	vouègiér	verser
vèrmena	vermine	vouépa	guêpe
vèrna	aulne	vouèrba	moment
vêrro	verre	vouèsif, -iva	vide, stérile
vers *prépos.*	chez, vers	vouètura	voiture
vés/fés	fois	vouèx	voix
vesâjo	visage	vouidar	vider
vesin, -ena	voisin	vouido, -a	vide
vetir	habiller, vêtir	voutro, -tra	vôtre
veture	vêtement	voutron, -tra	votre
vèvo, -a	veuf, veuve	voutros, -tres	vos, vôtres
via	vie	voyagiér	voyager
viâ	loin, parti	voyagior	voyageur
vianda	viande, nourriture	voyâjo	voyage
viârba	clématite, viorne		
vibron *m.*	tempe		

Y

viély(o), viélye	vieux
vilyon	vrille, osier

y avêr	y avoir
yô (que)	où
yon, -a	l'un, un *num.*

vion	sentier
viôt, -a	solide
visiér	viser
visse *f.*	vis
vit *f.*	cep de vigne
vito	vite
vitra / vitro	vitre
viua	vue

CHAPITRE XII
L'ORTHOGRAPHE ET SON DEVENIR

Nous avons présenté ici une première orthographe supra-dialectale que nous avons baptisée ORA. Cette orthographe est certainement perfectible, aussi présentons-nous ici quelques modifications possibles. Il faut savoir que dans certains cas se présentent plusieurs solutions, entre lesquelles il est difficile de faire un choix.

*Pour les phonèmes transcrits par la lettre 'e', il y a le choix entre é, è et ê. Bien qu'on rencontre localement des oppositions entre /e:/ et /ɛ:/ long, ce système est probablement suffisant.

*Pour les phonèmes transcrits par la lettre 'a', l'addition d'une graphie à pour le [a] final bref (ne tendant pas vers [ɔ]) ne serait nécessaire que pour un petit nombre de mots comme **dejâ** et quelques emprunts au français, du type 'tombola', 'gala'..., et éventuellement la 3e personne du singulier du futur et du passé simple (au lieu de **-at**).

*Pour les phonèmes transcrits par la lettre 'o', la situation est beaucoup plus complexe. Si nous considérons que nous pouvons avoir un [a] et un [ɑ:], un [ɔ] et un [ɔ:], un [o] et un [o:], et de plus un [œ] s'opposant à un [ø:], ce qui est théoriquement possible mais pratiquement introuvable, il faut reconnaître que la notation ORA ne présente que :

a [a]   ~ **â** [ɑ:]
o [ɔ]   ~ **â** [ɔ:]
o [o]   ~ **ô** [o:]
o et parfois **ô** [œ] et [ø:]

soit 4 notations pour 8 réalisations. Bien sûr, nous avons peu d'homographes et encore moins de cas ambigus. Mais la question mérite d'être posée. On pourrait proposer :

ò [ɔ] ou bien **ó** [o] mais ces signes sont difficiles à trouver et à lire ;
au [o] ou bien [o:] provenant du latin 'au' et 'al' ;
eu (ou **oe**) [œ] et [ø:], ce qui présenterait l'inconvénient de ne pas reproduire mieux l'ensemble des dialectes, car là où l'on trouve localement [œ] ou [ø:], on peut rencontrer ailleurs [ɑ:] par exemple.

Toutefois le graphème **œ** (ou **oe**) pourrait être utilisé uniquement là où l'on a effectivement la prononciation [œ] ou [ø:] ; on aurait donc pour "coeur", "boeuf", "heureux", **cor, bof, heros** pour certains parlers, et **cœr, bœf, herœs** dans d'autres, ce qui ne gênerait pas trop l'intercompréhension.

*Un autre point est le cas des consonnes finales muettes. Nous avons pris souvent 2 consonnes latines, dans un esprit de compréhension : **jorn** "jour" se différencie de (local) **jor** "forêt", et annonce les dérivés **jornâ, jornal**...

Pareillement, nous avons gardé la consonne du latin : **fam** "faim", **resim** "raisin", **volam** "faucille", **sêp** "haie"...

*On a souvent repris, pour éviter les homographes ou pour rappeler le mot latin ou français, le graphème **x** : **sêx** "six", **folx** "la faux". Cela est peut-être critiquable, mais il faut savoir que cette lettre a été utilisée en Savoie particulièrement pour indiquer que la dernière syllabe est accentuée, comme dans le nom de la ville de *Chamonix*.

On pourrait étendre même ce graphème à la terminaison **-os** (qui deviendrait donc **-ox**) pour rappeler la terminaison française en '-eux'. Cela aurait l'avantage de différencier immédiatement un mot terminé en **-os** (pluriel inaccentué de **-o**) d'un singulier en **-ox**, sans même à avoir à comprendre le mot. Mais le féminin serait aussi éloigné du masculin que le français '-euse' de '-eux'.

*Le FP ayant fait régulièrement passer le '-l' fin de syllabe en '-r', du type *balma > **barma**, on serait peut-être obligé de généraliser cela dans la graphie, et par exemple écrire toujours **chevâr** au lieu de **chevâl**. Mais on a souvent les deux formes, comme CAELUM > **cièr** variante **cièl**. Et il faut bien avouer qu'alors certaines formes seraient difficilement compréhensibles même pour de nombreux patoisants.

*Si le FP s'était doté plus tôt d'une orthographe supra-dialectale, bien des innovations graphiques auraient été possibles, comme par exemple écrire toujours la consonne finale identique à celle que l'on retrouve dans les dérivés :

bov (au lieu de **bof**) "boeuf" à cause de **bovèt, bovèron, bovena**...
doç (au lieu de **dox**) "doux" à cause de **doce, docement**...

CHAPITRE XIII
ET L'AVENIR ?

L'avenir du francoprovençal passe d'abord par ses propres locuteurs, les *patoisants*, qui sont la vie authentique de la langue. Même si le monde rural abandonne peu à peu les outils d'autrefois, le fléau au profit de la batteuse, la bête de somme au profit du tracteur, si le patoisant fait évoluer son parler vers de plus en plus de français, personne ne doit le lui reprocher. Il s'agit là de sa vie, dont nous bénéficions tous les jours avec une production qui ne nous coûte vraiment pas cher. Quant à l'état même des parlers, nos communautés nationales ont aussi leurs torts : on a mis bien du temps à s'intéresser aux langues régionales, il est fatal qu'on ne retrouvera guère désormais *l'authenticité* que le linguiste souhaite.
Il est également indispensable que les patoisants apprennent leur langue aux jeunes générations, dès l'âge du berceau. Un enfant n'a aucune difficulté à apprendre plusieurs langues à la fois, à condition que ce soit toujours la même personne qui lui parle toujours la même langue. Il est prouvé qu'un enfant maîtrisant parfaitement le français et une langue régionale depuis la plus tendre enfance a beaucoup plus de facilité pour apprendre l'anglais, l'allemand ou toute autre langue étrangère. N'oublions pas cet adage antique : ***on est autant de fois homme que l'on parle de langues.***

Le rôle des Associations locales est en outre extrêmement important. De nombreuses régions, tant en France qu'en Italie et en Suisse, ont leurs Associations culturelles qui se donnent pour objectif de promouvoir non seulement l'usage de leur parler local, mais aussi de sa littérature passée et à venir.

Mais l'avenir du FP doit aussi passer par la prise de conscience de la richesse de chaque langue, par les habitants, même non-patoisants, du domaine linguistique concerné qui s'y intéressent. Des contacts séculaires, mais aujourd'hui de plus en plus étroits entre les hommes et les Associations des trois pays, des trois versants (italien, suisse, français) de la Chaîne du Mont-Blanc, ont entretenu ce ***triangle de*** *l'amitié*. Cela permettra demain de faire reconnaître cette langue au niveau de l'Union Européenne, ce qui n'est pas le cas aujourd'hui, en partie à cause des Institutions françaises qui ne peuvent ou ne veulent pas signer la Charte Européenne des Langues Minoritaires, et qui ignorent superbement le mot francoprovençal.

Il faut enfin que l'on *apprenne* le francoprovençal, au moins dans les grandes villes : Lyon, Grenoble, Genève, St-Etienne, mais aussi Bourg, Aoste, Lons-le-Saunier, Fribourg... Que les travaux de chacun soient mis en commun pour étudier soit la langue 'supra-dialectale', soit les parlers locaux, dans leur littérature par exemple. En effet, il est absolument indispensable de retranscrire l'ensemble de la littérature FP dans une orthographe reconnue par tous, afin de permettre l'expansion de ces trésors cachés qui dorment devant notre porte.

D'ailleurs le FP, pour un francophone ou un occitan, n'est pas une langue difficile à apprendre, ou tout du moins à comprendre, dans sa forme écrite. C'est *la langue la plus proche du français*. Et pour un patoisant, c'est encore plus simple : s'il sait lire son propre parler à partir d'une orthographe supra-dialectale comme l'ORA, il pourra accéder de plain-pied à l'ensemble de la littérature francoprovençale.

Et pourquoi le Parisien, le Marseillais ou le Bernois ne se mettrait-il pas aussi à s'intéresser au francoprovençal ? Il est déjà bien regrettable que si peu de francophones s'intéressent à l'occitan et lisent la poésie des troubadours et les oeuvres de Mistral. Faut-il qu'il n'y en ait presque aucun à lire les oeuvres de Guillaume Roquille ou d'Amélie Gex ? Des pans entiers de la culture française, suisse, italienne, sont-ils définitivement perdus, ou en train de se perdre à une époque où tant d'hommes sont à la recherche de leurs racines ?

Les langues régionales ne méritent pas d'être si méconnues. Combien de Français savent qu'elles sont une dizaine en France : flamand, alsacien, breton, francoprovençal, occitan, gascon, basque, corse, catalan, et tous les dialectes d'oïl... Combien de Suisses ont entendu parler des "patois romands" et de leurs richesses ?

Nous pouvons voir débarquer des Japonais qui ont appris l'occitan dans les universités japonaises, et qui viennent pour le perfectionner sur le terrain, chez nous. Et si maintenant nous nous mettions, nous aussi, à sauvegarder notre patrimoine linguistique ? Ou seraient-ils moins précieux que nos cathédrales et nos châteaux ?

COVA DE LÉVRO[1]

Chiêrs amis,

Nos vê-qué arrivâs a la fin de cél ètudo sur ceta lengoua mâl cognua. Èspèro que vos avéd aprés quârque chousa de sa rechèce et de sa variètât, dens sa litèratura et la via des habitents de celes règions. Ora vos dêde la fére cognètre u torn de vos, fâtt asse-ben liére los ouvrâjos sur voutron patouès, dècuvrir et fére dècuvrir los poèmos d'Amélie Gex, Guilyômo Roquilye, Jean-Baptiste Cerlogne, Eugénie Martinet, Prosper Convert et tant d'otros !
Se vos éte patouèsants, ècride et enregistrâd los histouèros que vos vos sovegnid. Un provèrbo d'Africa dit : "quand un ancien vint à morir, il est una bibliotèca que bôrle". Et surtot, parlâd, prègiéd, devesâd patouès a voutros amis et voutra familye, et d'abôrd ux petiôts enfants.
Grand marci, chiêrs amis, adiô et bon jorn, bon vépro, bona nét siuvant l'hora qu'il est,

Domenico Stich

---

[1] Postface.

CHAPITRE XIV
BIBLIOGRAPHIE
ET ASSOCIATIONS CULTURELLES

OUVRAGES GÉNÉRAUX

Comme il en existe fort peu, nous avons amplement exploité ci-dessus les ouvrages suivants :

Jean-Baptiste MARTIN, *Frankoprovenzalisch - Francoprovençal*
1. Le francoprovençal : histoire d'une reconnaisance et d'une dénomination
2. Délimitation et localisation du francoprovençal
3. Le domaine francoprovençal
4. Genèse du francoprovençal
5. Langue écrite
6. Principaux traits typologiques
7. Bibliographie
Article publié dans L.R.L. (Lexikon der Romanistischen Linguistik), volume V,1, Max Niemeyer Verlag, Tübingen, 1990, pp. 671-685.

Jean-Baptiste MARTIN a publié de nombreux ouvrages et articles sur le francoprovençal en général : l'article défini, le verbe, le pronom personnel de la 3e personne..., et a collaboré avec G. Tuaillon (voir ci-après) sur l'*Atlas linguistique et ethnographique du Jura et des Alpes du Nord (francoprovençal central)*, 4 volumes, Paris, C.N.R.S., 1971-1981.

Gaston TUAILLON a également beaucoup publié sur la question du francoprovençal, en particulier dans des ouvrages collectifs (voir note ci-dessus). Il a aussi réalisé l'introduction ou la présentation de nombreuses études et dictionnaires. Notre bibliographie comporte donc obligatoirement des lacunes en ce qui le concerne, ce que nous regrettons vivement.

Voici quelques ouvrages où son oeuvre peut être accessible avec profit :
Faut-il, dans l'ensemble gallo-roman, distinguer une famille linguistique pour le francoprovençal ? et *Ecrire le francoprovençal la graphie de Conflans*, deux interventions de Gaston TUAILLON au Colloque de Nanterre des 16, 17 et 18 avril 1992, dont les Actes ont été publiés sous la direction de Hervé GUILLOREL et Jean SIBILLE, sous le titre *Langues, dialectes et écriture, Les langues romanes de France*, Institut d'Etudes Occitanes - I.E.O. Paris, et Institut de Politique Internationale et Européenne - I.P.I.E., Université de Paris X - Nanterre, 1993, 320 p.
➔ Il est heureux que M. Tuaillon y ait fait éditer une carte du domaine francoprovençal, car la carte en couleur en fin d'ouvrage ignore superbement cette langue.

Gaston TUAILLON, *Le franco-provençal, langue oubliée*, pp. 188 - 207, in *Vingt-cinq communautés linguistiques de la France*, tome 1, *Langues régionales et langues non territorialisées*, sous la direction de Geneviève VERMES, Logiques Sociales - L'Harmattan, Paris, 1998, 422 p.

Antonin DURAFFOUR, *Glossaire des patois francoprovençaux*, Editions du C.N.R.S., Paris, 1969, 720 p.
Ouvrage posthume, publié par L. MALAPERT et M. GONON, sous la direction de P. GARDETTE
➔ avec un index français-patois

Etudes francoprovençales, Actes du Colloque, réunis dans le cadre du 116e Congrès national des Sociétés savantes (Chambéry-Annecy, 29 avril-4 mai 1991), avec un avant-propos de G. Tuaillon, Editions du C.T.H.S., 1993, 150 p.

René MERLE, *Une naissance suspendue, l'écriture des "patois" Genève, Fribourg, Pays de Vaud, Savoie, de la pré-Révolution au Romantisme*, Bulletin de la Société d'études historiques du texte dialectal (S.E.H.T.D.) n° 7, 83500 La Seyne, 1990, 110 p.

Sous la direction d'André-Louis SANGUIN, *Les Minorités ethniques en Europe,* L'Harmattan, Paris, 1993, 370 p.
➜ Divers articles permettent de mieux comprendre la situation des langues minoritaires en générale, et du francoprovençal en particulier, avec en outre des contributions spécifiques concernant notre domaine.

(Revue) micRomania, *Littératures en langues romanes de moindre expansion,* Edition de l'asbl CROMBEL (Comité roman du Comité belge du Bureau Européen pour les Langues moins répandues), Jean-Luc Fauconnier, rue de Namur 600 - 6200 Châtelet (Belgique).
➜ 4 numéros par an avec des textes littéraires de toutes langues romanes minoritaires, y compris les parlers d'oïl; dans le n° 1.98 (24), on trouve deux poèmes en FP et un en *jurassien* (romand d'oïl) très intéressant à comparer tant avec le français standard qu'avec le FP.

Pierre GUIRAUD, *Patois et Dialectes français,* P.U.F., collection "Que sais-je ?", n° 1285, 1968 et plusieurs réimpressions, 128 p.

SAVOIE

Académie de Savoie
Château des Ducs - B.P. 1801
73018 CHAMBERY Cédex

Centre de la Culture Savoyarde
Maison Perrier de la Bathie
Conflans - 73200 Albertville

DAVA ROSSAN-NA
revue entièrement en parlers francoprovençaux
c/o Mme Line Perrier
le Château - Chaffardon
73230 ST-JEAN D'ARVEY

A. CONSTANTIN et J. DÉSORMAUX, *Dictionnaire Savoyard*, Etudes Philologiques Savoisiennes, 1902, Slatkine Reprints, Genève, 1977, 446 p.

J. DUPRAZ, *le Patois de Saxel (Hte-Savoie), dictionnaire*, Chez l'auteur, 74420 Saxel, 1975, 282 p.
➜ un des rares dictionnaires où l'on a beaucoup de textes et un index français-patois.

ROGER VIRET, *Patois du Pays de l'Albanais, dictionnaire savoyard-français*, l'Echevé du Val de Fier, chez l'auteur, 74960 Cran-Gevrier, 1998, 532 p.
➜ on y trouve la conjugaison de nombreux verbes.

Le Patois de Tignes, Ellug, Université de Grenoble Stendhal.

Ouvrage collectif préfacé par G. Tuaillon, *Découvrir les parlers de Savoie, parler et écrire le patois savoyard*, Centre de la Culture Savoyarde, Conflans - Albertville, 1994, 164 p.

Ouvrage collectif préfacé par G. Tuaillon, *Quand les Savoyards écrivent leurs Patois, deuxième volume, Savoie, Valais, Val d'Aoste, textes et chansons choisis des 2e et 3e concours de patois (1992 - 1995)*, Centre de la Culture Savoyarde, Conflans - Albertville, 1997, 224 p.

André MARTINET, *la Description phonologique, avec application au parler franco-provençal d'Hauteville (Savoie)*, Publications Romanes et Françaises, Librairie Droz (Genève) et M.J. Minard (Paris 5e), 1956, 110 p.

Amélie GEX, *Contes & Chansons populaires de Savoie*, présentation de Louis TERREAUX, Les Savoisiennes, CURANDERA (repris par La Fontaine de Siloé, 73801 Montmélian), 1986, 348 p.

LE CMACLIE, *Cahiers périodiques Savoyards illustrés, Poèmes en patois et du terroir - Littérature - Chansons et Fanfiournes*, Annemasse, 3 numéros non datés dans les années 1920.

Pierre GRASSET, *Les contes fantastiques d'Arvillard - Lou kontye barbe d Arvelâ*, Bien vivre en Val Gelon 73110 La Rochette, 1997, 254 p.

Paul GUICHONNET, *Proverbes et Dictons de Savoie (savoyard-français)*, Rivages, Paris, 1986, 132 p.

R. AVEZOU, *Histoire de la Savoie*, P.U.F. collection "Que sais-je ?" n° 151, 1944, 128 p.

Adolphe GROS, *Dictionnaire étymologique des noms de lieu de la Savoie*, La Fontaine de Siloé, 73 Montmélian, 1994, 516 p.

DAUPHINÉ

André DEVAUX, *Comptes Consulaires de Grenoble en langue vulgaire (1338-1340)*, 1912, Laffitte Reprints, Marseille, 1978, 382 p.

Jacqueline DUC, *Les patois du pays de la Mure*, Documents d'ethnologie régionale, vol. 12, Centre alpin et rhodanien d'ethnologie, Grenoble, 1991, 232 p.

Jacqueline DUC, *Etudes sur le parler francoprovençal d'Allevard (Isère)*, thèse pour le doctorat de 3e cycle, Université Stendhal, Grenoble, 1986, sous la direction de G. Tuaillon.
➜ Cette Université qui a eu comme enseignants Antonin Duraffour et Gaston Tuaillon est extrêmement active dans le domaine FP depuis plusieurs dizaines d'années.

Jacqueline DUC, *Atlas des patois du canton de La Mure (Isère)*, article publié dans GEOLINGUISTIQUE n° 5, Centre de dialectologie Université Stendhal-Grenoble III, après 1991, 96 p.

Jacqueline DUC, *Le néo-oxytonisme à Allevard et sur le plateau Matheysin (Isère)*, article publié dans GEOLINGUISTIQUE n° IV, Centre de dialectologie Université Stendhal-Grenoble III, 1988-1989, 12 p.

Victor BETTEGA, *Matheysine - Valbonnais, les noms de lieux, microtoponymie des communes des cantons de La Mure et de Valbonnais (Isère)*, chez l'Auteur, La Mure, 1997, 344 p.

BRESSE, BUGEY, DOMBES

Direction de la Conservation Départementale
Musée des Pays de l'Ain
34, rue Général Delestraint
01000 Bourg-en-Bresse

Association "les Viriatis et le patois de Bresse"
Mairie de Viriat
01440 Viriat

Lucien GUILLEMAUT, *Dictionnaire Patois de la Bresse louhannaise*, 1894-1902, Slatkine Reprints, Genève, 1970, 334 p.

Antonin DURAFFOUR, *Lexique Patois-Français du parler de Vaux-en-Bugey (Ain)*, Chez l'Auteur, Institut de Phonétique, Grenoble, 1941, 372 p.

Ouvrage collectif avec préface de G. Tuaillon, *Vie quotidienne en Bresse, glossaire du patois bressan*, Association "les Viriatis et le patois de Bresse", 01440 Viriat, et Direction de la Conservation

Départementale - Musée des Pays de l'Ain, 01000 Bourg-en-Bresse, 1994, 248 p.

Philibert LE DUC, *Chansons et Lettres patoises, Bressanes, bugeysiennes et dombistes avec une Etude sur le patois du Pays de Gex*, 1881, Laffitte Reprints, Marseille, 1978, 478 p.
Prosper CONVERT, *les Ebaudes bressanes*, Bourg-en-Bresse, Syndicat d'initiative et de tourisme, 1912, 167 p.

Pour la partie francoprovençale de la **Bourgogne du Sud** :
Gérard TAVERDET, *les Patois de Saône-et-Loire*, 1er volume *Géographie phonétique de la Bourgogne du Sud*, 1980, 340 p., 2e volume *Vocabulaire de la Bourgogne du Sud*, 1981, 176 p. Association Bourguignonne de Dialectologie et d'Onomastique, Dijon.

FOREZ

L.-Pierre GRAS, *Dictionnaire du Patois forézien*, 1863, Slatkine Reprints, Genève, 1970, 270 p.

Eugène VEŸ, *le Dialecte de Saint-Etienne au XVIIe siècle*, 1911, Laffitte Reprints, Marseille, 1978, 580 p.
Guillaume ROQUILLE, *Oeuvres complètes, poèmes français et patois*, Rive-de-Gier - Saint-Etienne, 1883, 384 p.

Anne-Marie VURPAS, *Le Carnaval des Gueux, Conscience ouvrière et poésie burlesque, Edition critique avec traduction et glossaire des oeuvres complètes de Guillaume ROQUILLE (1804-1860) en patois de Rive-de-Gier (Loire)*, Presses Universitaires de Lyon, Collection Transversales, 1995, 484 p.

LYONNAIS

Institut Pierre GARDETTE
Centre de Recherche sur les Langues et Cultures Régionales
Université Catholique de Lyon
25, rue du Plat
69288 LYON Cedex 02

J.B. ONOFRIO, *Glossaire des Patois de Lyonnais, Forez et Beaujolais*, 1864, réimpression avec introduction de G. Tuaillon, Editions Horwarth, Roanne, 1975, 456 p.

N. DU PUITSPELU, *Dictionnaire étymologique du patois lyonnais*, 1890, Slatkine Reprints, Genève, 1970, 470 p.

Pierre GARDETTE, *Atlas linguistique et ethnographique du Lyonnais*, 3 volumes de cartes + 2 vol., Paris, C.N.R.S., 1950-1976.

Simone ESCOFFIER et Anne-Marie VURPAS, *Textes littéraires en dialecte lyonnais*, Editions du C.N.R.S., Lyon, 1981, 496 p.

HAUT-JURA

Paul DURAFFOURG, Alice et Roland JANOD, Cathie LORGE, André VUILLERMOZ, *Glossaire du Parler haut-jurassien*, 39200 Saint-Claude, "Les amis du Vieux Saint-Claude, 1986, 240 p.

DOUBS

J. TISSOT, *le Patois des Fourgs, arrondissement de Pontarlier, Département du Doubs*, 1865, Slatkine Reprints, Genève, 1970, 376 p.

VAL D'AOSTE

Centre d'Etudes francoprovençales "René Willien"
11010 Saint-Nicolas (Vallée d'Aoste)
☎ 0165/908882

➜ Edite les *Nouvelles du Centre d'Etudes Francoprovençales René Willien*, dont le n° 37 (année 1998) reproduit une conférence de Gaston Tuaillon (sept. 97) sur la Littérature francoprovençale avant 1700.

➜ Plusieurs articles intéressants ont été publiés sur la situation linguistique de cette région (disponibles au Centre d'Etudes "René Willien" de St-Nicolas) :

Alexis BETEMPS (Président du Centre d'Etudes de St-Nicolas), *La situation linguistique valdôtaine*.

Alexis BETEMPS, *Le francoprovençal en Vallée d'Aoste, problèmes et prospectives*, dans les Atti del VIe Convegno internazionale di Studi Walser - Gressoney St-Jean, 14-15 ottobre 1988.

le B.R.E.L. (Bureau Régional pour l'Ethnologie et la Linguistique), *Bibliographie sur les patois francoprovençaux*.

J.B. CERLOGNE, *Dictionnaire du Patois Valdôtain, précédé de la Petite Grammaire*, Arnaldo Forni Editore, AOSTE, 1907, avec deux réimpressions : Livres et Musique-Champoluc, Aoste, et Slatkine Reprints, Genève, 1971, 310 p.

Aimé CHEVAL et Raymond VAUTHERIN, *Nouveau dictionnaire de Patois Valdôtain*, 12 volumes (1967-1982) révisés et réédités en un seul (1998), plus un volume français-patois (1985), Centre d'Etudes Francoprovençales "René Willien" de St-Nicolas.

Ernest SCHÜLE, *Comment écrire le patois ? principes et conseils pratiques*, Centre d'Etudes Francoprovençales "René Willien" de St-Nicolas, 1992, 44 p.

Ernest SCHÜLE, *Histoire linguistique de la Vallée d'Aoste*, tiré du Bulletin du Centre d'Etudes de St-Nicolas, n° 22, 1990, 18 p.

Collection "Concours Cerlogne" :
1. Le Baptême
2. Le Mariage, 1988, 280 p.
Centre d'Etudes Francoprovençales René Willien de Saint-Nicolas, Musumeci Editeur, Aoste.

Noutro dzen Patoué, L'Ecole Valdotaine, Textes présentés et rassemblés par René Willen (y compris la *petite grammaire*), n° 7 consacré à l'Abbé J.B. CERLOGNE, 1974, réédité en 1996, 620 p.

Noutro dzen Patoué, L'Ecole Valdotaine, Textes présentés et rassemblés par René Willen (Poésies et Proses inédites), n° 8 consacré à l'Abbé J.B. CERLOGNE, 1974, réédité en 1996,. 474 p. numérotées à la suite du bulletin précédent.

Eugénie MARTINET, *Poèmes choisis*, Centre d'Etudes Francoprovençales "René Willien" de St-Nicolas, 1990, 240 p. et une cassette audio "Hommage à Eugénie Martinet", avec certains poèmes récités par elle-même.

Anaïs RONC DÉSAYMONET (Tanta Neïsse), *Recueil de Textes*, Centre d'Etudes Francoprovençales "René Willien" de St-Nicolas, Comité des Traditions Valdôtaines, Musumeci, 1990, 136 p.

Marco GAL, *Ëcolie - Eaux perdues - Acque perdute*, Centre d'Etudes Francoprovençales "René Willien" de St-Nicolas, Musumeci, 1991, 176 p.
➔ poèmes en version trilingue (francoprovençal, français, italien)

Ouvrage collectif préfacé par G. Tuaillon, *Quand les Savoyards écrivent leurs Patois, deuxième volume, Savoie, Valais, Val d'Aoste, textes et chansons choisis des 2e et 3e concours de patois (1992 - 1995)*, Centre de la Culture Savoyarde, Conflans - Albertville, 1997, 224 p.

ITALIE, vallées extérieures au Val d'Aoste :

Périodique : *EFFEPI, Bollettino dell'Associazione di Studi e Ricerche francoprovenzali*, , Fraz. Selvaggio - 10094 Giaveno, n° 2 - 1985, supplément a LUNA NUOVA, 40 p.
➔ ouvrage rédigé en italien.

📖

SUISSE ROMANDE

Glossaire des Patois de la Suisse Romande, av. Du Peyrou 6 - 2000 Neuchâtel, ☎ 032 724 36 80, Fax 032 724 36 92
Rédaction et Edition (en cours) du *Glossaire des Patois de la Suisse Romande*, actuellement à la lettre F. Bibliothèque et documentation quasi-exhaustives sur le francoprovençal de Suisse (et de sa partie relevant du domaine d'oïl), de France et d'Italie.

Ph. BRIDEL, L. FAVRAT, *Glossaire du patois de la Suisse Romande, avec un appendice comprenant une série de traductions de la parabole de l'enfant prodigue, quelques morceaux patois en vers et en prose, et une collection de proverbes*, Lausanne, 1866, réédition Editions Slatkine, Genève, 1984, 548 p.

Michel BURGER, *La tradition linguistique vernaculaire en Suisse romande : les Patois*, article publié dans "le Français hors de France", sous la direction de A. VALDMAN, Editions Honoré Champion, Paris, 1979, pp. 259-269.

Maurice BOSSARD et Jean-Pierre CHAVAN, *Nos lieux-dits, Toponymie romande*, Payot Lausanne, 1990, 324 p.

Wilhelm BRUCKNER, *Schweizerische Ortsnamenkunde, eine Einführung*, Schweizerische Gesellschaft für Volkskunde, Buchdruckerei G. Krebs, Verlagsbuchhandlung A.G., Bâle, 1945, 232 p.

📖

VAUD

F. DUBOUX-GENTON, *Dictionnaire du patois vaudois*, publié sous le patronage de l'Amicale des patoisants de Savigny, Forel et environs, 1981, 334 p.
➔ avec un répertoire français-patois.

Bengt HASSELROT, *Etude sur les Dialectes d'Ollon et du district d'Aigle (Vaud)*, thèse pour le doctorat, A.-B. Lundequistska Bokhandeln i Distribution, Uppsala, et Librairie E. Droz, Paris, 1937.

Jules Reymond, Maurice Bossard, *Le Patois vaudois, Grammaire et vocabulaire*, Payot, Lausanne, 1979.

Louise ODIN, *Glossaire du patois de Blonay*, avec *préface de Ernest Muret*, Georges Bridel et Cie Editeurs, 1910.

VALAIS

Les parlers fort diversifiés de ce canton ont fait l'objet de nombreuses études, dont :

J. GILLIÉRON, *Patois de la commune de Vionnaz*, Paris, F.Vieweg, Paris, 1880.

Dr Franz FANKAUSER, *das Patois von Val d'Illiez (Unterwallis)*, Sté Internationale de Dialectologie romane, Hambourg, 1911, 224.
➔ ouvrage rédigé en allemand, mais dont la traduction de chaque mot est presque toujours donnée en français.

René DUC, *le Patois de la Louable Contrée (Ancien Lens)*, 2 volumes, Chermignon, 1982.

Louis DELAVOYE, *Lexique du patois d'Ardon, avec la collaboration d'Ernest SCHÜLE (dont la postface)*, Publications de la Fédération valaisanne des Amis du patois, Sion, 1964, 132 p.

Louis BERTHOUZOZ, *Conthey sauve ton patois !* chez l'auteur, Conthey, 1979.

Rose Claire SCHÜLE, *Inventaire lexicologique du parler de Nendaz (Valais), La nature inanimée, la flore et la faune*, Editions A. Francke S.A., Berne, 1963.

L. de LAVALLAZ, *Essai sur le Patois d'Hérémence (Valais-Suisse), phonologie, morphologie, syntaxe, folklore, textes et glossaire*, Librairie E. Droz, Paris, 1935.

FAVRE-BALLET, *Lexique du parler de Savièse*, Editions A. Francke S.A., Berne, 1960.

Ouvrage collectif préfacé par G. Tuaillon, *Quand les Savoyards écrivent leurs Patois, deuxième volume, Savoie, Valais, Val d'Aoste, textes et chansons choisis des 2e et 3e concours de patois (1992 - 1995)*, Centre de la Culture Savoyarde, Conflans - Albertville, 1997, 224 p.

NEUCHATEL

Franz HAEFELIN, *Die romanischen Mundarten der Südwestschweiz*, Tome I : *Die Neuenburger Mundarten*, Ferd. Dümmlers Verlagsbuchhandlung, Harrwitz & Gossmann, Berlin, 1874.

→ ouvrage rédigé en allemand, mais dont la traduction de chaque mot est presque toujours donnée en français.

W. PIERREHUMBERT, *Dictionnaire historique du Parler neuchâtelois et suisse romand*, Editions Victor Attinger, Neuchâtel, 1926, 764 p.

FRIBOURG

Christophe CURRAT, *Dictionnaire Patois-Français et Français - Patois du Sud Fribourgeois*, Editions La Sarine, Fribourg, 1992, 628 p.

Jean RISSE, *La langue paysanne* (grammaire sommaire du fribourgeois et 53 textes recueillis par l'auteur de la bouche de *Fachon*, vieux rémouleur, sous le titre "Hou dé Taraban"), L. Delaspre, Fribourg, 1932, 184 p.

Louis PAGE, *le patois fribourgeois, somme populaire illustrée, Histoire, Anthologie, Grammaire, Dictionnaire des auteurs*.

Louis PAGE, *le Patois fribourgeois et ses Ecrivains*, Editions "la Colline", Romont, 1971, 90 p.
→ Il s'agit d'une bibiographie thématique et commentée.

DOMAINE D'OC

Pierre BEC, *La langue occitane*, P.U.F., collection "Que sais-je ?" n° 1059, 1986 et rééditions postérieures, 128 p.

Roger BARTHE, *Lexique occitan-français*, 1988, 376 p., et *Lexique français-occitan*, 1993, 240 p., Collège d'Occitanie (Toulouse) et Espace Sud (Montpellier).

Jacme TAUPIAC, *Gramatica Occitana*, Institut d'Estudis Occitans, 1995, 64 p.

Emmanuel PORTAL, *Grammatica Provenzale (Lingua Moderna)*, Ulrico Hoepfli, Milan, 1914, 232 p.
➔ Ouvrage réalisé en italien, mais il existe aujourd'hui quantité d'ouvrages en français.

Xavier de FOURVIÈRES, *Lou pichot Tresor, Dictionnaire provençal-français et français-provençal*, Aubanel, Avignon, 1975 - 1992, 1040 p.
➔ un des nombreux dictionnaires sur le provençal en graphie mistralienne.

📖

FRANÇAIS et ANCIEN FRANÇAIS

Witold MAŃCZAK, *Phonétique et Morphologie historiques du français*, Państwowe Wydawnictwo Naukowe, Varsovie, 1974, 144 p.

Albert DAUZAT, Jean DUBOIS et Henri MITTERAND, *Nouveau Dictionnaire étymologique et historique*, Larousse, Paris, 1964, 806 p.

Guy RAYNAUD DE LAGE, *Introduction à l'ancien français*, Société d'Edition d'Enseignement Supérieur, Paris, 1972, 174 p.

A.J. GREIMAS, *Dictionnaire de l'ancien français jusqu'au milieu du XIVe siècle*, Larousse, Paris, 1969, 676 p., rééd. 1992, 668 p.

Table des matières

Préface	7
A l'attention des patoisants	9
I - Qu'est-ce que le francoprovençal ?	11
Abréviations et signes	14
II - Quelques notions linguistiques	15
III - La notion de Patois	23
IV - Histoire et géographie	25
V - Particularité francoprovençale	29
VI - Graphies et orthographe	35
VII - Phonologie de la langue	39
VIII - Grammaire	85
IX - Lexique	139
X - Petit florilège de la littérature francoprovençale	155
*Savoie (et Genève)	157
*Forez	193
*Lyon	219
*Bresse et Bugey	233
*Fribourg	251
*Neuchâtel	267
*Vaud	276
*Val d'Aoste	282
*Autres vallées italiennes	296
*Dauphiné	303
*Valais	321
*Haut-Jura	330
*Doubs	336
*En dehors du domaine	342
XI - Lexiques	349
*Français - Francoprovençal	350
*Francoprovençal - Français	379
XII - L'orthographe et son devenir	411
XIII - Et l'avenir ?	413
Postface	416
XIV - Bibliographie et Associations Culturelles	417

Collection *Parlons ...*
dirigée par Michel Malherbe

Parlons coréen, 1986, M. MALHERBE, O. TELLIER, CHOI J. W.
Parlons hongrois, 1988, CAVALIEROS, M. MALHERBE
Parlons wolof, 1989, M. MALHERBE, CHEIKH SALL
Parlons roumain, 1991, G. FABRE
Parlons swahili, 1992, A. CROZON, A. POLOMACK
Parlons kinyarwanda-kirundi, 1992, E. GASARABWE
Parlons ourdou, 1993, M. ASLAM YOUSUF, M. MALHERBE
Parlons estonien, 1993, F. de SIVERS
Parlons birman, 1993, M. H. CARDINAUD, YIN XIN MYINT
Parlons lao, 1994, CHOU NORINDR
Parlons tsigane, 1994, M. KOCHANOWSKI
Parlons bengali, 1994, J. CLÉMENT
Parlons pashto, 1994, L. DESSART
Parlons telougou, 1994, O. et D. BOSSÉ
Parlons ukrainien, 1995, V. KOPTILOV
Parlons euskara, 1995, T. PEILLEN
Parlons bulgare, 1995, M. VASSILEVA
Parlons népali, 1996, P. et E. CHAZOT
Parlons soninké, 1995, Ch. GIRIER
Parlons somali, 1996, M. D. ABDULLAHI
Parlons indonésien, 1997, A.-M. VAN DIJCK, V. MALHERBE
Parlons géorgien, 1997, I. ASSIATIANI, M. MALHERBE
Parlons japonais, 1997, P. PIGANIOL
Parlons breton, 1997, P. LE BESCO
Parlons tchétchène - ingouche, 1997, P. PARTCHIEVA et F. GUÉRIN
Parlons lapon, 1997, J. FERNANDEZ
Parlons quechua, 1997, C. ITIER
Parlons mongol, 1997, J. LEGRAND
Parlons gbaya, 1997, P. ROULON-DOKO
Parlons tzeltal, 1997, A. MONOD BECQUELIN
Parlons biélorussien, 1997, A. GOUJON
Parlons hébreu, 1997, M. HADAS-LEBEL

656095 - Mai 2016
Achevé d'imprimer par